기본 매너와 이미지메이킹

MANNERS & ETIQUETTE

Cengage

Manners & Etiquette

Yoo Moon Ju

ISBN-13: 978-89-6218-556-0

Cengage Learning Korea Ltd.
14F YTN Newsquare 76 Sangamsan-ro
Mapo-gu Seoul 03926 Korea

Cengage is a leading provider of customized learning solutions with employees residing in nearly 40 different countries and sales in more than 125 countries around the world. Find your local representative at: **www.cengage.com.**

To learn more about Cengage Solutions, visit **www.cengageasia.com**

Every effort has been made to trace all sources and copyright holders of news articles, figures and information in this book before publication, but if any have been inadvertently overlooked, the publisher will ensure that full credit is given at the earliest opportunity.

Printed in Korea
Print Number: 01 Print Year: 2023

기본 매너와 이미지메이킹

유문주 지음

MANNERS & ETIQUETTE

Cengage

Australia • Brazil • Canada • Mexico • Singapore • United Kingdom • United States

저자 약력

유문주

한국항공대학교 경영학 석사 및 박사

인하대학교 불어불문학 전공

대한항공 항공 객실 승무원 23년 근무(수석사무장으로 퇴임)

대한항공 객실훈련원 근무

현) 인하공업전문대학 항공운항과 교수

한국항공경영학회 이사

한국항공전략연구원 연구위원

기본 매너와
이미지메이킹
MANNERS
&
ETIQUETTE

초판 1쇄 인쇄	2023년 10월 12일
초판 1쇄 발행	2023년 10월 19일
지은이	유문주
발행인	송성헌
편집기획	김민정
발행처	센게이지러닝코리아(주)
등록번호	제313-2007-000074호(2007.3.19)
주소	서울시 마포구 상암산로 76 YTN 뉴스퀘어 14층
이메일	asia.infokorea@cengage.com
홈페이지	www.cengage.co.kr
ISBN-13	978-89-6218-556-0

정가 28,000원

머_리_말

'항공 객실 승무원'의 이미지는 어떠한 것일까? 항공 객실 승무원이 되기 위한 지원자들은 면접을 위해 무한한 노력을 아끼지 않는다. 연간 국내 항공사들의 채용에 1회 응시하는 지원자는 어림잡아 15,000명으로 추산된다. 그러나 이들 중 합격자는 항공사마다 지원자 대비 극소수에 불과하다.

이 같은 안타까운 현실을 마주하고 있는 학생들을 도울 방법을 강구하면서 책을 집필하게 되었다. 대한항공에서 객실 승무원으로 23년을 근무하고 학생들 교수(敎授)에 힘쓴 지 14년을 넘기고 있음에도, 현장감을 그대로 전달하는 데 있어 한 사람의 인격체를 감히 지도한다는 것이 얼마나 어려운지를 이번에 내놓는 『기본 매너와 이미지메이킹』을 통해 새삼 깨닫고 있다.

'이미지'는 한 인격체의 집약적인 총체적 모습이다. 주변인들이나 고객들 및 항공사는 '항공 객실 승무원'이 완벽에 가까운 품격 있는 인격체이길 바라고 그러한 이미지를 기대한다. 기본적인 소양을 갖추고 매너와 에티켓이 내재화되어 항상 바른 태도로 신뢰를 주고 호감을 주는 이미지를 겸비해야 한다고 생각한다. 일반적으로 인식되고 있는 이 같은 항공 객실 승무원의 추상적인 이미지를 '우리 학생들이나 항공사 채용 시험에 응시하는 많은 지원자들이 어떻게 구현해야 하는가?' 이 질문에는 이미 구축된 자신과의 갈등으로 여전히 어려움을 겪고 있는 학생들의 고민이 고스란히 담겨 있다.

그런데 이미지는 단기간에 만들어지는 것이 아니다. 우리 개개인의 개성이 다르고 요구하는 바가 천차만별이기 때문에 그 적정점을 찾기가 어려워 자신에게 걸맞은 이미지를 수용하는 데 시간이 필요하다. 진정 항공 객실 승무원이 되고 싶으면 그에 걸맞은 모습으로 변화를 추구해야 한다. '나'부터 이미지 트레이닝을 하고 변해야 한다.

이에 항공 객실 승무원의 이미지를 형성하기 위한 요소들을 이 책에 제시하였다. 이 요소들은 'NCS 기반 항공 객실 서비스 직무'의 '고객 만족 서비스'에서 이미지메이킹을 도출하였고, 그 수행 준거를 재구성하여 세부 내용을 편성하였다. 구체적으로, 기본 매너로서의 인사, 바른 자세와 태도 및 표정 · 용모 · 복장, 근무 태도, 해외 체재 시의 글로벌 매너와 에티켓 등의 내용이다.

- 1장에서는 기본 매너의 인식과 항공 객실 승무원이 이미지메이킹을 해야 하는 목적을 고객 만족 서비스의 개념과 연관시켜, 기본 이미지메이킹의 의미와 중요성뿐 아니라 고객 만족 서비스를 이끌어 내는 명품 승무원의 이미지메이킹에 대한 내용까지 아울러 기술하였다. 또한 직접 예비 항공 객실 승무원으로서 자신의 이미지를 진단해 보도록 하여 이미지메이킹의 동기 부여를 확실히 할 수 있도록 도왔다.
- 2장에서는 기본 매너의 근본이 되는 인사와 바른 자세 및 태도를 생활화하여 신뢰감을 주도록 자세한 내용을 설명하였다.
- 3장에서는 색상이 주는 이미지에 대한 기본 개념과 이론을 바탕으로, 다음 장에 나오는 항공 객실 승무원의 메이크업과 헤어두 및 복장 이미지와의 상호 영향 관계를 이해할 수 있도록 구성하였다.
- 4장에서는 항공 객실 승무원으로서 가장 눈에 띄는 메이크업과 헤어두를 항공사 규정에 맞게 할 수 있도록 설명하였다. 메이크업은 기본 화장법을 바탕으로 화사하고 밝게 구현할 수 있도록 하였고, 헤어두 역시 헤어 스타일의 중요성을 이해하고 자신에게 어울리는 헤어 스타일을 찾아 항공사 규정에 따른 헤어두를 연출할 수 있도록 안내하였다.
- 5장에서는 바른 유니폼 착용에 응용할 수 있도록 정리하였다.
- 6장에서는 향기 또한 좋은 이미지를 주기 위한 아이템으로 활용하도록 제시하였다.
- 7장에서는 기내 방송은 물론 고객과의 대화 및 사회인으로서의 의사소통을 위해 음성 관리와 올바른 말씨와 어법 등을 설명하였다.
- 8장에서는 항공 객실 승무원으로서의 근무 및 서비스 매너와 한편으로는 탑승

객으로서의 매너와 함께 국내는 물론 해외 체재 시 준공인으로서의 글로벌 매너와 에티켓을 갖출 수 있도록 기술하였다.

각 장마다 학습은 물론 실천하지 않으면, 그래서 변화하지 않으면 아무것도 이룰 수 없다. 항공 객실 승무원은 '고객을 위한 절대적 서비스'라는 최고의 서비스인으로서의 자부심과 인정을 토대로 끊임없는 노력이 요구된다. 이러한 노력은 항공 객실 승무원이 되기 위한 궁극적 목표 성취는 물론, 사회적으로 인정받는 과정에서 향후 인생을 살아가는 데에도 큰 자산이 된다.

'인공지능(AI)이 항공 객실 승무원을 대체할 시기는 언제쯤인가?'라는 설문이나 질문을 받을 때가 많다. 시대가 변하고 항공기도, 객실 서비스도 다소 변화가 있기는 하나 아직까지 항공 객실 승무원에 대한 이미지나 역할에 대한 고객의 기대는 큰 변함이 없는 것 같다.

최근 모 항공사가 도입한 항공 객실 승무원의 '화상 면접'을 대비해 자신의 이미지 관리를 어떻게 해야 할지, 그리고 이러한 면접 유형의 확대에 어떻게 대처해야 할지 과도기에 있다. 화상 면접과 대면 면접에는 차이가 있을 수 있다. 그러나 기본적인 자신의 이미지 관리는 일관성이 있어야 한다. 아직까지 AI가 대체할 수 없는 항공 객실 승무원만의 강점은 예측불허의 비상상황에 대한 대처와 천차만별인 고객의 요구를 즉각적으로 충족시키는 것이 아닐까 싶다.

『기본 매너와 이미지메이킹』에는 우리 학생들이나 항공 객실 승무원을 응시하는 많은 지원자들이 '각 항공사가 추구하는 이미지를 갖춘 인재상을 구체적으로 어떻게 구현해야 하는가?'에 대한 어려움을 조금이나마 해소하는 데 도움을 주고자 수업 현장 실습과 지도를 통해 쌓인 Know-how를 담아냈다. 알면 알수록, 하면 할수록 어려움을 더 많이 느끼나, 학생들이 주도적으로 항공 객실 승무원으로서의 기본 매너를 갖추고 항공 객실 승무원다운 모습으로의 이미지메이킹을 해 나가는 모습에 보람을 느낀다.

다만, 집필을 통해 미천한 지식으로 분야별로, 가령 메이크업, 헤어, 색채, 패션, 음성이나 커뮤니케이션 등 전문가의 영역을 감히 범한 것을 절실히 느끼며 머리 숙여 죄송함을 표하고 부족한 부분은 너그럽게 양해해 주기를 바란다. 오류가 있는 부분은 다음 기회에 보완하여 반드시 반영하도록 할 것이다. 우리 학생들에게는 다양한 분야에 대한 소개와 또 다른 전문가, 예컨대 CS 전문가, 메이크업 아티스트, 헤어스타일러, 컬러리스트, 색채심리사, 아로마테라피스트, 아나운서 등으로의 진로 모색에 길라잡이가 된 것으로 감사를 대신하고 싶다.

끝으로, 오랫동안 본서가 나오도록 응원해 주신 학과 교수님들과 특히 학생들의 촬영 및 집필에 큰 도움을 준 김지영 교수에게 감사한다. 인내심을 갖고 세심하고 꼼꼼하게 봐 주시고 기다려 주신 센게이지러닝 출판사의 김민정 대리님과 묵묵히 지원해 주신 권오영 차장님, 편집자분께 감사를 드린다.

아무쪼록 항공 객실 승무원을 꿈꾸는 학생들 및 일반인들에게 미흡하나마 많은 도움이 되기를 바라며 모든 이에게 행운이 있기를 바란다.

2023년 10월

유문주 드림

차_례

CHAPTER_ 1

기본 매너와 이미지메이킹 15

CHAPTER_ 2

바른 인사와 자세 49

MANNERS & IMAGE MAKING

CHAPTER_ 1

기본 매너와 이미지메이킹

01

기본 매너와 이미지 이해

02

이미지메이킹 이해

03

항공 객실 승무원의 이미지 이해

04

표정 이미지

01

기본 매너와 이미지 이해

사회의 일원으로 일상을 살아가는 우리는 사회적으로 호감을 주어 인정받고 성공하며 좋은 사람으로 기억되기를 바란다. 이를 위해서는 타인을 존중하고 배려하는 매너와 에티켓을 평소에도 실천하여 몸에 익힘으로써 어디에서나 자연스럽게 배어 나오도록 해야 한다.

우리는 각자 나름의 이미지를 갖고 있다. 그러나 이러한 개개인이 지닌 개성이나 표현의 이미지는 사회적 지위와 역할에 따라 그에 걸맞은 이미지를 형성하도록 이미지메이킹의 의미를 이해하고 실제로 구현할 수 있어야 한다.

항공 객실 승무원은 서비스 전문인으로서의 최고의 이미지와 소속 항공사를 대표하는 동시에 고객의 기대에 부합하는 이미지를 갖추어야 한다. 이를 위해 자신의 이미지를 파악하고 그에 맞는 모습을 실현한다.

1. 기본 매너의 의미

사람의 인격이나 품격은 올바른 마음씨에서 비롯된다. 눈에 보이지 않는 마음씨를 외부로 형상화하여 표현한다는 것은 매우 어려운 일이다. 사회적으로 성공하기 위해서는 상대방에게 호감을 주고 원만한 대인관계를 유지해야 하는데, 이를 위한 필수적인 요소는 사회적 기본 매너와 에티켓을 갖추고 예의범절을 지키는 것이다.

이러한 기본 매너는 공손한 태도와 온화한 표정, 바른 자세, 품격 있는 말씨, 우아하고 고상한 옷차림새, 단정한 헤어두(Hair-do), 밝고 화사한 메이크업 등을 통해 개인의 내적 마음씨가 그대로 표출된 모습에서 느껴진다. 우리나라는 예로부터 예의범절을 존중하는 관습과 전통이 전승되어 왔다. '매너'와 '에티켓'이라는 말은 우리나라 근대에 유럽이나 미국에서 들어와 산업사회 이후 사회생활의 기준이 되고 현대에는 새로운 문화와 접목하면서 또 다른 사회 질서를 형성하고 있다.

이 책에서는 매너와 에티켓, 예의와 예의범절 등 '예'를 뜻하는 여러 개념을 정리하고 그중 널리 통용되는 매너와 에티켓을 사용하기로 한다. 이는 우리가 살고 있는 글로벌 시대에 항공 객실 승무원으로서 갖추어야 할 기본 자질의 준거로 삼기 위함이다.

인간의 기본 생활은 어느 시대이든 인간관계를 기본으로 상호 의존하며 영위하기에 남을 존중하고 배려하는 질서가 필요하다. 이를 위해 사회 규칙이나 규정을 정해 암묵적 준수를 요구하는 것이 에티켓(Etiquette)이라 한다면, 매너(Manner)는 그 사회의 문화나 관습을 존중하고 배려하는 규범과 같은 것으로 사회를 올바르게 이끌어 나가는 견인 역할을 한다.

예의(禮儀)는 사회생활과 대인관계에서 공손하며 삼가는 말과 몸가짐, 즉 존경의 뜻을 표하기 위해 예로써 나타내는 말투나 몸가짐을 말한다. 그리고 예의범절(禮儀凡節)은 일상에서 갖추어야 할 모든 예의와 절차를 의미한다.

2. 이미지의 의미

이미지란 사람이나 사물의 특성을 연상할 때 떠오르는 형상(形象) 또는 시각화되어 표현된 모습으로 한마디로 정의하면 어떤 사람이나 사물에 대한 느낌이나 인상이라고 할 수 있다. 또 이미지는 느낌이나 형상, 감정, 기분처럼 특정 대상에 대한 시각적 인상에 머물지 않고 마음속에 그려져 느껴지는 '심상(心象)'이기도 하다. 가령 사람이라면, 얼굴 생김새, 표정, 말씨, 음성, 옷차림, 걸음걸이나 함께 있을 때의 느낌, 성격 등을 의미하고 사물이라면 둥글다, 투박해 보인다, 매끄러워 보인다 등으로 표현할 수 있다.

개인의 이미지, 즉 PI(Personal Image)는 개인의 사고나 가치관에 따라 행동이나 태도, 외모 등 다양한 특성에서 나타나고 이에 따라 그 사람에 대한 이미지가 연상되거나 지각되는 것을 의미한다. 따라서 개인의 이미지는 자신이 표현하고자 하는 모습과 타인이 자신을 보는 모습이 100% 일치하지 않는다. 이는 곧 자신의 모습이 타인에 의해 평가된다는 것을 의미한다. 따라서 자신을 객관화하여 보고, 타인의 견해를 받아들여 자기 이미지를 개선하고 보완함으로써 고유한 스타일을 구축해 가야 한다.

이미지의 의의

첫째, 이미지는 자신의 인상을 만든다.

둘째, 자신만의 고유한 이미지를 만드는 이미지메이킹에 활용된다.

셋째, 자신의 만족과 타인에게 인정을 받아 성공적인 사회 생활을 영위하는 데 필요하다.

넷째, 호감 주는 개인의 이미지는 개인이 속한 집단에 긍정적 영향을 미치고 사회적 평판을 좌우하는 홍보 매체 역할을 한다.

다섯째, 호감 주는 이미지는 인간관계에서 서로 지켜야 할 에티켓과 매너를 완성한다.

3. 개인 이미지를 형성하는 3차원

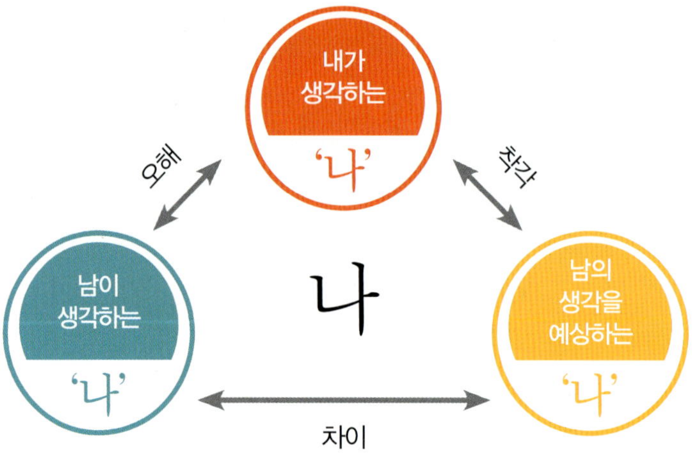

출처 : 인파워&서비스이미지메이킹, 이인경, 백산출판사

첫째, 자신이 생각하는 내 이미지이다.

둘째, 남이 생각하는 내 이미지이다.

셋째, 다른 사람이 나에 대해 갖고 있는 생각을 예상하여 갖는 내 이미지이다.

We Are / DigitalVision / Getty Images

이러한 이미지가 서로 같지 않기 때문에 자신이 생각하는 내 이미지와 타인이 생각하는 내 이미지 사이에는 '오해'가 있다. 또 자신이 생각하는 나와 타인이 생각하는 나를 예상하는 나 사이에는 '착각'이 있고, 타인이 생각하는 나와 타인의 생각을 예상하는 내 이미지 사이에는 '차이'가 있다. 이와 같이 이미지가 서로 동일하지 않기 때문에 이미지 사이에는 오해, 착각 및 차이가 있다.

다음에는 자신의 이미지를 객관적이고 구체적으로 분석하는 실습을 통해 자신이 바라본 이미지뿐 아니라 타인이 바라본 이미지까지 진단하고 두 가지 결과의 차이를 파악해 본다. 그리고 그 결과를 바탕으로 우리가 새롭게 연구하고 빚어 나갈 항공 객실 승무원 이미지와도 비교해 본다. 목표로 하는 이미지메이킹을 구현할 세부 계획도 세워 보도록 한다. 논어의 온고이지신(溫故而知新) 정신을 상기해 보자. 옛것을 제대로 연구하고 파악하는 동시에 새로운 변화를 받아들이고 지속적으로 발전해 나가면 누군가의 스승이 될 만큼 고도의 경지에 이를 수 있다.

실습

내 이미지 진단

사전 준비

- 〈내 이미지 자가 진단표 1〉
- 자신을 촬영할 도구(모바일 폰 또는 캠코더)
- 참여 학생 수만큼의 평가용 메모지(특정 양식 없음)

❶ 한 사람씩 교단 앞으로 나와 정면을 바라보고 선다.

❷ 간단히 자기소개를 한다. (이름–취미–장래 희망 등)

❸ 나머지 학생들은 배포된 사각형의 작은 메모지 한 면에 교단 앞에 나온 친구의 이름을 적는다.

❹ 그 뒷면에는 발표 학생이 자기소개를 할 때 '그 순간에' 느낀 인상을 간단히 적는다. 이때 내 이름은 적지 않고 무기명으로 한다.

❺ 발표가 끝나면 학생들은 그룹별로 메모지를 하나로 모아 두고, 발표한 학생은 자신에 대한 코멘트가 있는 쪽지를 가져간다.

❻ 〈내 이미지 자가 진단표 1〉을 작성한 후 토론한다.

⊙ 내 이미지 자가 진단표 1

■ 내가 생각하는 '내' 이미지(인상, 성격 등) 기술하기

■ 남이 생각하는 '내' 이미지(인상, 성격 등) 기술하기

■ 평가(남이 '나'에 대해 생각하는 '나'와 같은 점, 다른 점, 개선 점 등) 기술하기

4. 개인 이미지를 구성하는 3요소

개인의 이미지는 내적 이미지, 외적 이미지, 에티켓과 매너로 구성되며, 이는 에티켓과 매너의 구현으로 완성된다. 내적 이미지가 심성(心性)인 타고난 마음씨를 표현한다면, 외적 이미지는 내적 이미지가 반영되어 겉으로 나타난 모습이라고 할 수 있다. 내적 이미지로는 보통 성격을 나타내는 '착한', '친절한', '배려하는', '올곧은' 등이 보이고, 외적 이미지로는 용모 · 복장, 헤어스타일, 말씨 등이 보인다고 할 수 있다.

이 책에서는 먼저 내적 이미지인 표정과 인사, 바른 자세와 태도를 알아보고, 외적 이미지로 색상, 메이크업, 패션, 향기, 헤어두, 음성 및 대화 이미지를 살펴본 후, 항공 객실 승무원의 기본 및 글로벌 매너로 마무리하고자 한다.

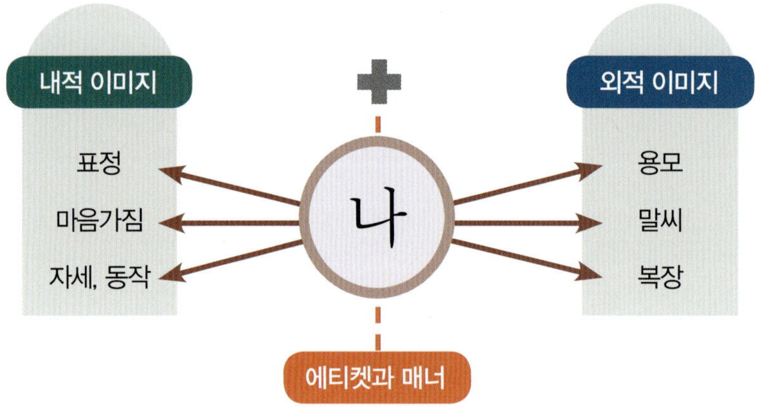

5. 인상과 이미지

인상은 내면의 마음이 외적 형태로 표출된 것이다. 그 표현은 용모부터 태도에 이르기까지 전반적인 우리 모습 그 자체이다. 인상을 형성하는 과정에는 다음과 같은 심리적 효과가 작용한다. 이런 효과는 첫인상에 영향을 미치므로 다음 내용을 숙고하도록 한다.

1) 인상 형성에 미치는 효과

최근 효과(Recently Effect)

특정 사람에 대한 인상을 형성하는 과정에서 처음에 받은 이미지보다 마지막에 받은 이미지가 그 사람의 총체적인 인상을 판단할 때 결정적 영향을 미친다는 의미이다.

부정성 효과(Negativity Effect)

개인의 인상 형성에 있어 긍정적 특징보다 부정적 특징이 더 강하게 작용하는 현상으로, 부정적 인상이 긍정적 인상보다 변화되기가 더 어렵다는 것을 의미한다.

낙인 효과(Sigma Effect)

어떤 사람이 좋지 않은 사건과 연관된 적이 있다면 그 사람을 왠지 모르게 색안경을 끼고 보게 된다. 이처럼 과거의 이력이 현재의 인물 평가와 이미지 형성에 미치는 영향을 낙인 효과라고 한다. 특히 부정적인 경력은 편견을 야기하고 이미지 형성이나 인간관계에도 반영되어 부정적인 인상 형성에 영향을 주게 된다.

대비 효과(Contrast Effect)

매우 매력적인 상대와 함께 있으면 그 사람과 비교되어 상대적으로 자신이 평가절하되는 현상이다. 멋있는 사람 옆에서 사진을 촬영하거나 사랑하는 사람에게 매력적이고 잘생긴 친구를 소개했을 때 생기는 심리적 갈등이 이에 해당한다.

초두 효과(Primacy Effect)

앞서 설명한 '최근 효과'와 정반대되는 효과이다. 먼저 제시된 정보가 나중에 들어온 정보보다 더 강력한 영향을 미쳐 최종 판단에 주로 '부정적' 영향력을 행사하는 현상이다. 일단 첫인상이 나쁘면 나중에 아무리 좋은 인상을 주려고 노력해도 이미지를 긍정적으로 바꾸기 어려운 경우가 이에 해당한다.

후광 효과(Halo Effect)

개인의 외적 장점이나 매력, 신상 정보가 다른 인상을 평가하거나 평판을 내리는데도 긍정적으로 작용하는 현상을 의미한다. 예를 들어 어떤 사람의 외모가 호감형이면 성격도 좋고 집안 환경도 좋으며 유능할 것이라고 생각하고, 비호감형이면 그 반대일 것이라고 생각하는 것이다.

2) 첫인상의 위력

인상은 첫인상의 영향을 상당히 많이 받는다. 첫인상은 거의 찰나적인 순간이나 보통 3초 내에 결정되어 자신의 진위와 상관없이 상대방에 의해 결정되며 인간관계나 비즈니스 거래 등에서 장기적 영향을 미친다. 상대방에게 각인된 나쁜 첫인상은 단기에 회복하기 어려우나 꾸준한 노력으로 극복할 수 있다.

첫인상을 결정하는 요소는 '머레이비언 법칙'에 따르면 외모, 목소리, 인격이다. 외모는 상대방의 태도, 표정, 제스처이고, 목소리는 어조, 억양, 인격은 말씨와 말의 내용 등이다. 이는 각각 시각적 이미지, 청각적 이미지, 언어 구사 이미지를 형성한다.

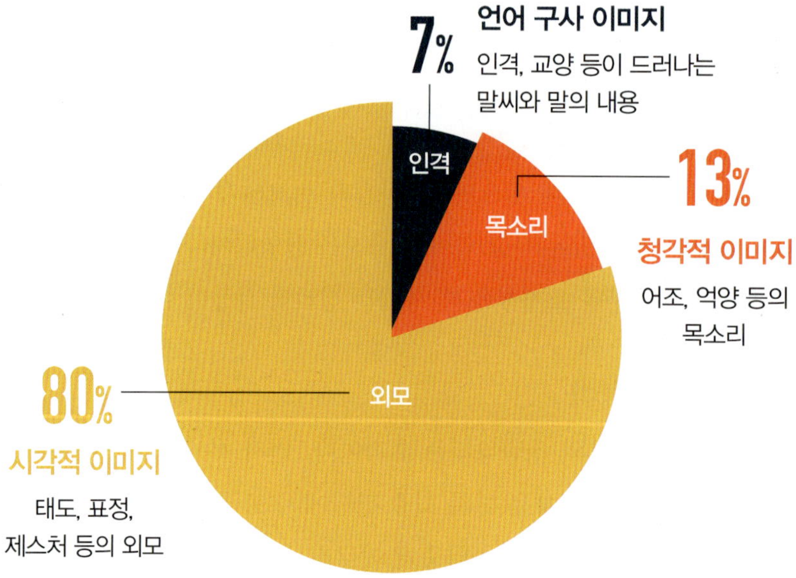

첫인상의 결정 요소

02

이미지메이킹 이해

이미지메이킹(Image Making)이란 능동적으로 자신이 추구하는 형상을 목표로 정하고 실제로 구현하기 위한 구체적 활동이나 그 행위를 하는 것을 일컫는다. 예를 들어 의사, 교사, 변호사, 회사원 등 역할에 맞는 모습을 의도적으로 추구하는 것은 사회 구성원으로서 타인에게 호감을 주고 건전한 사회 생활을 이루어 가는 바람직한 활동이라고 할 수 있다.

또 이미지메이킹 활동은 개인의 강점과 약점을 분석하여 강점은 강화하고 약점은 보완하려는 노력이 개인의 성장과 발전을 도모한다는 면에서 중요하다. 특정 직업군에서는 이미지메이킹을 통해 직업 정체성을 자연스럽게 표현하기도 한다. 우리가 흰색 가운을 입고 청진기를 들고 있는 사람을 보았다면 그 직업을 쉽게 '의사'로 유추할 수 있는 것도 이 때문이다.

Sergey Kohl / Shutterstock.com

이미지메이킹은 기업 차원에서 회사 경쟁력을 높이고 제품을 홍보하며 신규 고객을 창출하는 마케팅 전략에도 활용된다. 개인이 자신의 이미지를 주어진 환경이나 역할에 맞게 특화하는 것을 퍼스널 이미지메이킹(Personal Image Making)이라 한다면, 기업에서 다수의 사람들에게 좋은 이미지를 인식시키기 위해 기업이 지닌 특정 이미지를 시각적으로 체계화하거나 단일화하는 작업을 CIP(Corporate Image Identity Program)라고 한다.

1. 이미지메이킹의 효과

이미지메이킹은 자신의 타고난 개성을 바탕으로 어떠한 상황에 부합하는 최상의 이미지를 이끌어 내는 의도적인 변화 과정이다. 개인이 내적으로 지닌 성격 · 인성 · 잠재력 등을 밖으로 표출하고 외적 요소를 개선하여 돋보이게 함으로써 호감을 주는 사람으로 보이게 하는 것이다. 또 궁극적으로 바라는 상(像)을 그려 놓고 그러한 이미지를 구현할 수 있도록 전략적으로 연출하는 의도적인 변화 과정이다.

따라서 이미지메이킹을 통해 자신에 대한 깊고도 넓은 이해를 바탕으로 자신과 타인을 모두 존중하게 된다. 또 자신의 장점과 능력을 더욱 극대화하여 타인에게 호감을 주고 인간관계 폭을 넓히며 원만한 대인관계를 통해 자신을 돕는 협조자도 많이 얻는 효과가 있다.

IMAGE MAKING

- 자신과 타인이 추구하는 형상을 표상하여, 의도적인 노력을 통해 이루어 내는 활동이자 결과물로 사회 구성원이 수행해야 하는 능동적인 활동이다.
- 자신이 목표로 하는 이미지를 상대방과 불특정 다수의 일반인에게 명확하게 각인시키는 활동으로서도 그 중요성을 지닌다.
- 자신에 대한 이해를 바탕으로 인간관계 폭을 넓히며 많은 협조자를 얻어 성공적인 사회생활을 영위할 수 있다.

03

항공 객실 승무원의 이미지 이해

여객기를 통해 항공 여행 서비스를 이용하는 고객은 항공기에 탑승하는 순간부터 만나게 되는 객실 승무원의 모습을 곧 해당 항공사의 이미지로 생각하게 된다. 고객에게 인식된 객실 승무원의 이미지는 고객 만족과 이용할 항공사 선택에 결정적 영향을 미치고 이는 기업의 손익으로 직결된다. 따라서 고객과 직접 대면하는 서비스 접점에 있는 객실 승무원은 항공사를 대표한다는 책임감을 가지고 고객에게 긍정적 이미지를 전달하도록 노력해야 한다.

항공사의 유니폼 또한 고객에게 좋은 이미지로 각인되기 위한 노력의 하나이다. 각 항공사는 추구하는 기업 정신과 서비스 마인드를 담은 자체 유니폼을 제작하여 홍보 효과와 고객 만족을 동시에 실현하고자 한다. 따라서 항공 객실 승무원은 유니폼을 착용할 때 개성을 살리기보다 CI에 맞는 이미지를 연출하여 항공사 이미지에 긍정적 효과를 주고 고객이 기대하는 전문성과 신뢰성을 주어 고객의 만족을 극대화하도록 노력해야 한다.

1. 객실 승무원의 이미지메이킹 목적

고객 접점에서 고객 대면 서비스를 수행하는 항공 객실 승무원은 다음의 이미지메이킹 목적을 유념하도록 한다.

긍정적인 기업 이미지의 시각화

- 유니폼을 입은 승무원의 이미지가 곧 항공사의 이미지이다.
- 유니폼을 착용한 채 이동하는 공간, 예를 들면 대중 교통 이용 시, 공항, 호텔 등의 공공 장소에서도 매너와 에티켓을 갖춘 모습이 요구된다.

고객이 기대하는 인적 서비스의 창출

- 깔끔하고 단정한 서비스인의 모습은 고객 만족도를 향상시킨다.
- 무형의 서비스를 시각적으로 전문화하고 통일화하여 고객 만족을 이끌어 내며 지속적인 발전을 도모할 수 있다.

emma / iStock / Getty Images Plus

2. 객실 승무원의 업무와 이미지메이킹

객실 승무원은 항공 객실 서비스와 안전 · 보안을 수행할 임무가 있다. 성격이 다른 두 가지 업무 수행 시 각 상황에 맞는 이미지를 창출하는 지혜가 필요하다. 예를 들어 기내 서비스 업무를 수행할 때는 친절하고 상냥한 이미지를 보이는 반면, 안전 · 보안에 관한 업무를 수행할 때는 단호하고 책임감 있는 이미지를 주어야 한다. 이와 같이 객실 승무원은 상황에 맞게 이미지메이킹을 할 수 있도록 업무 특성에 주의 깊은 관심을 기울이고 꾸준히 노력해야 한다.

- 안전 업무
- 보안 업무
- 서비스 업무

업무에 따라 요구되는 이미지가 다르므로 객실 승무원은 상황과 역할에 적합한 이미지를 보일 수 있도록 이미지 메이킹 시 유의해야 한다.

3. 객실 승무원의 이미지 체크리스트

마지막으로 항공 객실 승무원에 대한 일반적인 이미지와 기대하는 이미지를 생각해 보고, 항공사를 상징하는 대표 이미지로서 항공 객실 승무원의 용모 · 복장도 점검해 본다. ☞ 〈항공 객실 승무원의 용모 · 복장 체크포인트〉 활용. 그다음 우리 이미지메이킹의 목표인 항공 객실 승무원 이미지 중 자신이 이미 갖춘 모습을 점검해 본다. ☞ 〈객실 승무원의 이미지 체크리스트〉 활용.

이를 통해 강점은 극대화하고 약점은 보완하여 최종적으로 항공 객실 승무원이 되었을 때 기대되는 자신의 이미지를 상상해 보자. 이 활동을 통하여 앞으로 노력할 이미지메이킹 활동을 다짐해 보는 시간을 가질 수 있다.

'항공 객실 승무원' 하면 떠오르는 이미지는?

Nadezda Murmakova / Shutterstock.com

nayuki minase / Shutterstock.com

기대하는 항공 객실 승무원 이미지는?

M101Studio / Shutterstock.com

Image Source / DigitalVision / Getty Images

Jon Feingersh Photography Inc / DigitalVision / Getty Images

Sven Hoppe / picture alliance / Getty Images

항공 객실 승무원 용모 · 복장 체크포인트

☑ 밝은 표정
☑ 화사한 메이크업
☑ 바른 자세
☑ 단정한 유니폼

항공 객실 승무원은 항공사를 상징하는 대표 이미지

Dasril Roszandi / NurPhoto / Getty Images

Sunshine Seeds / Shutterstock.com

M101Studio / Shutterstock.com

Sorbis / Shutterstock.com

실습

객실 승무원의 이미지 체크리스트*

항목	점검 내용	정도		
		상	중	하
객실 서비스 규정에 따라 필요한 용모와 복장을 단정히 할 수 있다.	Hairdo(긴 머리, 단발머리, 숏커트) : 단정함, 잔머리 처리, 윤기			
	메이크업 : 피부톤 관리, 밝음, 화사함			
	복장(Dress Code), 유니폼 : 단정함, 구김 여부			
	구두와 액세서리(Shoes & Accessories) : 규정 준수 여부와 깔끔함			
객실 서비스 규정에 따라 필요한 호감 주는 표정을 관리할 수 있다.	호감 주는 이미지(Conveying Positive Image)			
	웃는 얼굴 표정, 친절한 인상(Smiling Facial Expression, Kind & Caring Impression)			
객실 서비스 규정에 따라 필요한 음성을 표현할 수 있다.	온화하고 친절한 음성과 말씨			
	표준어, 바른 어법과 말씨 등			
	바른 비언어적 표현(제스처 혹은 보디랭기지)			
객실 서비스 규정에 따라 상황별 기본 매너를 지킬 수 있다.	인사, 자세 : 선 자세, 앉은 자세, 걷는 자세			
	태도 : 방향 지시, 안내, 명함(물건) 교환, 악수, 소개 등			
	항공 객실 승무원으로서의 에티켓과 매너를 갖추고 상황별 고객 서비스 응대를 할 수 있다.			

* NCS '항공 객실 서비스'의 고객 만족 서비스 능력단위 요소의 이미지메이킹하기 능력단위 요소의 '수행준거'를 근거로 한다.

승무원이 된 미래의 내 이미지

■ 내가 생각하는 항공 객실 승무원 이미지 찾아보기

My Knowledge of F/A Image

■ 항공 객실 승무원으로서의 내 모습 상상하기(과정 이수 후)

My Image as a F/A (Post Analysis)

객실 승무원의 업무별 이미지 연출

■ 항공 객실 승무원이 업무에 따라 연출해야 할 이미지와 그 이유를 생각해 보기

승무원에게 필요한 이미지	서비스 업무	안전 업무	이유
밝은 표정	V		여행에 대한 기대와 설렘을 갖고 기내에 탑승하는 승객과 공감하며, 밝은 표정으로 서비스 업무를 수행해야 고객의 기대를 만족시킬 수 있기 때문이다.

04

표정 이미지

표정은 눈, 코, 입 등 얼굴 근육의 움직임을 통해 정서 상태나 감정, 의사 등을 표현하는 것으로 개인의 내면을 시각적으로 보여 주는 것이다. 우리는 표정의 특징을 보고 자신이 만난 사람이 어떤 사람인지, 성격이 어떠한지 등을 가늠한다. 이 같은 얼굴 표정은 안면 전체에 퍼져 있는 약 80개 근육에 의해 조절된다. 얼굴 근육은 대뇌의 지배를 받으며 의지로 조절할 수 있는데, 이는 표정을 바꿀 수 있다는 사실을 의미한다. 자신이 원하는 얼굴 표정은 노력으로 만들 수 있다.

사람의 표정은 사람마다 다르다. 밝고 명랑하며 미소를 띤 표정은 좋은 첫인상을 주고 상대방을 편안하게 해 주어 대인관계가 원만해진다. 여기서는 얼굴 표정의 의미를 이해하고 호감을 주는 얼굴 표정을 만들기 위해 밝고 명랑하게 미소 짓는 연습을 해 보도록 한다.

당신의 표정은 어떤가요?

객실 승무원은 비행마다 처음 만나는 고객이 신뢰감과 친근감을 느낄 수 있도록 호감 주는 표정을 지어야 한다. 항공기 객실에서 고객과 처음 대면하는 순간은 짧지만, 호감 주는 표정은 긴 여운으로 이어져 고객이 객실 승무원에 대한 전반적인 이미지를 형성하는 데 상당히 중요한 요소가 된다.

머레이비언 법칙

캘리포니아 대학의 심리학과 교수 앨버트 머레이비언(Albert Maharabian)은 커뮤니케이션에 관한 연구에서 커뮤니케이션을 '언어(Verval)'와 '비언어(Non-verval)'로 구분했을 때 이들이 3:7 비율로 커뮤니케이션에 영향을 미침을 밝혔다. 즉 비언어에 속하는 표정이나 태도, 제스처, 목소리 등이 언어보다 훨씬 더 큰 영향을 미친다.

- 시각 정보(눈으로 판단하는 표정, 자세와 태도, 용모와 복장) : 55%
- 청각 정보(귀로 판단하는 목소리의 톤이나 음색) : 38%
- 언어 정보(언어로 판단하는 말의 내용) : 7%

이 이론에 따르면, 대화에서 상대에 대한 호감이나 비호감을 느끼는 데 상대가 하는 '말의 내용'이 차지하는 비중은 7%에 불과하다. 반면에 말할 때의 태도나 목소리처럼 '말의 내용과 직접적으로 관계가 없는 요소'가 93%를 차지하여 상대의 이미지를 좌우한다.

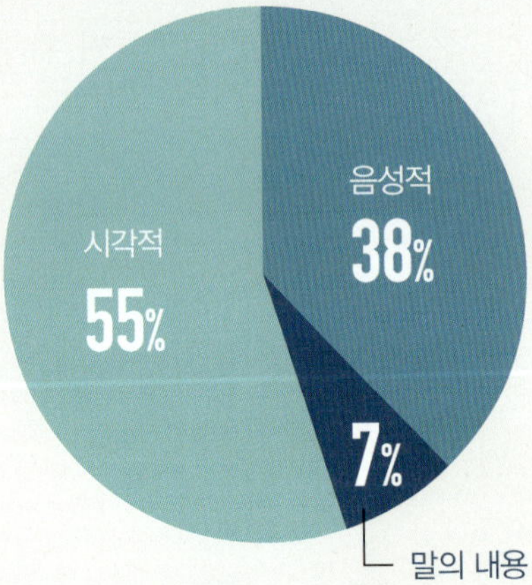

머레이비언의 법칙을 통해 본 청각적(음성) 이미지 분석

1. 얼굴 표정의 의미

얼굴 표정은 세계 공용어(Universal Language)이다. 사람들은 처음 누군가를 볼 때 얼굴을 먼저 보는데, 그중 표정을 살핀다. 좋은 얼굴 표정은 미소(Smile)를 머금거나 웃고 있는 얼굴(Smiling Face)이다. 사람들은 웃고 있는 얼굴을 가장 좋아하고 가장 영향력 있는 매력적인(The Most Affectionate One) 모습이라고 생각한다.

2. 좋은 표정의 중요성

• 첫인상을 결정한다.
• 원만한 인간관계를 형성한다.
• 사회적 성공에 기여한다.

얼굴 표정의 일반적인 기능

우리는 상대를 존중하는 진심 어린 마음을 좋은 표정에 담아 표현할 수 있다. 좋은 표정은 상대뿐만 아니라 표정을 짓는 자신에게도 기분 좋은 느낌과 신체 반응을 유발하는 긍정적 효과가 있다. 매 순간 호감을 주는 이미지를 보여야 하는 항공 객실 승무원에게도 밝은 표정은 서비스 업무를 수행할 때 반드시 기본으로 취해야 하는 이미지메이킹 요소라 할 수 있다. 자신에게 어울리는 자연스러운 좋은 표정을 연출하기 위해 꾸준히 연습하도록 한다.

좋은 표정이 필요한 순간

3. 좋은 표정의 효과

이미지 증진 효과

사람들은 대부분 자신을 좋게 표현하고자 밝게 웃는 표정을 짓는다. 이로써 다른 사람들에게 호감을 주고 원만한 관계를 형성하며 사회적 성공도 이루게 된다.

서비스 증진 효과

서비스를 아무리 잘 해도 진정성이 없으면 가치가 없다. 좋은 서비스는 마음에서 우러나오는데 이런 마음이 밝은 표정으로 이어지면 고객 감동을 이끌어 낼 수 있다. 이때 미소는 가장 좋은 표현 수단이 된다.

건강 증진 효과

인디애나 주 메모리얼 병원에서는 환자들을 조사한 결과 웃음은 스트레스 호르몬인 코디졸의 양을 줄이고 엔돌핀 같은 유익한 호르몬을 많이 분비하게 하므로 '하루 15초 이상 웃으면 이틀을 더 오래 산다'고 밝혔다. 또 미국의 리버트 박사는 웃음은 암을 예방하는 킬러 세포를 많이 생성하므로 웃음이 인체의 면역력을 높여 감기와 같은 감염 질환과 성인병을 예방한다고 발표하였다.

4. 표정을 만드는 안면 근육 이해

우리 얼굴에 있는 약 80개의 근육 중 표정을 짓는 데는 약 50개 근육이 사용되고 나머지 30개 정도는 표정에 쓰이는 근육을 안쪽에서 받쳐주는 역할을 한다. 각 근육의 쓰임새를 이해하여 불필요한 주름이 생기지 않도록 주의한다.

전두근

전두근은 이마에 커튼처럼 드리워져 있으며 놀랐을 때 눈썹을 들어올린다.

대관골근

대관골근은 뺨을 가로질러 입꼬리를 위로 잡아 올려 미소를 만든다.

추미관

추미관은 불쾌할 때 눈썹을 가운데로 잡아당기며 미간에 수직 주름을 만드는데, 이 주름은 가급적 생기지 않는 게 좋다.

소근

소근은 두려움을 느낄 때나 토라질 때 턱의 피부를 들어올려 아랫입술을 튀어나오게 한다.

안륜근

안륜근은 뭔가 자세하게 보고 싶을 때나 눈을 가늘게 뜰 때 움직이는 근육으로 눈가에 불필요한 주름을 지게 하므로 이 또한 주의한다.

구륜근

구륜근은 입술을 안으로 잡아당기면서 오므리게 하는데 '오'라고 발음할 때나 키스할 때 쓰는 근육이다.

5. 표정의 종류

약 80개 안면 근육 중 동작하기 쉬운 곳에 위치한 근육 (나쁜 표정)을 만드는 데 사용

약 80개 안면 근육 중 동작하기 어려운 곳에 위치한 근육 (좋은 표정)을 만드는 데 사용

따라서 호감을 주는 좋은 표정보다 거부감을 주는 나쁜 표정을 만들기가 훨씬 수월하다. 그러므로 호감 가는 표정을 만들기 위해서는 연습이 필요하다. 거울을 보고 각자 다음 표정을 지어 보거나 짝을 지어 표정을 짓고 어떤 표정인지 알아맞혀 보자.

기쁜	슬픈	(기쁘게) 놀란	(기분 나쁘게) 놀란
불안한	화난	걱정하는	지루한
성급한	관심 있는	걱정스러운	두려운
호기심 어린	편안한	비웃는	경멸하는
어이없는	황당한	눈치 보는	공감하는

표정 설명과 내 표정 진단

표정 예시 (Ideal Facial Expression)	표정 설명 (Explanation of Facial Expression)	내 표정 (My Facial Expression)
	지루한 표정	
	눈가에 인상 쓴 표정	
	짜증이 나서 소리 지르는 표정	
	기뻐 좋아하는 표정	
	벼르는 표정	
	의심하는 표정	
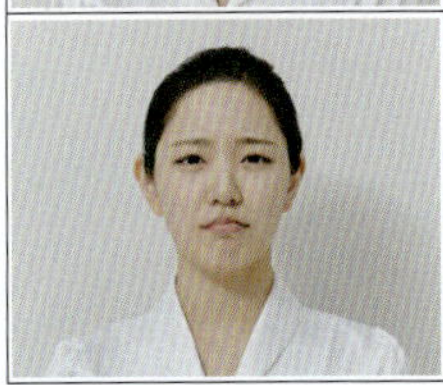	화난 표정	

내 표정 체크리스트

표정 점검 내용	O X
내 표정은 밝은가?	
뒤돌아설 때 표정이 굳어지지는 않는가?	
습관적으로 미간을 찌푸리지는 않는가?	
시선은 부드럽고 편안한가?	
눈동자가 불안정하게 움직이지 않는가?	
말을 할 때 눈을 자주 깜박거리지 않는가?	
양쪽에 입꼬리가 올라가며 자연스러운 미소를 짓는가?	
입술을 깨물거나 삐죽거리지 않는가?	
웃을 때 입술이 한쪽 끝으로 올라가지 않는가?	
웃을 때 입을 가리지 않는가?	
턱을 너무 들고 있거나 숙이지 않는가?	
혼자 있을 때도 항상 표정 관리에 신경을 쓰는가?	

6. 좋은 표정 만들기 연습

우리는 대화할 때 상대방의 눈을 쳐다보게 된다. '눈은 마음의 창'이라는 말이 있듯이 눈빛만 봐도 상대방의 마음을 읽을 수 있다. 실제로 한 실험 결과에 따르면 인간의 뇌는 사람의 마음을 떠올릴 때 한 사람의 전체 이미지 중 60% 이상을 눈의 이미지로 기억한다고 한다. 이렇듯 눈은 한 사람의 인상을 결정짓는 데 큰 영향을 미치고 상대의 심리를 파악하는 데도 중요한 역할을 한다. 입은 웃고 있는데 눈에 표정이 없으면 좋은 인상을 주지 못한다. 눈 주변의 근육과 눈 운동을 통해 부드러운 인상을 주도록 한다. 다음을 따라 자연스럽게 시선을 처리해 보자.

눈(시선)

- 눈동자를 중앙에 둔다.
- 상대의 눈높이에 맞춘다.
- 상대의 미간을 부드럽게 바라본다.

눈동자(안구) 운동

- 눈동자를 위아래로 올리고 내리기를 5회 반복한 뒤 잠시 눈을 감는다.
- 다시 눈동자를 좌우로 5회 돌려 준 뒤, 좌측으로 한 바퀴, 우측으로 한 바퀴 돌려 준 후 다시 눈을 잠시 감는다.
- 눈을 떠 좌우로 번갈아 가며 윙크한다.

눈썹 운동

- 눈썹 운동은 이마와 눈썹 주변의 근육을 풀어 주는 데 효과적이다.
- 눈썹을 올리면 얼굴 전체가 밝게 보이는 효과가 있다.
- 눈썹에 양손의 검지 손가락을 가로로 올려 기준을 잡고 손가락을 위 · 아래로 움직여 눈썹 주변 근육을 움직이게 한다.
- 5회 정도 실시한다.

볼 운동

- 미소를 짓기 위해서는 볼에 있는 대관골근이 발달해 입꼬리를 올려 주어야 한다.
- 먼저 입술을 다문 채 양 볼에 공기를 머금는다.
- 양 볼의 공기를 왼쪽 볼로 옮기고 오른쪽은 보조개를 만들 듯이 바람을 빼어 15초간 유지한다.
- 왼쪽에 머금고 있는 공기를 인중으로 보내 15초간 유지한다.
- 공기를 오른쪽 볼로 옮기고 왼쪽은 보조개를 만들 듯이 바람을 빼어 15초간 유지한다.
- 오른쪽에 머금고 있는 공기를 턱으로 보내 15초간 유지한다.

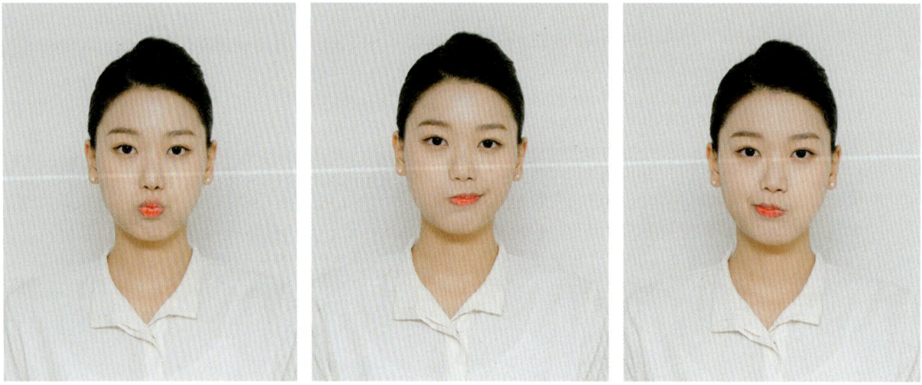

턱 운동

- 입 전체를 '아'하고 최대한 벌린 상태에서 5초간 유지한 후 원위치한다.
- 턱을 좌우로 번갈아 움직인 후 좌우로 한 바퀴씩 돌린다.

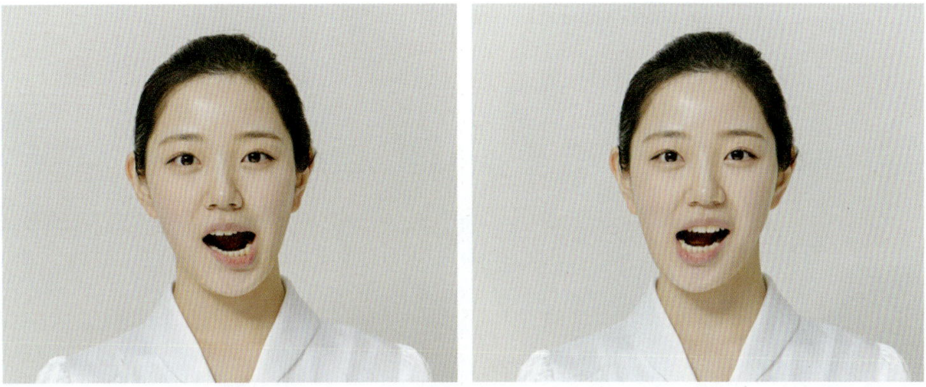

입술 운동

- 입술을 앞으로 내밀고 입안의 공기를 내뿜며 후루루~ 풀어 준다.
- 입을 다물고 양 입꼬리에 검지 손가락을 대고, 입술을 오므려 앞으로 쭉 내민다.
- 입꼬리를 양옆으로 밀어 준다.
- 큰 소리로 '아, 에, 이, 오, 우'를 반복한다.
- 위스키~~ 소리를 내며 5초간 유지한다.

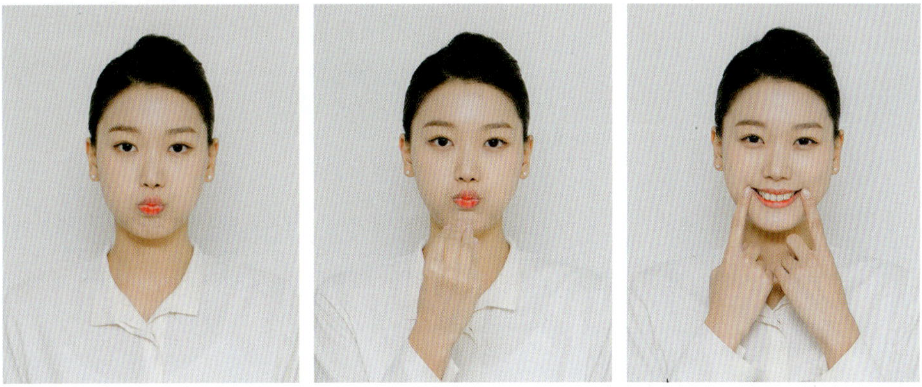

MANNERS & IMAGE MAKING

CHAPTER_ 2

바른 인사와 자세

01

인사

넓은 의미에서 인사는 개인이 속한 사회 문화와 환경에 따라 일정한 방식으로 표현되는 상호 의례적인 행위이다. 그리고 좁은 의미에서 인사는 우리가 서로 마주 대하거나 헤어질 때 예를 표하는 말이나 행동이다. 또 상대방을 존중하거나 공경하는 마음의 발로이며 친분이 있는 사이에 안부를 묻는 말이나 친근한 행동을 통해 친애와 우정을 나타내는 것도 인사이다.

인사(人事)에는 '사람의 일' 외에 '섬기다'라는 뜻도 있다. 즉, 인사는 사람의 일이며 상대방을 존중하고 배려하며 섬기는 것이다. 따라서 인사는 인간관계 시작의 신호이자, 상대에 대한 존경심, 자신을 알리는 표현, 성공하는 사람들이 늘 겸비하는 기본 자세라고도 할 수 있다.

인간관계가 시작되는 신호이다.
상대에 대한 존경의 표현이다.
자신을 알리는 표현 수단이다.
성공한 사람들의 공통점이다.

1. 인사의 기본 자세

어렸을 때는 가정이나 학교에서 바른 인사를 하도록 배우고 열심히 실천하다가 차츰 자라면서 또래들과 어울리며 인사의 중요성이나 형태가 흐트러지는 경향이 있다. 바람직하지 못한 이러한 행위들이 습관이 되어 사회생활, 즉 직장 생활에서도 인사 예절을 지키지 못하면 자신에게 도움이 되지 않는다는 사실을 인식해야 한다. 또 인사는 실천에 못지않게 바른 자세로 하는 것이 중요하다는 점을 유념한다.

- 바른 자세로 상대를 향해 선다.
- 가슴과 등을 자연스럽게 곧게 펴고 어깨는 힘을 빼고 양 어깨선은 수평이 되게 한다.
- 손은 상황에 따라 일반 자세나 공수 자세를 취한다.
- 다리는 양 무릎 안쪽을 붙인다.
- 양발의 발꿈치를 붙인 채 전체 발 모양이 V자형이 되게 한다.

2. 공수 및 일반 자세

공수(拱手) 자세

공수 자세는 우리 전통 예절에서 어른 앞이나 제사, 명절 등 의식 행사에서 두 손을 마주 잡아 공손한 모습을 취하는 자세이다. 여자는 오른손이 왼손 위로, 남자는 왼손이 오른손 위로 오게 하여 공손히 손을 모아 아랫배에 가볍게 갖다 대는데 이를 남좌여우(男左女右)라 한다. 조문(弔問) 시에는 손의 위치를 각각 반대로 한다.

☞ 제사는 흉사가 아니므로 평상시와 같은 자세로 한다.

- 두 손을 앞으로 모아 잡으면서 엄지 손가락은 깍지 끼듯 하고 네 손가락은 가지런히 펴서 포갠다.
- 여자는 오른손을 왼손 위에 오도록 한다. 남자는 왼손을 오른손 위에 오도록 한다.
- 양손을 모아 아랫배에 가볍게 둔다.

일반 자세

- 차려 자세로 계란을 쥐듯 손을 가볍게 쥔다.
- 바지 재봉선(양 허벅지 옆)에 맞추어 손을 내린다.

공수 자세

일반 자세

3. 인사의 종류

<table>
<tr><th>용례(用例)</th><th>남성 예시</th><th>여성 예시</th></tr>
<tr><td colspan="3">15도 인사 (목례)
Eye Contact 후 고개와 등이 수평이 되게 하여 약 15도 정도 기울인다.</td></tr>
<tr><td>• 좁은 장소에서
• 복도, 계단, 엘리베이터, 거리에서
• 동료나 아랫사람에게
• 낯선 어른을 지나칠 때
• 호출한 승객에게</td><td></td><td></td></tr>
<tr><td colspan="3">30도 인사 (보통례)
Eye Contact 후 인사말을 하고 고개와 등이 일직선이 되도록 하며 약 30도 정도 기울여 굽힌다.</td></tr>
<tr><td>• 반가운 마음을 전할 때
• 일상적인 인사
• 환영(Welcome) 시
• 작별(Farewell) 시</td><td></td><td></td></tr>
<tr><td colspan="3">45도 인사 (정중례)
정중한 인사로 인사말을 한 후 고개와 등이 일직선이 되게 하여 약 45도 기울기로 숙인다. 이때 허리를 이용한다.</td></tr>
<tr><td>• 의식이나 행사에서
• 정중하게 사과할 때
• 감사를 전할 때
• 손님이나 어른을 배웅할 때</td><td></td><td></td></tr>
</table>

4. 보통례 연습

❶ 먼저 상대를 바라본다.

❷ 밝은 미소와 함께 "안녕하십니까?" 인사말을 한다.

❸ 인사말 끝에 상체를 숙인다.

❹ 이어 잠시 멈춤(Stop Motion)을 유지한다.

❺ 상체를 천천히 일으키며 상대의 눈을 다시 바라본다. 이때에도 역시 미소를 유지한다.

☞ 손과 발의 위치는 다음과 같이 유지한다. 여성은 왼손 위에 오른손을 얹고, 남성은 손을 자연스럽게 내려뜨린다. 양발을 함께 모은 후 발끝은 11시 5분 각도로 벌린다.

☞ 상대방의 눈빛을 바라보며 밝고 상냥한 표정을 연출하는 것으로 인사가 완성된다. 앞서 배운 밝은 표정 짓는 방법을 생각하며 밝고 상냥한 표정으로 인사를 완성하도록 한다.

보통례 3단계

1단계

- Eye Contact를 한다.
- 인사말을 하며 허리를 굽힌다.

2단계

- Stop Motion 자세를 유지한다(약 1초간).

3단계

- 상체를 바로 세운다 (약 2초간).
- Eye Contact & Smile을 한다.

목례 → 보통례 → 정중례 예시

5. 인사의 기본 원칙

인사는 상대와 마주친 순간에 하는 행위이므로, 순발력과 적극성을 발휘하여 적시에 해야 한다. 인사의 여러 예를 갖추었다고 해도 인사할 기회를 놓치면 무용지물이 될 것이다. 따라서 인사는 먼저 본 사람이 먼저 하는 것이 가장 좋다.

인사 기회를 적극적으로 갖게 되었다면, 이제는 진정성 있게 마음을 전할 수 있도록 시선을 상대방에게 맞추고 밝은 표정을 유지한다. 또 앞서 설명한 인사의 기본 자세를 갖추고 장소와 상대와의 관계에 맞는 인사법으로 한다. 상대의 인사를 받을 때도 기본 원칙을 지키는 것이 예의이다.

시선을 맞추어 인사한다. **전달성**

밝은 모습으로 활기차게 인사한다. **생기/활기**

때와 장소에 맞는 인사법으로 정중하게 인사한다. **매너/예의**

인사할 기회는 한순간이므로 때를 놓치지 않고 적시에 인사한다. **적극성**

6. 인사말의 기본 원칙

밝은 목소리로 호감 있는 톤으로 하기

- 여성은 '솔'의 높이가 적당하다.
- 남성은 '미'의 높이가 적당하다.

때, 장소, 상황에 맞게 하기

- 시간의 구분 없이 할 수 있는 인사말
  ➡ "안녕하십니까!"
- 처음 만나는 사이에 할 수 있는 인사말
  ➡ "반갑습니다."
- 시간을 구분해서 할 수 있는 인사말
  ➡ "좋은 아침/저녁입니다!"
  "아침(점심/저녁) 맛있게 드셨습니까?"

관계에 따라 높임말과 적절한 경어로 하기

- 상사에게 "수고하셨습니다."라는 표현보다는 다음의 표현이 더 좋다.
  ➡ "감사합니다."
  "애쓰셨습니다."
  "좋은 하루 보내시기 바랍니다."

02

상황에 따른 인사와 인사말

가정

상황	인사말		
'나' 중심으로	웃어른, 상사	아랫사람	동료
아침에 기상 후	○○○, 안녕히 주무셨습니까? ~ 주무셨어요?	잘 잤어요?	잘 잤니?
자러 가기 전	안녕히 주무십시오. ~ 주무세요.	편히 쉬게.	잘 자.
외출할 때	다녀오겠습니다.	잘 다녀오게.	잘 갔다 와.
식사할 때	진지 드십시오.	맛있게 먹어라.	맛있게 잘 먹겠습니다.
평상시	안녕하십니까?	안녕하세요?	안녕?
밖으로 나가는 사람에게 (외출)	안녕히 다녀오십시오.	잘 다녀와라.	잘 갔다 와.
밖에서 돌아온 사람에게	안녕히 다녀오셨습니까?	잘 다녀왔니?	잘 갔다 왔어?
방문한 사람에게	안녕하십니까? 어서 오십시오.	안녕하세요? 어서 오세요.	안녕(하세요)? 어서 와!
가는 사람에게	안녕히 가십시오.	안녕히 가세요.	잘 가!

삼가야 할 바르지 못한 인사

- 고개만 까딱 움직이는 인사는 성의도 없고, 사람을 가벼워 보이게 한다.
- 인사를 할까 말까 망설이다 하는 인사는 효과가 없다.
- 표정 없이 하는 무뚝뚝한 인사는 상대를 오히려 불쾌하게 할 수 있다.
- 급히 뛰어가면서 하는 인사는 예의에 어긋난다.
- 공손이 지나쳐 90도 이상 숙이는 인사는 상대에게 부담을 준다.

직장

상황	방법	인사말
복도나 계단에서 상사나 동료를 만날 때	목례를 먼저 하고 가까이 왔을 때 인사한다.	안녕하세요? 반갑습니다. 안녕하십니까?
직원 상 · 하 간에 인사할 때	먼저 본 사람이 먼저 한다. 상대에게 맞는 인사말을 건넨다.	안녕하세요? 네, 안녕하세요? 반갑습니다.
전화 통화 중 방문한 손님에게	가볍게 목례나 미소로 인사한다. (방문 시)	☞ "잠시만 기다려 주시겠습니까?"라고 부탁한 후 전화를 끊은 후 안내한다.
출 · 퇴근 시	아침에는 활기 있게 인사한다.	좋은 아침입니다. 먼저 실례하겠습니다.
	퇴근 시는 격려의 마음으로 인사한다.	☞ 아랫사람에게는 "수고했어요." ☞ 아랫사람이 윗사람에게는 "수고하세요." 라고 인사하지 않는다. "이만, (먼저) 퇴근하겠습니다."
손님을 맞이할 때	손님을 보자마자 자리에서 일어나 깍듯하게 30도의 보통례 인사를 한다.	어서 오십시오. 어서 오세요. 어서 와요.
손님을 배웅할 때	자리에서 혹은 상황에 따라 문 앞까지 나가 깍듯하게 30도의 보통례 인사를 한다.	안녕히 가십시오. 앞으로도 잘 부탁드립니다.
자리를 잠시 비울 때	조용히 자리에서 일어나 상체를 살짝 기울인 목례	실례합니다. 잠시 자리를 비우겠습니다.
부탁할 때	상체를 살짝 기울이며 목례	죄송하지만 ~ 좀 해 주실 수 있겠습니까?
칭찬을 듣거나 선물을 받았을 때	눈인사 선물을 받을 때는 일어나서 보통례	감사합니다. 고맙습니다.
지시나 의뢰를 받았을 때	가볍게 다가가 목례	잘 알겠습니다.
상사에게 용무를 말씀드릴 때	가볍게 다가가 목례	여쭐 말씀이 있어서 왔습니다.
소개를 받거나 소개를 할 때	인사나 악수가 가능한 거리에 있을 때	안녕하십니까? 이분은 ○○○이십니다. 안녕하십니까? 저는 ○○○입니다.

상황	방법	인사말
오랜만에 만났을 때	반갑게 마주하며(시선을 맞추고) 가볍게 인사 필요 시 악수	오랜만에 뵙습니다. 그동안 안녕하셨습니까?
사과의 말을 할 때	진심으로 45도 정중례	~ 미안합니다. ~ 죄송합니다. 진심으로 사죄 말씀 드립니다.
실수했을 때	30도 보통례	실례했습니다. 죄송합니다.

학교

상황	방법	인사말
수업을 시작할 때	30도 보통례	안녕하십니까?
수업이 끝난 후	30도 보통례	감사합니다. 고맙습니다.
교수님 연구실이나 학과 사무실을 방문할 때	노크 30도 인사	안녕하십니까? 저는 O학년 OO반 OOO입니다. OOO(용무) 때문에 왔습니다. ~ 감사합니다.
교수님께 전화를 드릴 때	필기 도구 준비	안녕하십니까? 저는 O학년 OO반 OOO입니다. OOO(용무) 때문에 전화드렸습니다. 혹시 통화 가능하십니까? ☞ (육하원칙에 의거해) 용건을 말씀드린다. 용건 후 내용을 재확인한다. 감사합니다. ☞ 교수님이 먼저 통화를 끊고 나면 끊는다.
동기나 선후배를 만났을 때나 헤어질 때	먼저 본 사람이 먼저 한다. 장소와 상황에 따라 목례나 보통례를 한다.	안녕? 안녕하세요? 안녕하십니까? 안녕히 가세요. 안녕히 가십시오.

기타 상황

상황	방법	인사말
문병할 때	30도 보통례 (상황에 따라 다름)	얼마나 고생(걱정)이 되십니까? (불의의 사고일 때) 불행 중 다행입니다. 좀 어떠십니까? 속히 나으시길 바랍니다. 얼마나 놀라셨습니까?
조문할 때	45도 정중례	삼가 조의를 표합니다. 얼마나 슬프십니까? 뭐라 드릴 말씀이 없습니다.
새해 인사	30도 보통례	새해 복 많이 받으십시오. 새해 복 많이 받으세요. 소원 성취하시길 기원합니다. 소원 성취하길 바라네(바라).(동료나 아랫사람)
축하할 때	30도 보통례	진심으로 축하합니다. 얼마나 기쁘십니까? 축하한다.
수연례	30도 보통례	더욱 건강하시기 바랍니다. 만수무강하시길 바랍니다.

03

동작별 바른 자세

바른 자세는 이미지메이킹의 가장 기본이자 완성이라고 할 수 있다. 앞서 배운 서비스인에 알맞은 밝은 표정과 상황에 맞는 인사 예절을 수행하기 위해서도 바른 자세를 몸에 익혀야 한다. 신체의 바른 자세가 마음의 자세를 나타내는 비언어적인 커뮤니케이션 요소의 하나로 여겨지기 때문이다.

바른 자세는 타인에게 신뢰감과 호감을 주지만 바르지 않은 자세는 자신의 의도와 달리 타인에게 부정적 이미지를 줄 수 있다. 또 바른 자세는 상대에게 신뢰감과 호감을 표현할 뿐 아니라 균형 잡힌 체형을 만들어 주기 때문에 건강에도 이롭고 집중력을 높여 업무 효율도 향상하는 이점이 있다. 매 순간 정중함과 신뢰감을 전해야 하는 항공 객실 승무원에게 있어 바른 자세와 태도는 꼭 갖추어야 하는 필수 요소라 할 수 있다.

이미지 측면	건강 측면
• 몸의 자세는 마음의 자세에서 비롯한다. • 비언어적 커뮤니케이션 요소의 하나로 마음의 표현이 담긴다. • 타인에게 신뢰감과 호감을 준다.	• 균형 잡힌 체형을 만든다. • 집중력을 높여 업무 효율도 향상한다. • 신체의 내장 기관에도 좋은 영향을 주어 건강을 증진한다.

바른 자세가 영향을 미치는 두 측면

1. 서 있는 자세

- 머리는 정면을 향해 곧게 든다.
- 시선은 정면을 향하고 턱을 살짝 당겨 준다.
- 등이 굽지 않도록 일직선으로 허리를 세운다.
- 양 어깨가 수평을 이루도록 한다.
- 아랫배와 엉덩이에 힘을 준다.
- 여성은 오른손이 위로 가도록 하고 아랫배 쪽에 손을 모은다.
- 무릎을 붙인다.
- 양발의 뒤꿈치를 나란히 모으고 발 앞쪽은 15도 정도 벌린다.

측면 → 정면 → 대기 시 자세 예시

선 자세 체크포인트

실습

☑ 어디를 바라봐야 하는가?

시선 처리 : ____________________

턱 : ____________________

가슴 : ____________________

☑ 등은 어떻게 하고 있어야 하는가? ____________________

☑ 배에 약간 힘을 주고 엉덩이를 조금 올린다.

☑ 손과 발의 위치 ____________________

☑ 어깨와 머리 ____________________

☑ 무게 중심은 발바닥 전체가 아닌, ____________________ 둔다.

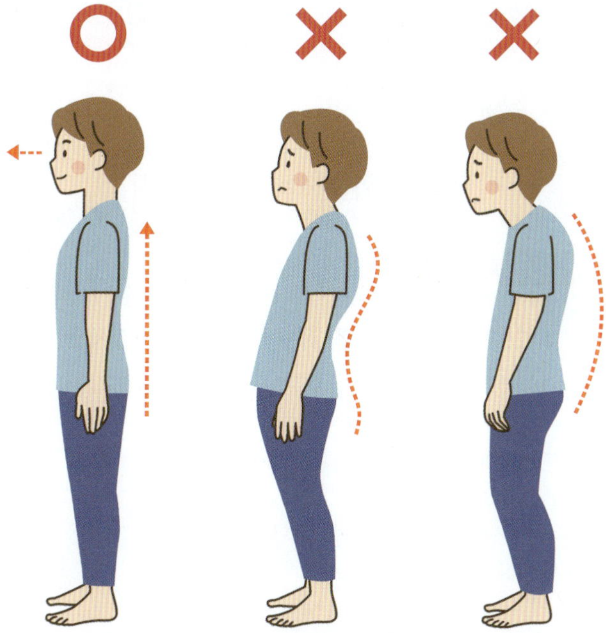

2. 앉은 자세

- (방문한 경우 의자에 앉을 것을 권유받으면) 목례와 함께 "감사합니다"라고 답례한다.
- 한쪽 발을 반 보 뒤로 하고 몸을 비스듬히 하여 어깨 너머로 의자를 보면서 한쪽 스커트 자락을 살며시 눌러 의자 깊숙이 앉는다.
- 뒤쪽에 있던 발을 앞으로 당겨 나란히 붙이고 두 다리와 발을 가지런히 모은다.
- 양손을 모아 무릎 위에 가볍게 올려 스커트 끝을 지긋이 누른다.
- 등을 세우고 어깨를 펴고 시선은 정면을 향한다.
- 일어설 때는 정면을 향해 발을 모은다.
- 한쪽 발을 뒤로 살짝 뺀 후 무릎 힘으로 한 번에 일어나 뒷발을 모아 선다.
- (방문한 경우) 목례를 살짝 하고 한 발을 뒤로 뺀 후 돌아 나온다.

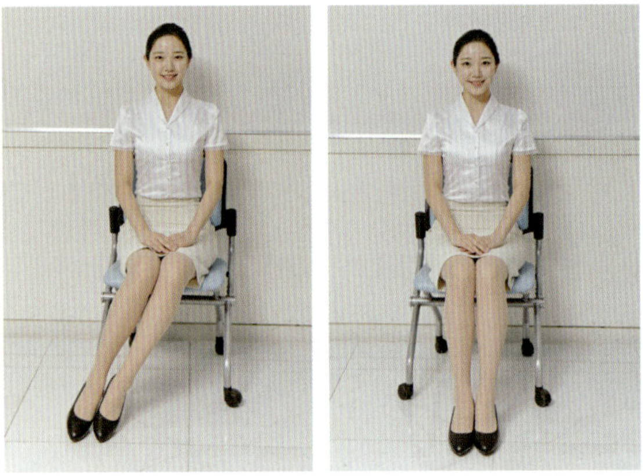

평상시 → 면접 시(장시간) 자세 예시

의자에 장시간 앉아 있는 경우

의자에 장시간 앉아 있으면 골반에 무리를 줄 수 있으므로 다음 자세를 익히도록 한다.

- 앉은 상태에서 아래로 수직선을 내렸을 때 귀, 어깨, 골반이 일직선상에 놓이는 상태가 좋다.
- 발바닥은 전체가 바닥에 편안하게 닿도록 한다.
- 허벅지는 지면과 수평이 되게 한다.
- 무릎은 85도나 90도 정도로 굽힌 상태를 유지한다.
- 허리를 의자 등받이에 편안하게 기댄다.

의자에 바르게 앉는 동작

예의를 갖추어야 하는 자리에서는 앉아 있는 자세뿐 아니라 앉고 일어서는 방법까지 격식을 차려야 하는 경우가 있다. 특히 앉아서 면접을 진행하는 경우 지원자의 앉고 일어서는 동작은 서비스인으로서 정중하고 바른 태도를 지녔는지를 판단하는 중요한 기준이 될 수도 있다.

- 한쪽 발을 앞쪽으로 먼저 한 보 정도 내밀어 무게 중심을 안정감 있게 옮긴다.
- 앉을 곳의 위치를 확인하고 발을 내딛은 반대쪽으로 살짝 몸을 틀어 조심스럽게 앉는다.
- 스커트를 입은 경우 몸이 향하는 방향의 손(손바닥)으로 스커트를 살짝 고정시키며 조심스럽게 앉는다. 일반 평상시의 경우, 두 다리는 한 방향으로 모은다.
- 면접 등에서는 앞쪽으로 다리를 직각으로 세워 앉되, 의자 형태나 상황에 따라 두 다리를 붙이고 한쪽으로 기울여 앉아 있는다.

의자에 바르게 앉는 동작 예시

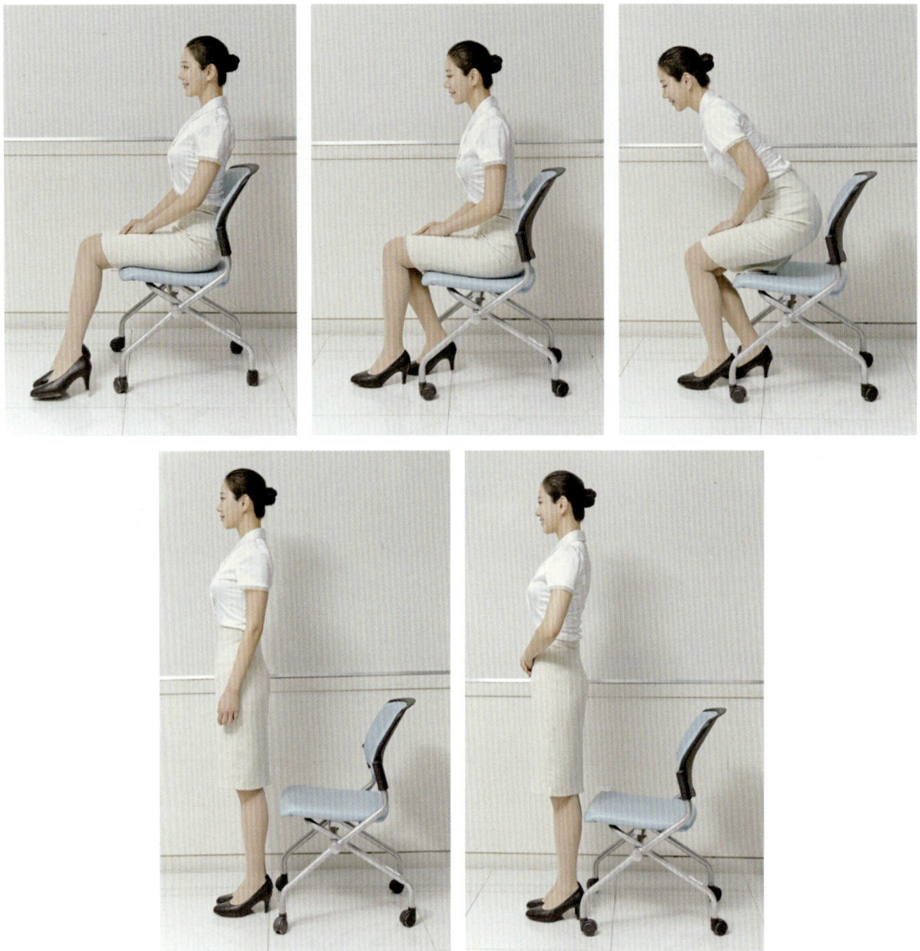

의자에서 바르게 일어서는 동작 예시

기타 자세 예시

올바른 앉은 자세

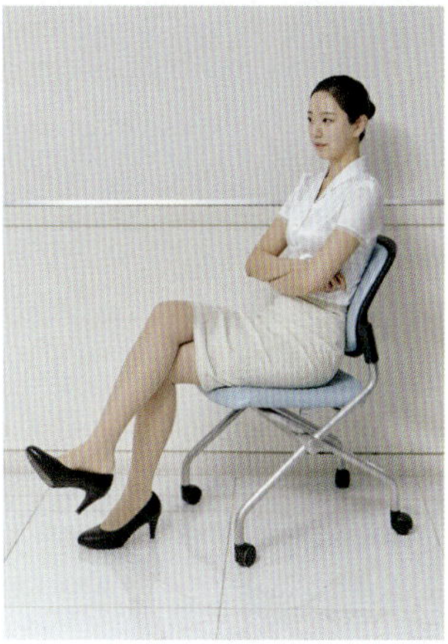

올바르지 않은 앉은 자세

올바르지 않은 선 자세

실습

앉은 자세 체크포인트

☑ 의자의 반 보 앞에 선다.

☑ 한 발을 뒤로 빼며 어깨 너머로 의자의 위치를 확인한다.

☑ 한 손으로 스커트를 쓸어 내리며 앉는다.

☑ 어깨를 반듯하게 유지하고 정면을 바라본다.

☑ 두 손은 가지런히 모아 스커트 가운데를 가볍게 누른다.

☑ 의자에는 깊숙이 앉는다.

☑ 등과 의자 사이에 약 5cm 정도 거리를 두고 똑바로 앉는다.

☑ 다리는 똑바로 세우고 발은 정면을 향하게 한다.

☑ 무릎을 붙이도록 한다.

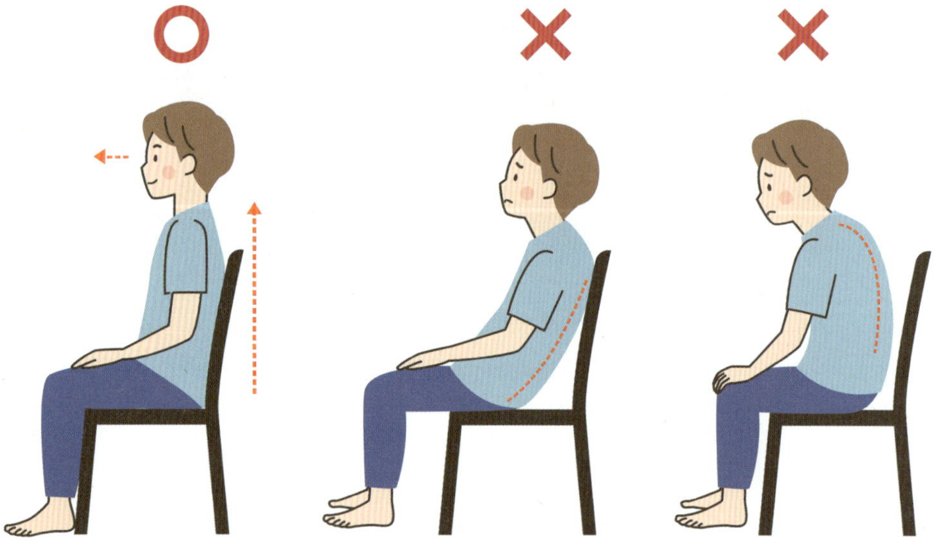

3. 걷는 자세

- 상체를 곧게 펴고 직선으로 걷는다.
- 머리를 몸의 중앙에 곧게 세우고 눈은 정면을 바라본다.
- 어깨와 등을 펴고 턱을 당겨 자연스럽게 유지한다.
- 배를 안으로 들이밀고 엉덩이를 흔들지 않는다.
- 무릎이 자연스럽게 스치도록 걷는다.
- 손바닥을 안으로 향하게 하고 자연스럽게 두 팔을 흔들어 팔이 과도하게 흔들리지 않게 한다.

바르게 걷는 자세 예시. 정면 → 측면

걷는 자세 체크포인트

☑ 등을 똑바로 세운다.

☑ 어깨의 균형을 잡는다.

☑ 정면을 응시한다.

☑ 양팔을 자연스럽게 앞뒤로 흔든다.

☑ 걷는 동안에 양발이 바깥쪽을 향하지 않게 한다(팔자걸음 등).

☑ 바닥에 선이 있다고 생각하고 선을 따라 앞으로 곧게 걷는다.

☑ 무게 중심을 ____에 둔다.

☑ 걸을 때 소리를 내지 않는다(신발을 끄는 소리 등).

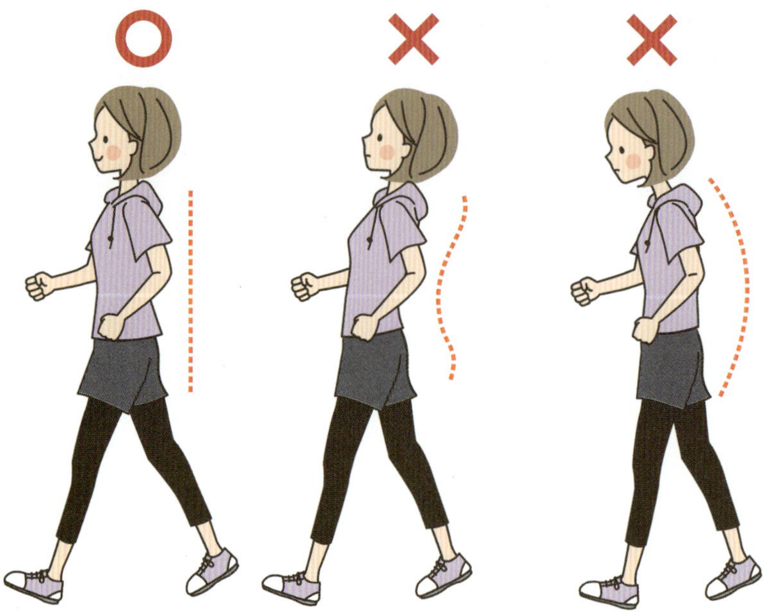

4. 계단 이용 시 자세

- 허리를 펴고 등을 꼿꼿이 세우되 몸을 약간 옆으로 튼다.
- 시선은 약 15도 각도로 계단을 올라갈 때는 올려보고 내려갈 때는 내려본다.
- 하이힐을 신은 경우 사선으로 비스듬히 구두 앞쪽 바닥을 내디디며 오른다.
- 스커트를 입은 경우 보폭이 너무 넓어지지 않도록 유의하며 계단을 내려갈 때는 사선으로 비스듬히 내려간다.

계단 이용 시 바른 자세 예시

계단 이용 시 잘못된 자세 예시

팔의 위치가 불안정한 경우

무게 중심이 뒤로 쏠린 경우

시선이 정면이 아닌
곳을 향하는 경우

04

상황별 바른 자세

앞서 살펴본 기본적인 바른 자세를 활용하여 상황에 맞는 자세를 응용해 보고자 한다. 우리가 살아가는 사회 집단에는 집단별로 특성화되어 요구되는 생활 방식이 있다. 상황별로 정해져 있는 자세와 태도를 갖춤으로써 사회적으로 통용되는 정중한 매너를 직접 연출할 수 있게 된다.

상황별 바른 자세 예시

방향 안내

엘리베이터 탑승(배웅)

물건 건네기

계단 이용

1. 방향 안내

방향을 지시할 때는 상대의 입장에서 방향을 고려하여 혼선이 없도록 안내하는 것이 중요하다. 이를 위해서는 손 전체를 이용하여 방향을 지시하고 시선도 손이 가리키는 방향을 함께 따라가도록 하여 자연스럽되 정확하게 안내한다. 또 시각적인 표현 외에 구체적인 언어로도 표현하여 불필요한 혼선을 방지하고 명확하게 한 번 더 확인하도록 한다.

바른 방향 안내 자세 예시

가까운 곳

먼 곳

앞쪽

위쪽

옆쪽

2. 출입문 안내

- 우선 출입구 방향을 가리키며 손님에게 출입문의 위치를 안내한다.
- 한 보 정도 앞서 걸으며 출입문에 먼저 가서 출입문을 열고 고정 여부 등을 확인한다.
- 그다음 이동할 장소의 위치를 손동작으로 바르게 안내한다.
- 손가락을 가지런히 모으고 손을 펴서 방향을 지시한다.
- 상대가 안전하게 출입문을 이용할 수 있도록 출입문 쪽에 서서 대기한다.
- 상대의 이동을 확인한 후 문을 닫고 계속해서 다음 장소로 안내한다.

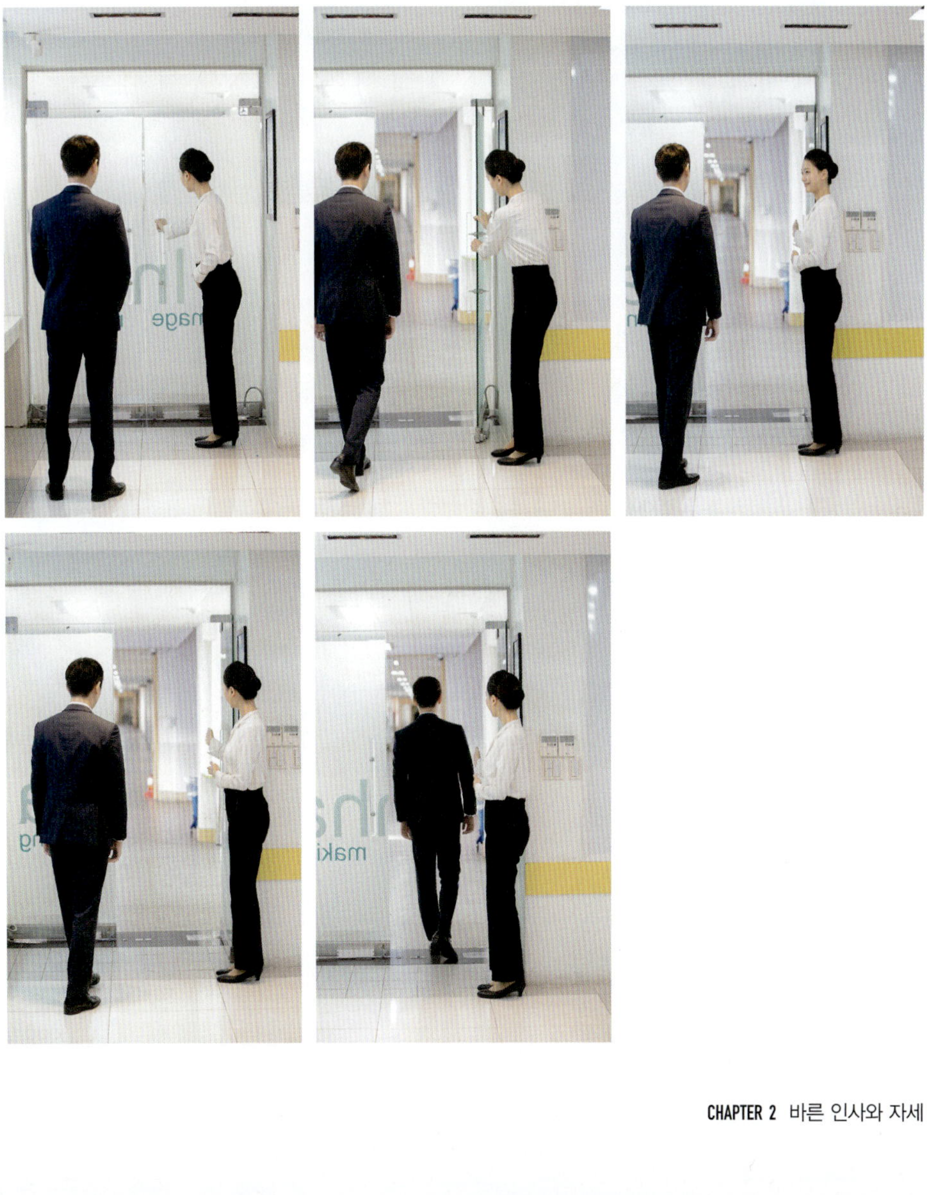

당기는 출입문 안내

문을 당겨 연 후, "안쪽으로 들어가시겠습니까?"라는 말을 하며 손으로 방향을 지시하여 상사나 방문자를 안이나 밖으로 안내한다.

미는 출입문 안내

문을 밀고 들어가거나 나가면서, "안쪽으로 들어가시겠습니까?" 또는 "이쪽으로 나오시겠습니까?"라는 말과 함께 손으로 방향을 지시하여 상사나 방문자를 안이나 밖으로 안내한다.

3. 엘리베이터 안내

엘리베이터를 이용하여 장소를 이동하는 경우에는 상대가 탑승하고 하기할 때까지 엘리베이터 안이나 밖에서 열림 버튼을 누르고 있도록 한다.

탑승 시 안내 예시

하기 시 안내 예시

4. 기타 장소별 안내

앞장서 통로 안내 시

사선으로 왼쪽 앞으로 몇 발자국을 앞서 걷되, 걷는 중간중간 뒤를 살짝 뒤돌아보며 잘 안내되고 있는지(따라오는지) 확인한다.

계단 이용 시 안내

- 올라갈 때는 안내자가 먼저 올라간다.
- 하이힐을 신었을 경우, 사선으로 비스듬히 구두 앞쪽으로 바닥을 내디디며 차오르듯 계단을 오른다.
- 내려갈 때는 안내자가 앞서 내려간다.
- 스커트 착용 시 사선으로 비스듬히 계단을 내려간다.

5. 물건 전달

- 우선 바른 자세로 선다.
- 시선을 상대에게 먼저 맞추고 이야기를 나눈 후, 물건을 건넬 때는 전달하는 물건으로 시선을 옮긴다.
- 양손을 사용하여 안정감 있게 물건을 잡은 후 상대가 받기 편하도록 건네준다.
  ☞ 한 손으로 잡은 경우, 다른 한 손으로 방향을 가리키는 등 예의를 갖춘다.
- 상대에게 경어로 말하는 경우 물건에는 높임말을 사용하지 않도록 한다.
  ☞ 물건이 가볍고 얇을 때 물건을 손가락 사이에 끼워 건네는 행동은 삼간다.

"말씀하신
책
여기 있습니다."

☑ 시선 맞추기
☑ 두 손 사용하기
☑ 받는 사람의 방향 고려하기
☑ 물건에 대해 언급하기

물건을 건네는 바른 자세와 잘못된 자세 예시

6. 소개

❶ 앉아 있을 때는 자리에서 일어선다. 동성끼리 소개받을 때는 서로 일어선다. 남성이 여성을 소개받을 때는 반드시 일어선다. 연장자, 성직자, 상급자를 소개받을 때는 남녀에 관계없이 일어난다.

☞ 여성은 연장자가 아닌 경우 남성을 소개받을 때 반드시 일어나지 않아도 된다.

❷ 상대방의 눈을 바라보며 즐거운 표정을 짓는다.

❸ 악수나 인사를 한다.

❹ 인사를 하면서 상대방의 이름을 부른다.

❺ 대화가 끝난 후에는 마무리 인사를 한다.

자기 자신을 소개할 때

- 지위를 밝히지 않고 이름과 성을 알려 주는 것이 상례이다.
- 자기 이름 앞에 Mr, Miss와 같은 존칭은 붙이지 않는다.

상대방을 소개할 때

- 가장 나이가 어리거나 지위가 낮은 사람을 먼저 소개한다.
- 여성을 존중하는 의미에서 남성부터 소개한다.

- 지위나 나이가 비슷할 때는 소개하는 사람과 가까운 곳에 있는 사람부터 소개한다.
- 자기 회사 사람을 거래처 회사 사람에게 먼저 소개한다.
- 한 사람을 먼저 여러 사람에게 소개하고 난 뒤 여러 사람을 한 사람에게 소개한다.
- 소개자의 성명, 소속, 직책명 등을 간단하게 말한다.

파티 주최 시

- 만찬이나 오찬 시에는 주빈이 모든 손님을 소개한다.
- 안주인은 손님과 인사를 주고받은 후 손님을 주빈이나 지위가 높은 사람에게 소개한다. 지위가 높은 사람이 다른 곳에 있을 경우 안주인은 손님을 동반하고 그곳까지 가서 소개한다.
- 외국인이 참석한 경우 안주인은 대화가 가능한 사람을 소개한다.
- 손님이 많을 경우 전부 소개할 필요는 없으나 외국인은 전원에게 소개한다.
- 주빈에게는 모든 손님을 소개한다.
- 리시빙 라인(Receiving Line)에서 접견이 끝난 후에 도착한 손님은 안주인이 주빈이 있는 곳으로 안내하여 소개한다.
- 처음 온 손님은 안주인이 먼저 도착해 와 있는 손님들에게 소개한다.

7. 악수

- 상호 존중하며 호의를 표하는 행위이므로 이때도 예를 갖추도록 한다.
- 왼손은 차려 자세를 유지하고 오른손으로 한다.
- 너무 느슨하게 잡거나, 손끝만 가볍게 잡는 것, 너무 세게 잡는 것은 결례이다.
- 적당하게 힘을 주어 2~3회 흔든다.
- 허리는 곧게 펴고 바른 자세를 유지하나, 상사나 연장자의 경우 15도 정도 허리를 숙여 예를 표한다.
- 악수는 여성이 남성에게, 윗사람이 아랫사람에게 청한다.

바르지 않은 악수 자세

- 사석에서 남성이 여성에게 먼저 악수 청하기
- 장갑 끼고 악수하기
- 손을 지나치게 꽉 잡거나 너무 힘을 빼고(Dead Fish) 잡기
- 지나치게 손을 흔들기
- 이성 간의 악수 시 신체 접촉하기
- 두 손을 잡기

8. 명함 교환

명함 건네기

- 명함은 내 얼굴이라 할 수 있다. 자신을 존중하듯 상대를 존중하는 마음으로 명함을 소중하게 다루어야 한다.
- 아랫사람이 윗사람에게 먼저 건네도록 한다.
- 상대가 자신의 이름을 똑바로 볼 수 있는 방향으로 명함을 건넨다.

  ☞ 명함은 오른손으로 받고 왼손으로 받쳐 공손한 느낌이 들도록 한다.
- 자리에서 일어나서 건네고 소속, 직함, 이름을 밝힌다.

  예) "안녕하십니까? 저는 인하전자 대리 ○○○입니다."

  "안녕하십니까? 인하전자 ○○○ 대리님, 만나서 반갑습니다."
- 방문한 사람이 먼저 건넨다.
- 직급이 낮은 사람이 먼저 건넨다.
- 상사나 연장자와 동시에 명함을 꺼냈을 때는 상사나 연장자가 먼저 건넨 다음에 건넨다.
- 상대의 이름을 모르면 양해를 구하고 물어본다.

명함 보관법

- 명함을 여유 있게 준비한다.
- 반드시 명함 지갑에 보관한다.
- 상대방에게 이름이 바로 보이도록 건넨다.
- 대화 시 명함을 가지고 손장난을 하거나 구기지 않는다.
- 상대 앞에서 명함에 메모하지 않는다.
- 남성은 양복 안주머니, 여성은 핸드백에 보관한다.
- 만남 후 명함 보관 시 상대방의 취미, 특이사항, 만난 날짜 등을 간략히 적어 두면 다음에 유용하게 활용할 수 있다.

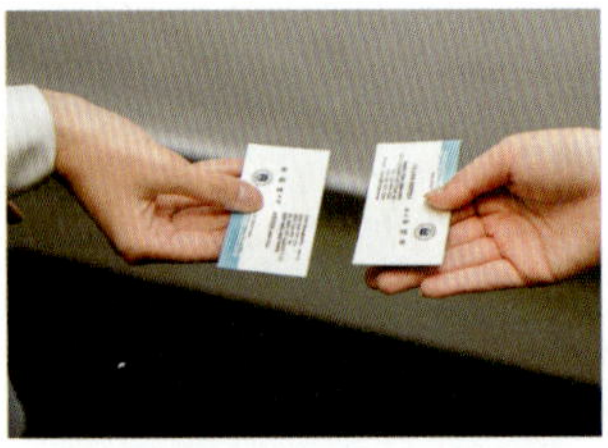

05

정중하고 예의 바른 태도의 중요성

이번 장을 통하여 바른 자세는 긍정적 이미지와 건강한 신체를 위하여 꼭 필요함을 알 수 있었다. 또 앞의 여러 상황별 인사와 바른 자세를 익힘으로써 사회와 조직에서 요하는 매너와 에티켓을 지니게 되었을 것이다. 많은 비용을 지불하고 탑승하는 항공기 승객은 자신이 경험했던 서비스와 비교하여 최고 수준의 객실 서비스를 기대한다. 승객을 만족시킬 고품격 서비스를 수행하기 위해서는 서비스 순간마다 예의 바른 자세와 태도를 취해야 한다. 따라서 예비 승무원으로서 바른 자세와 태도를 갖추기 위해 끊임없는 노력과 실천을 해야 한다.

고객 불만 방지

항상 바른 자세와 태도를 유지하는 것만으로도 고객 불만을 방지하고 불필요한 오해를 줄일 수 있다. 혹여 실수로 고객에게 불편을 끼친 경우에도 정중한 태도를 갖춤으로써 고의로 한 행동이 아님을 표현하고 진심의 사과를 전달할 수 있다.

안정감과 신뢰감 제공

서비스 제공자가 바른 자세로 서비스를 제공하지 않으면 크고 작은 사고가 일어날 수 있다. 안정감 있는 바른 자세는 서비스인의 정중함을 나타낼 뿐 아니라 고객에게는 신뢰감과 안정감을 선사한다.

고품격 서비스 제공

주어진 업무를 바른 자세와 태도로 수행할 수 있다는 것은 전문 지식과 경험이 풍부한 노하우가 있음을 나타낸다. 따라서 더 세련된 모습으로 전문 서비스를 구사하게 될 것이다.

국가별 다양한 인사

인사는 국가마다 형태가 다양하다. 세계 각국의 인사법을 이해하고 해당 국가의 예를 갖춰 인사하는 것은 그 나라에 대한 존중과 호감을 표하는 첫 단계이며 그 자체로도 의미를 갖는다.

프랑스, 스페인, 이탈리아 등

주로 양쪽 볼에 키스한다. 이성 간에는 연인이 아닌 경우 소리만 내고 실제 키스를 하지는 않는다.

태국의 와이(Wai)

태국의 전통 인사 와이를 할 때는 두 손을 모으고 팔과 팔꿈치를 몸에 붙인 채, 인사말을 하면서 고개를 숙인다. 합장한 손이 위로 올라갈수록 공경의 정도가 커진다. 만날 때와 헤어질 때, 감사하거나 사과할 때도 같은 방법으로 한다. 연소자가 먼저 인사한다.

인도의 나마스테(Namaste)

인도의 전통 인사로 '와이'와 비슷한 합장 인사이다. '나마스테'는 인사법이지만 존경의 표시이기도 하며, 산스크리트어로 '당신 앞에 절합니다'라는 뜻이다.

싱가포르의 살람(Salaam)

싱가포르의 전통 인사는 손을 맞잡지 않는다. 한 손을 펴서 서로의 손에 가볍게 댄 후 그 손을 가슴 위에 올려놓는다.

콜롬비아나 아르헨티나 등 중남미의 아브라조(Abrazo)

아르헨티나, 콜롬비아 등 중남미 국가에서 주로 하는 인사로 키스보다 신체 접촉이 많고 시간도 길다. 껴안고 키스한 후 친근감의 표시로 어깨를 몇 번씩 두드린다.

뉴질랜드의 코 비비기

뉴질랜드 북섬에 있는 로토루아마우리족은 반가운 남녀가 만나면 '홍이(Hongi)'라는 인사가 자연스럽게 이루어진다. '홍이'는 악수를 하고, 손을 맞잡은 채 "키오라!" 하면서 코를 두 번 비비는 인사법이다. 이때 실수로 코를 세 번 비비면 청혼의 뜻이 되므로 주의한다. 이 인사법에는 삶의 숨결을 교환한다는 의미가 담겨 있다.

이외에 러시아에서는 키스하고 포옹하며, 사우디아라비아에서는 악수한 후 양 볼에 번갈아 키스한다. 더 많은 나라들의 인사법을 익혀 해당 국가의 사람들을 처음 만나거나 해당 국가에 입국할 때 예법에 맞는 인사와 인사말을 하면 호감을 주어 환대를 받을 것이다. 이와 반대로 우리나라에 입국하는 외국인들에게 이 같은 방식을 취한다면 자신이나 우리나라에 대한 좋은 인상을 줄 것이다.

MANNERS & IMAGE MAKING

CHAPTER_ 3

색상 이미지

01

색의 이해

색은 우리 생활과 매우 밀접한 관계에 있다. 모든 사물이 제각기 색상을 지녔음에도 우리는 색을 인식하지 못하고 살아간다. 그러나 무심히 지나치는 색상은 감성에 직접적인 영향과 자극을 준다. 첫인상을 형성하는 시각 정보에 83% 이상의 영향을 주어 시각 이미지(Visual Image)에서 많은 부분을 차지한다는 연구 결과가 있다. 즉, 색상만 보고도 잠재의식으로 90초 안에 상황을 판단한다는 것이다.

색을 탐구한 많은 이론가와 연구자가 있으나 그중 미국의 색채 심리학자 파버 비렌(Faber Birren, 1900~1988)은 '색이 인간에게 미치는 영향의 심리적 변화에 따른 현상'을 논하며 색상을 심리와 연결하고, "환경 상태가 긴장이나 두려움, 우울함의 원인이 되고 이것들이 정신질환을 유발한다"며 색상이 정신적 상태에도 영향을 미침을 설명하였다. 현재 색채학은 Color Image Making, Color Therapy 등의 분야까지 발달하였다.

파버 비렌의 색채 심리

색채를 지각하는 것은 단지 자극에 대한 반응에 그치는 것이 아니라 정신적, 심리적 반응이라는 전제하에 순색, 하양, 검정 기본 3색과 이를 혼합한 회색(Gray), 색조(Tint), 농담(Shade), 톤(Tone) 4개 색조, 총 7개의 조화론을 주장하였다. 1963년 "색의 역사는 문명의 역사 그 자체이다"라는 유명한 말을 남겼다.

파버가 연구한 색채 심리에 의하면, 색채는 상품 판매, 작업 능률, 사고 발생률, 질병 치료, 성격 형성, 음식 맛을 좌우한다. 이 같은 색상의 심리학적 연구는 문화, 산업, 환경 등 다양한 분야의 색채 응용에 기여하였다.

현대는 자신만의 스타일을 추구하는 개인의 삶을 중시하는 시대이자 감성 정보화 시대이다. 주위 환경의 영향을 받아 각 개인이 표현하는 색상 이미지로 내재된 감성을 파악하고, 색상 효과에 대한 기본 지식을 습득하여 자기 이미지를 개선하고 경쟁력을 강화해야 한다.

1. 빛과 색

빛을 통해 색채가 알려진 것은 영국의 물리학자 아이작 뉴튼(Isaac Newton, 1642~1727년) 덕분이다. 그는 1666년 프리즘을 통해 빛이 빨강, 주황, 노랑, 초록, 파랑, 남색, 보라의 7가지 색 파장으로 구성되었음을 발견하였다. 우리는 빛이 없으면 색채를 구분할 수 없고 빛이 눈의 망막과 시신경을 통해 뇌에 인지되어야 색채를 인식하게 되는데, 이를 색채 지각이라고 한다. 이때의 빛은 전자기파의 한 종류로서 파장으로 나타내는데, 우리 눈에 보이는 빛은 파장이 380~780nm인 가시광선이다.

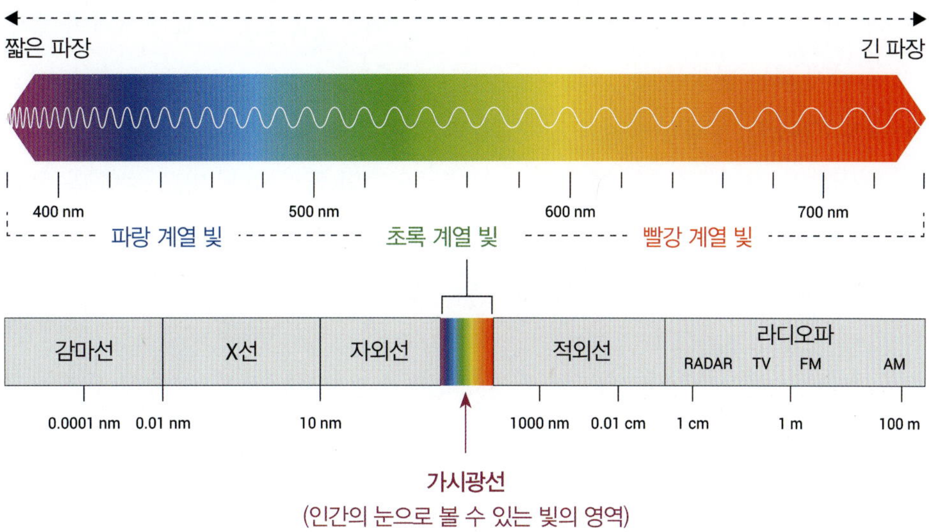

Designer_things / iStock / Getty Images Plus

☞ nm(나노미터)는 단위의 일종으로 100만 분의 1mm이다. 1나노미터는 성인 머리카락 굵기의 약 10만분의 1에 해당한다.

빛의 스펙트럼

2. 색채와 색채 지각

색채는 빛이 물체에 닿아 물체가 빛을 흡수하거나 반사 또는 투과를 하여 색을 띠게 되는 것을 의미한다. 예를 들어 빨간 사과는 빨간색을 반사시켜 우리 눈에 빨간색으로 보이는 것이다. 빛을 투과시킨 예로는 유리잔에 담긴 적포도주색을 들 수 있다. 사람의 피부 역시 빛에 따라 고유의 색뿐만 아니라 얼굴 윤곽 등의 특징을 갖게 되므로 빛에 따라 투영된 자신의 특징을 잘 이해하고 이 점을 고려하여 피부를 관리해야 한다.

앞서 설명한 대로 우리 눈은 물체 자체를 있는 그대로 보는 것이 아니라 눈을 통해 들어온 정보를 대뇌가 인지한 상태를 보는 것이다. 한마디로 색채 지각은 색채에서 느끼는 감정과 외부 환경의 여러 가지 시각 정보를 얻는 과정이다. 우리 눈의 망막에는 간상체와 추상체가 있다. 간상체는 명암을 감지하는 세포로 약 1억 2천만 개가 있고 추상체는 색을 구분하는 세포로 약 600만 개가 분포한다. 간상체 수가 추상체 수보다 더 많아 색의 구분보다 명암에 더 민감한 것이다.

색(色) 용어 정리

- 색, 색깔(Color) : 빛을 받은 물체가 파장에 따라 빛을 흡수하고 반사하여 표면에 띠게 되는 빛깔이다.
- 색채(Color) : 물체의 빛깔과 광채를 아울러 이르는 말이다.
- 색상(Color Tone) : 다른 빛깔과 구별되는 빛깔의 특질이다. 명도, 채도와 함께 색의 삼요소를 구성한다.
- 색조(Color Tint, Shade) : 빛깔의 강약, 농담, 명암 따위의 정도나 상태, 서로 다른 빛깔의 조화를 의미한다.
- 색감(Color Sense, Color Sensation) : 주로 색채와 함께 쓰여 빛깔에 대한 감각이나 빛깔에서 받는 느낌을 가리킨다.

이외에 특정한 색을 식별하지 못하는 시지각 이상 상태를 색맹(Color Blindness)이라고 하고, 모든 색을 식별하는 능력이 있으나 정상보다 부족한 상태를 색약(Color Weakness)이라고 한다.

3. 색의 구분과 3속성

색은 무채색과 유채색으로 구분한다. 무채색은 색상을 제외하고 밝음과 어두움만을 지닌 것으로 흰색, 회색, 검정 등이다. 색의 개념에는 포함되지만 색채의 개념에서는 제외된다. 반면에 유채색은 순수한 무채색을 제외한 모든 색으로 빨강, 주황, 노랑, 파랑 등이 있다. 모든 색은 고유한 특성이 있어 다른 색과 구별되는데, 이는 색상, 명도, 채도로 색의 3속성이라고 한다.

색상(色相, Hue)

다른 색과 구별되는 색의 특성으로 우리는 색상으로 물체를 표현하고 구분하게 된다. 예를 들면 색상은 빨강, 노랑, 초록, 파랑, 보라 등 다른 색과 구별되는 유채색을 의미한다.

명도(明度, Value)

색의 밝고 어두운 정도를 나타낸다. 명도는 흰색에 가까울수록 높아지고, 검정에 가까울수록 낮아진다.

채도(彩度, Chroma)

색채의 진하고 옅기나 탁하고 흐림 등 색의 순수한 정도나 선명한 정도를 나타낸다. 가령, 빨강이라도 선명한 빨강, 연한 빨강, 흐린 빨강 등이 있다. 한 색상에서 채도가 가장 높은 색을 순색이라고 한다. 채도는 무채색 축을 기준으로 멀어질수록 높아지고, 가까워질수록 낮아진다.

Theerakit / iStock / Getty Images Plus

Hampi / iStock / Getty Images Plus

색상, 명도, 채도의 색상환 : 색상환은 색상 변화를 계통으로 표시하기 위하여 유채색을 둥글게 배열한 것이다.

02

색의 혼합

두 개 이상의 빛이나 색료 등을 혼합하여 다른 색의 느낌을 갖게 하는 것을 혼색 또는 색 혼합이라 한다. 유채색의 종류는 750만 종이나 되지만 실제 우리 눈으로 식별할 수 있는 색은 300여 종에 불과하다고 한다.

1. 가산 혼합(Additive Color System)

빛은 색을 섞을수록 점점 더 밝아지나(명도는 높아지나) 채도는 낮아진다. 빨강(Red), 초록(Green), 파랑(Blue)을 빛의 삼원색이라 하고 RGB란 약어로 사용한다. RGB는 스크린에 고르게 비추면 흰색으로 보이고 반대로 세 가지 색을 모두 제외하면 검은색(Black)이 된다. 가산 혼합은 무대 조명이나 컬러 TV, 스포트라이트 등에 활용된다.

빛의 혼합(가산 혼합) 결과

- 빨강 + 파랑 = 마젠타(Magenta)
- 빨강 + 초록 = 노랑(Yellow)
- 파랑 + 초록 = 시안(Cyan)

Lukas Kurka / iStock / Getty Images Plus

RGB 색상 모델

보색은 RGB 색상에서 두 가지 색상이 겹쳐 흰색이 만들어질 때 이에 해당하는 두 색상을 보색이라고 한다. 예를 들면 노랑과 파랑, 자홍과 초록을 각각 합쳤을 때 흰색이 되는데, 이때 노랑과 파랑, 자홍과 초록이 서로 보색이 된다.

2. 감산 혼합(Subtractive Color System)

색은 섞을수록 밝기가 점점 감소하고 탁해지며 어두워진다. 감산 혼합의 삼원색은 마젠타(Magenta), 노랑(Yellow), 시안(Cyan)이고 이를 물감의 삼원색이라고도 한다. 삼원색을 모두 합하면 점점 어두워져 검은색이 된다. 보색의 혼합도 검은색이다. 그림 물감, 인쇄 잉크, 염료 등 물감의 혼합은 색이 많을수록 명도와 채도가 모두 낮아진다. 감산 혼합은 컬러 인쇄, 컬러 필름, 컬러 복사 등에 이용한다.

Lukas Kurka / iStock / Getty Images Plus

삼원색의 혼합(감산 혼합) 결과

- 마젠타 + 노랑 = 빨강(Red)
- 마젠타 + 시안 = 파랑(Blue)
- 노랑 + 시안 = 녹색(Green)

CMYK 색상 모델

3. 중간 혼합(Mean Color Mixture)

둘 이상의 색을 섞어 중간의 밝기를 나타내는 것이다. 두 개 이상의 색을 나란히 할 경우와 나란히 한 것을 회전시킬 경우 색이 혼합되어 보인다.

회전 혼합

둘 이상의 색을 빠르게 회전시킬 때 색이 혼합되어 보이는 것이다. 혼합된 색의 명도는 혼합 전 색의 중간 명도, 색상은 중간 색이 되며 면적 비율에 따라 결정된다. 컬러 팽이나 바람개비의 회전 혼합, 회전 혼색기의 혼합 등이 있다.

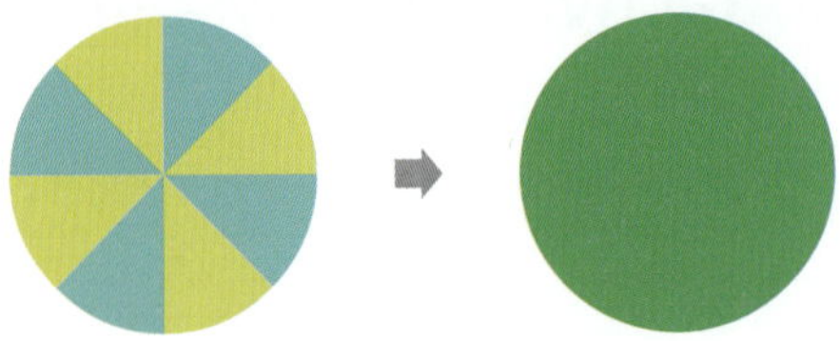

병치 혼합

둘 이상의 색을 나란히 배치하고 일정한 거리에서 바라보면 망막 상에서 혼합되어 보이는 현상이다. 점묘법, 모자이크, 직물의 색, 인쇄, 레이저 프린트에서 볼 수 있다.

ilia-art / iStock / Getty Images Plus

03

색체계와 색상환

색채를 이해하려면 색을 정량화한 색체계부터 이해해야 한다. 색체계는 색의 3속성인 색상, 명도, 채도를 수치나 부호로 표시한 표색이며 두 종류가 있다.

- 혼색계(Color Mixing System) : 심리적, 물리적인 빛의 혼색 실험에 기초를 두는 것으로 CIE 표준 표색계(XYZ 표색계)가 대표적이다.
- 현색계(Color Appearance System) : 물체 표준에 적당한 번호나 기호를 색표로 붙이고 시료의 색채와 비교하여 물체의 색채를 표시하는 체계이다. 이 방법은 일반적인 색 지각의 심리적 속성(색의 3속성)에 따라 행해진다. 가장 대표적인 현색계는 먼셀 표색계와 오스트발트 표색계이다.

1. 먼셀 표색계(Munsell Color System)

- 미국의 화가 먼셀(A.H. Munsell)이 창안하였다(1905년).
- 사람이 색을 인지하는 속성에 따라 색을 구분한다.
- 우리나라는 한국산업표준(KS A 0062)으로 지정하여 표준색체계로 사용하고 있다.
- 빨강(R), 노랑(Y), 초록(G), 파랑(B), 보라(P)가 색상의 기본이다.
- 기본색을 혼색한 주황, 연두, 청록, 남색, 자주를 그 사이에 넣어 열 가지 색상을 만든다.

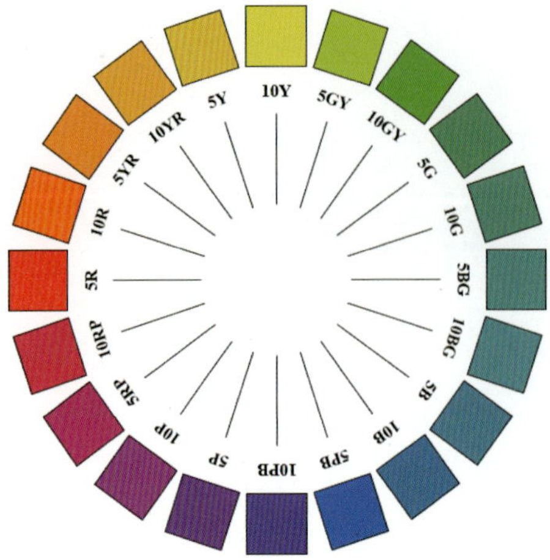

2. 오스트발트 표색계(Ostward Color System)

- 독일의 물리화학자로 노벨 화학상을 수상한 오스트발트(F.W. Ostwald)가 창안하였다(1917년).
- 완전하게 색이 혼합되는 색량의 비율로 색을 나타낸다.
- 유럽의 표준색체계로 사용되고 있는 NCS 색체계의 기초가 되었다.
- 이상적인 완전한 검정(B), 하양(W), 순색(C)이 기본 3요소이다.
- 모든 색은 검정(B) + 하양(W) + 순색(C) = 100인 혼합비로 구성된다.
- 색상은 1~24 기호로 표기한다.

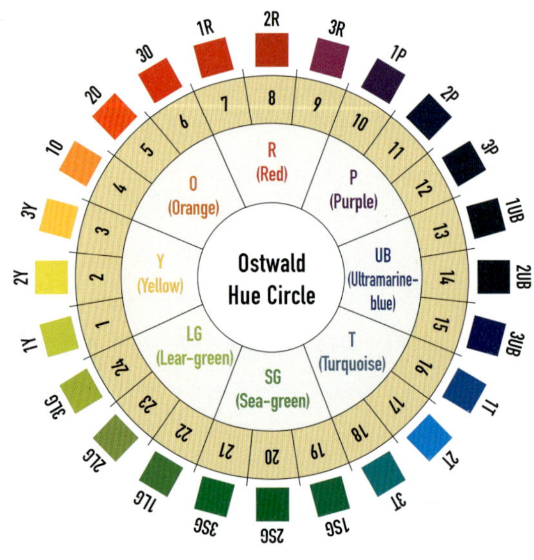

3. PCCS 톤 체계

- 배색을 위한 표색계로 일본 색채연구소가 1964년에 발표한 일본 색소배색체계(Practical Color Co−ordinate System)이다.
- 색을 표시하기보다 색채 조화를 체계적으로 선정하기 위해 색 공간을 제공하는 데 목적이 있으며 조화 배색 가이드로 활용되고 있다.
- 색상, 명도, 채도의 3속성으로 색을 나타내는 방법 외에, '명도'와 '채도'를 융합한 '톤'이란 개념이 있어 '색상'과 '톤'의 2속성으로도 나타낼 수 있다.
  - 청색(清色) = 순수색 + 하양, 순수색 + 검정
  - 탁색(濁色) = 순색 + 회색
- 색상환은 빨강(Red), 노랑(Yellow), 초록(Green), 파랑(Blue)을 기본으로 24가지 색상으로 구성된다.

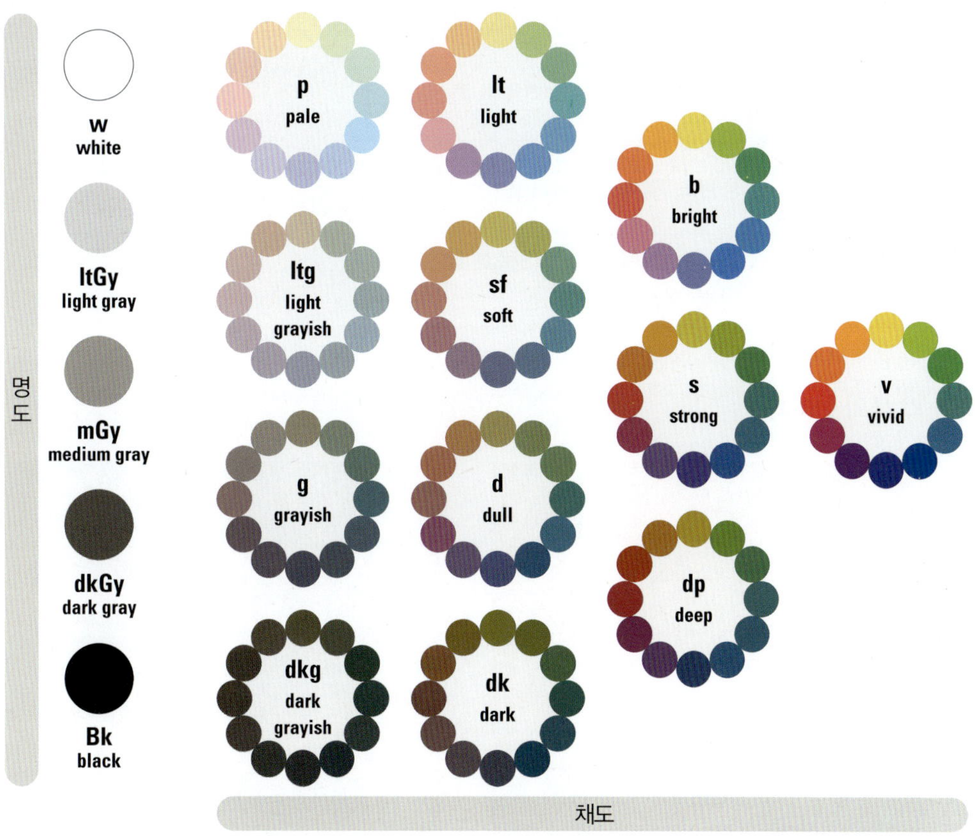

톤의 명칭과 특징

명칭	톤의 느낌	톤의 특징
Vivid	중명도, 고채도의 선명한 톤	시각적으로 자극이 크고 강렬함
Strong	중명도, 고채도의 강한 톤	색 기미가 강해 강렬하고 활달함
Bright	고명도, 고채도의 밝은 톤	전체적으로 밝고 유쾌한 느낌, 귀엽고 발랄한 이미지
Deep	저명도, 고채도의 진한 톤	안정적이고 강한 느낌, 지나치게 낡지 않은 고풍스러운 이미지 표현
Light	고명도, 중채도의 은은한 톤	부드러우며 온화한 이미지
Pale	고명도, 저채도의 연한 톤	가볍고 경쾌한 이미지
Soft	고/중명도, 저채도의 연한 톤	차분하고 은은함
Dull	중명도, 중채도의 차분한 톤	차분한 영역의 색을 이용한 배색으로 고상한 이미지를 줄 수 있다.
Dark	저명도, 저/중채도의 어두운 톤	어두운 느낌이며 무게감이 느껴짐. 원숙하고 중후한 분위기
Light Grayish	고/중명도, 저채도의 흐릿한 톤	Grayish하면서도 밝은 느낌, 은은하고 세련된 이미지
Grayish	중명도, 저채도의 탁한 톤	안정적이고 품위 있는 이미지, 활동감이나 속도감은 거의 느껴지지 않음
Dark Grayish	저명도, 저/중채도의 어둡고 흐린 톤	클래식하고 무게감 있음

각 톤의 이미지

Vivid

Strong

Bright

runna10 / iStock / Getty Images Plus

Deep

Andreas von Einsiedel / Corbis Documentary / Getty Images

Light

Boris SV / Moment / Getty Images

Pale

Lilas Gh / iStock / Getty Images Plus

Soft

Lilas Gh / iStock / Getty Images Plus

Dull

alvarez / E+ / Getty Images

Dark

Light Grayish

Marcus Lindstrom / E+ / Getty Images

톤의 분류

명청색(明淸色) : Tint Color

• 순색 + 흰색

• 밝고 선명한 인상을 줌

암청색(暗淸色) : Shade Color

• 순색 + 검정

• 어둡고 선명한 인상을 줌

중간색(中間色) : Dull Color

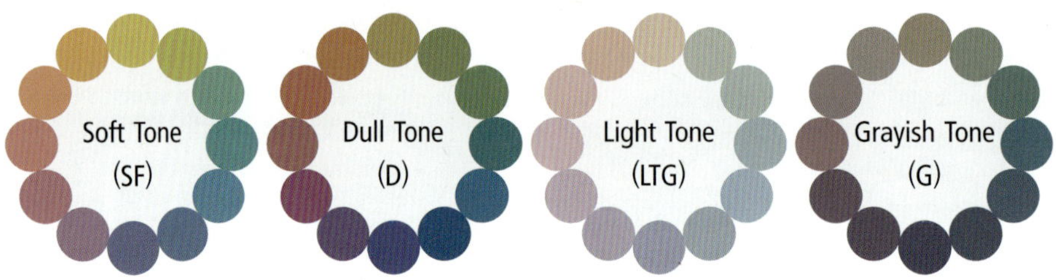

• 순색 + 회색

• 무채색이 바탕이 되는 중간색

04

색상 이미지메이킹

우리가 처음 사람을 대할 때 순간적으로 기억하는 여러 가지 단서 중 시각적 이미지가 가장 큰 영향을 미친다(머레이비언 법칙). 그중 색상은 찰나적으로 우리의 눈을 자극하여 이미지를 각인시키는 중요한 역할을 한다.

개인의 가치를 표현하는 이미지, 행동, 태도, 대화법 등의 시각적 커뮤니케이션(Visual Communication, 색상 포함)은 퍼스널 아이덴티티(Personal Identity)에 영향을 주고 비언어적 의사소통(Nonverbal Communication)에서도 메시지를 전달한다. 퍼스널 아이덴티티는 첫인상을 빠르게 인식하는 이미지를 좌우한다.

색상 이미지메이킹은 색이 지닌 특성과 개개인이 지닌 고유의 색을 조화롭게 활용하여 자신의 이미지와 메시지의 전달 효과를 극대화하는 것이다. 즉 자신의 피부 바탕색과 같은 톤의 색으로 이미지를 연출하며, 단점은 보완하고 장점은 부각하여 긍정적 효과를 높이는 것이다. 색상 이미지메이킹을 위해서는 자신에게 어울리는 색과 자신이 좋아하는 색을 구분하여 퍼스널 컬러를 찾고 색상을 응용할 수 있어야 한다. 색이 주는 느낌을 다음 표에 정리하였다. 이 같은 색상의 특성을 실생활에 활용해 본다.

색상	색이 주는 느낌	색상	색이 주는 느낌
빨강	사랑, 정열, 격렬, 애정, 혁명, 야망	보라	장중함, 고귀, 우아, 고독, 신비
주황	활동, 온화, 젊음	흰색	희망, 순결, 냉정, 순수, 결백, 신성
노랑	행복, 교만, 영광, 병약, 명랑, 발전	회색	온화, 겸양, 중립, 평범, 우울
녹색	휴식, 신선, 평화, 청춘, 공평, 안전	흑색	죽음, 엄숙, 적막, 예식, 불길, 어둠
파랑	정직, 고요, 침착, 진실, 영원	갈색	우연, 자연스러움, 친근, 겸양

1. 색의 배색을 이용한 이미지메이킹

배색이란 두 가지 이상의 색을 서로 이웃하게 하여 하나의 색만으로는 얻을 수 없는 효과를 일으키는 것이다. 색채는 그 자체 색보다 그 색과 인접한 색과의 관계에 의하여 결정되는 경우가 많으므로 조화롭게 배합하여 색채의 효과를 극대화한다. 이때 균형 있는 통일감과 자연스러운 배색을 조화색이라 한다.

배색할 때는 색이 지닌 미적인 효과나 성격, 특성, 사용 목적(제품, 그래픽, 디자인 건축)과 주위 환경을 고려해야 한다. 색상의 배치나 면적 비례를 고려하여 목적한 효과를 얻도록 한다. 또 배색은 심리적, 감성적으로 미치는 영향에 따라 조화 또는 부조화를 이룬다. 색상 · 명도 · 채도의 변화, 사용할 재질과 형체를 고려하여 배색을 미리 조화롭게 계획하도록 한다.

1) 색의 대비를 이용한 이미지메이킹

색의 대비는 색상환에서 서로 다른 색상을 나란히 놓아 조화를 이루거나 색상의 차이를 현저하게 드러내는 방법이다.

- 유사 대비 : 색상환에서 동일 색상이나 비슷한 색상을 대비하여 조화를 이룬다.
- 반대 대비 : 서로 다른 색이나 반대되는 색을 대비하여 효과를 얻는다.
- 보색 대비 : 서로 보색이 되는 색을 배색하여 조화를 이룬다.

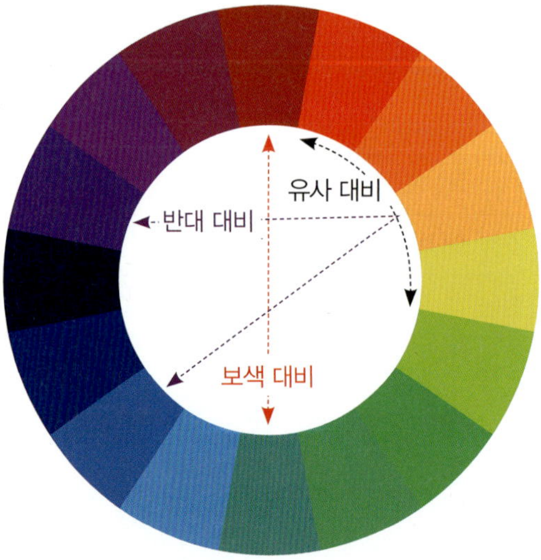

Olena Poliakevych / iStock / Getty Images Plus

2) 색상과 명도를 이용한 색의 대비

바깥 사각형의 색에 의해 중앙에 있는 작은 원의 색이 어떻게 달라 보이는지 그 변화를 관찰한다.

색상 대비(Color Contrast)

어떤 하나의 색이 그 색을 에워싼 주변 색의 영향을 받아 다른 색으로 보이는 현상이다. 예를 들어 빨강 배경 위의 보라는 파란 기를 띠고 파랑 배경 위의 보라는 빨간 기를 띤다.

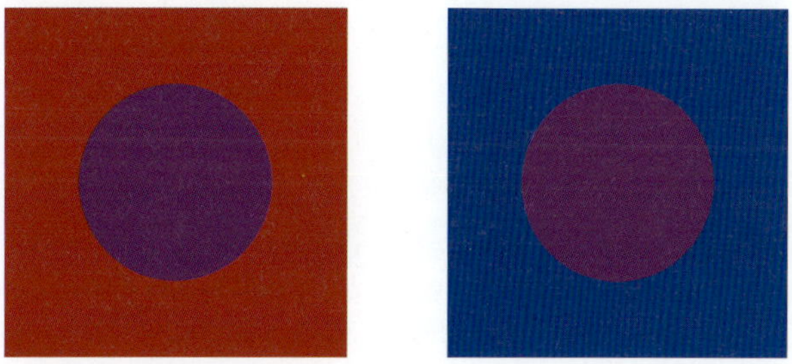

명도 대비(Luminosity Contrast)

밝기가 다른 두 색이 서로 영향을 주어 밝은색은 더 밝게, 어두운색은 더 어둡게 보이는 현상을 말한다. 예를 들어 검은색 배경 위의 회색이 흰색 배경 위의 회색보다 더 밝아 보인다.

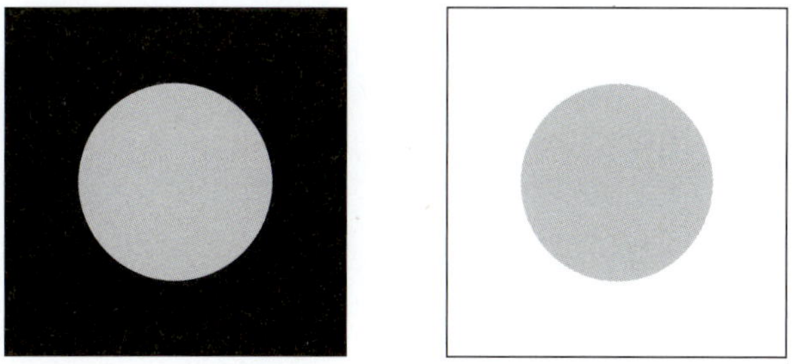

3) 채도와 보색을 이용한 색의 대비

바깥 사각형의 색에 의해 중앙에 있는 사각형의 색이 어떻게 달라 보이는지 그 변화를 관찰한다.

채도 대비(Chromatic Contrast)

다른 두 색이 인접했을 때 색이 서로 영향을 주어 채도가 높은 색은 더 높게, 채도가 낮은 색은 더 낮게 보이는 현상을 말한다. 예를 들어 회색 배경 위의 주황이 빨강 배경 위의 주황보다 더 맑고 선명하게 보인다.

보색 대비(Complementary Contrast)

보색을 서로 인접시키면 색상이 더 뚜렷해 보인다. 예를 들어 빨강 배경 위의 녹색이 청록 배경 위의 녹색보다 더 자극적이고 선명하게 보인다.

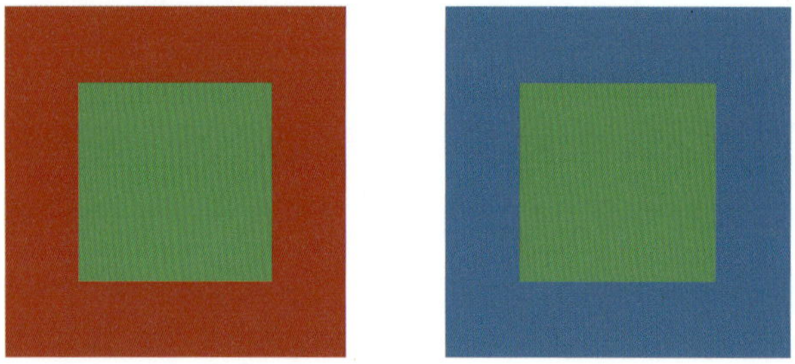

4) 연변과 면적을 이용한 색의 대비

연변 대비

나란한 두 색에서 색의 경계가 뚜렷하지 않고 아른거려 보이는 현상이다.

면적 대비

인접한 색의 영향을 받아 면적이나 색이 다르게 보이는 현상이다. 같은 색도 면적이 더 넓은 색이 더 밝고 선명해 보이며, 그 색에 대한 느낌도 강해진다. 순색의 면적 대비일 때는 작은 면적이 큰 면적보다 더 효과적이다. 넓은 면적은 자극이 강해 눈이 쉽게 피로해져 좁은 면적의 색이 더 뚜렷하게 보이기 때문이다. 좋은 대비 효과를 얻으려면 넓은 면적은 채도가 낮은 색으로, 좁은 면적은 채도가 높은 색으로 한다.

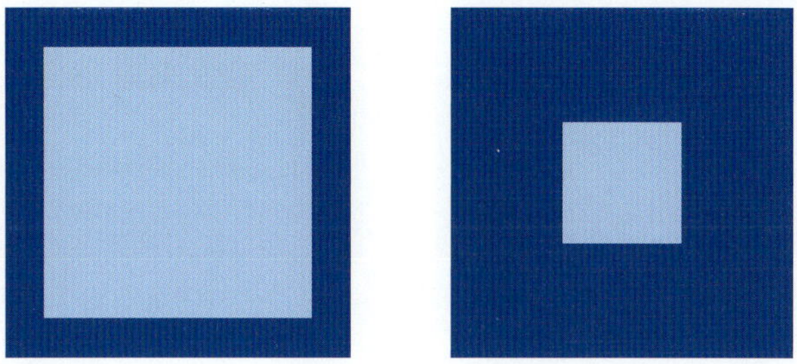

한난 대비

차고 따뜻한 색을 서로 같이 놓았을 때 서로 영향을 받아 차가운 색은 더 차갑게, 따뜻한 색은 더 따뜻하게 보인다.

강한 한색들 사이에서 따뜻하게 느껴지는 한색이 있을 경우, 고명도의 색이 저명도의 색보다 더 차갑게 느껴져 노란색이 검은색보다 더 차갑게 느껴진다.

강한 난색들 사이에서 차갑게 느껴지는 난색이 있을 경우, 고명도의 색이 저명도의 색 옆에 위치하면 더 차갑게 느껴진다.

배색을 이용한 이미지메이킹 예시

동일색 배색(Monochromatic)

동일 색상에 의한 배색 방법으로 명도와 채도를 다르게 하여 통일감을 나타낸다.

보색 배색(Complementary)

색상환에서 대각선을 이루는 보색으로 구성하여 대비되는 색으로 강렬한 느낌과 생동감을 준다.

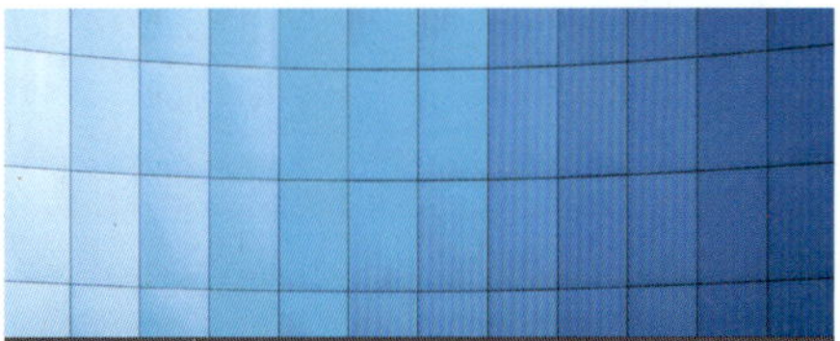

그러데이션(Gradation)

서서히 변하는 단계적 변화를 말한다. 색상, 명도, 채도 각각의 그러데이션이 있다.

톤 인 톤(Tone in Tone)

색상의 변화는 있으나 톤의 느낌이 거의 같고 통일되고 일관적인 이미지를 유지한다.

콘트라스트(Contrast)

서로의 색을 대비시켜 서로의 색을 돋보이게 한다.

유사색 배색(Analogous)

색상 차와 유사한 배색 방법이며, 명도 차, 채도 차를 조절하여 조화롭게 배색한다.

분리색 효과에 의한 배색(Separation)

둘 이상의 배색에서 관계가 애매한 경우 인접한 색 사이에 분리색 하나를 두어 조화를 이룬다.

악센트(Accent)

둘 이상의 배색에서 대조적인 색상이나 톤을 사용하여 전체적으로 눈에 띄게 하고 개성을 부여한다.

톤 온 톤(Tone on Tone)

동일색에서 두 가지 톤의 명도 차를 크게 하여 차분하고 안정적인 분위기를 만든다.

레피티션(Repetition)

둘 이상의 색을 반복적으로 사용하여 일정한 질서로 조화를 이루는 기법으로 바둑판과 타일에서 볼 수 있다.

2. 사계절 색상을 이용한 이미지메이킹

사계절 색은 기본 바탕색에 따라 따뜻한 색과 차가운 색으로 구분한다. 봄과 가을은 노란빛과 황색 빛을 바탕으로 한 따뜻한 색(난색)이며, 여름과 겨울은 푸른빛과 검은빛을 기본 바탕으로 한 차가운 색(한색)이다. 그 외 연두에서 초록, 보라에서 자주까지의 색 계열은 중성색으로 구분된다.

그러나 이렇게 분류된 색이라 해도 난색에 한색을 섞으면 한색으로 분류되고, 한색에 난색을 혼합하면 난색이 된다. 예를 들어 파랑은 한색 계열이나 노랑을 섞으면 따뜻한 색이 되고 난색 빨강에 하양이나 파랑을 섞으면 차가운 색이 된다.

연구에 따르면 사계절 색채는 사람의 타고난 신체 색상과 연결되어 있다. 이런 사실에 기반하여 사계절 색채 분석은 사람마다 피부색이 다르지만 피부 바탕색을 기준으로 계절 타입에 어울리는 색을 선별하는 것이다. 사계절 색채의 특징과 자신의 신체 특징, 즉 자신의 고유한 피부색이나 눈동자색, 머리카락색, 두피색, 손목 안쪽 색 등의 신체 피부색을 이해하고 그에 어울리는 자신만의 계절 색상을 찾아야 한다.

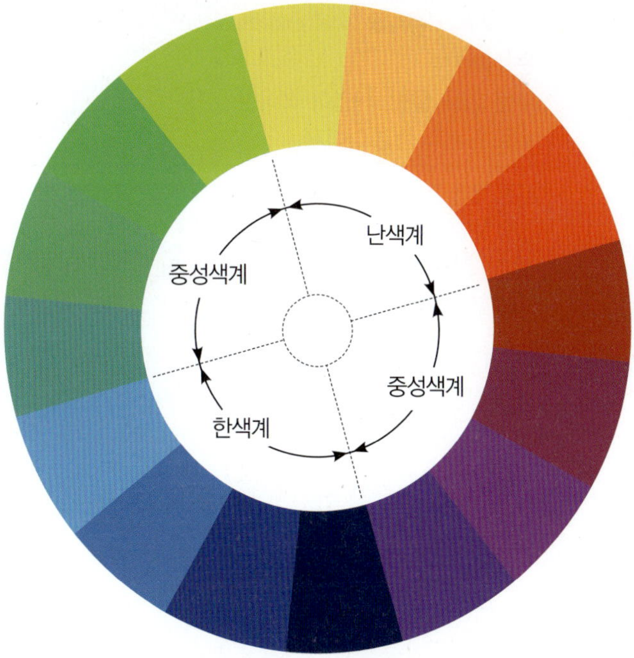

Olena Poliakevych / iStock / Getty Images Plus

난색과 한색, 중성색

1) 기본 분류에 따른 4계절 이미지

난색과 한색을 사계절과 연관시켜 색상이 주는 이미지를 분류한다.

톤	계절 타입	이미지	
		특징	색
Warm	봄	• 노란색이 기본 바탕인 색 • 개나리나 새싹처럼 산뜻하고, 생동감 있고 귀여운 이미지	• 밝고 선명한 색 • 밝은 파스텔톤 아이보리, 옐로, 오렌지, 에메랄드 그린, 애플 그린, 블루 그린 등
Cool	여름	• 흰색과 파란색이 기본 바탕이 되는 색 • 푸른 기가 있는 밝고 부드러운 색 • 명도가 높고 채도는 낮아 부드럽고 낭만적이며 우아한 여성스러운 이미지 • 푸른 바다 이미지	• 밝은 톤의 베이비 핑크, 로즈 핑크, 레몬 옐로, 아쿠아 블루, 스카이 블루, 라벤더, 라일락, 마린 블루, 연보라, 소프트 화이트, 실버 그레이 등
Warm	가을	• 노란색과 황색이 기본 바탕이 되는 색 • 차분하고, 고상하며, 클래식하고, 무게감 있으며, 안정감을 주는 이미지 • 누런 가을 들판, 낙엽이 떨어진 외로운 거리 풍경 이미지	• 밝고 부드러운 옐로 오커(Yellow Ocher), 머스터드, 베이지, 새먼 핑크(Salmanpink), 오렌지, 골드, 올리브 그린, 커피 브라운, 카키, 마룬(Maroon) 등 • 골드 빛의 깊고 풍부한 색
Cool	겨울	• 푸른색과 검은색이 혼합된 색 • 선명하고 이지적이며 세련된 분위기, 결단력 있고 개성적이며 도회적인 이미지	• 블랙, 화이트, 코발트 블루, 마젠타, 바이올렛, 레몬 옐로, 베이비 핑크, 아이시 블루, 보르도, 버건디, 그레이 등

2) 4계절 색상 타입

개인이 가진 색상 타입을 사계절과 연관시켜 분류한 후 그에 맞는 메이크업과 스타일을 연출한다.

봄

여름

가을

겨울

봄(Spring Type)

- 온화하고 생기 있는 모습으로 상대에게 친근감과 호감을 주는 이미지이다.
- 옐로가 베이스인 따뜻한 계열의 선명한 밝은색이 어울린다.
- 대표 색은 클리어 시몬, 오렌지 레드, 라이트 옐로, 옐로 그린, 웜 아쿠아이다.
- 어울리는 색은 노란 기가 있는 산호색이나 옥색, 새싹색 등이다.

피부 (Skin)	• 밝거나 어두운 노란빛이 감돌며 피부가 투명하고 윤기가 난다. • 크림색이나 하얀빛을 띤다. • 차가운 공기에 노출되면 곧 붉어지는 민감한 피부이며 햇볕에 그을리기 쉽다. • 피부가 얇아 주근깨가 잘 보인다.
머리 (Hair)	• 밝거나 어두운 브라운, 붉은빛이 도는 밝은 갈색이다. • 머리카락이 굵으며 윤기가 나므로 단발머리나 층을 낸 굵은 웨이브의 헤어스타일이 어울린다.
눈(Eye)	갈색빛이 돈다.
메이크업 (Make-up)	• 화사하고 투명한 피부를 표현하는 것이 중요하다. • 깔끔한 색으로 밝고 상큼하게 화장한다. • 아이섀도는 라이트 카멜, 옐로 베이지, 연한 산호색이나 피치 등의 색을 사용한다. • 아이라인은 너무 진하게 하거나 강조하지 않는 것이 좋다. • 볼 터치는 오렌지나 밝은 피치 계열의 색을 사용한다. • 입술은 경쾌한 오렌지, 클리어 새먼, 피치 등의 색으로 밝게 표현한다.
패션 (Fashion)	• 화사한 캐주얼 스타일이나 로맨틱하고 귀여우면서 발랄한 분위기를 연출하는 것이 어울린다. • 비비드톤, 파스텔톤 계열의 옷을 선택하고, 채도가 높은 색으로 선명하며 밝은 느낌을 준다. • 아이보리와 브라운을 베이스로 하여 노랑, 오렌지, 그린, 보라 등을 포인트로 사용한다. • 검은색이나 갈색의 질감이 거친 옷이나 드레시한 스타일은 피한다. • 액세서리는 골드 계열을 베이스로 하여 가벼운 느낌을 주는 작은 스타일이 어울린다.

여름(Summer Type)

- 차가우면서도 부드럽고 단아하며 고상하고 이지적이며 도회적이다.
- 만인에게 호감을 주는 타입이다.
- 햇빛에 잘 그을리지 않으며 햇빛에 노출될 경우 붉거나 브론즈색으로 되었다가 다시 원래 피부로 돌아온다.
- 대표 색은 로즈 핑크, 딥 로즈, 파스텔 레몬, 파스텔 블루 그린, 스카이 블루이다.
- 어울리는 색은 푸른 기가 있는 파스텔 블루나 아이보리 계열이다.

피부(Skin)	핑크 빛이 도는 바탕에 화이트, 밝은 크림색을 띤다.
머리 (Hair)	• 잿빛이 도는 검은색 또는 진갈색, 햇빛에 비췄을 때 흐린 회색이 보이는 검은색이다. • 염색 시 자연 갈색, 회갈색, 와인색, 블루 계열 등이 어울린다. • 롤 스트레이트, 깔끔한 스타일, 약간 굵은 웨이브 형이 잘 어울린다.
눈(Eye)	검거나 진한 갈색을 띤다.
메이크업 (Make-up)	• 전체적으로 블루 그레이나 퍼플, 핑크나 로즈 계열의 색을 조절하여 화려하고 여성스러운 인상을 주도록 한다. • 피부색에 가까운 색을 선택하여 핑크 빛이 과도하게 감돌지 않게 한다. • 아이섀도는 블루 베이스의 파스텔 계열의 퍼플, 라벤더, 로즈 핑크, 그레이 네이비, 스카이 블루 등의 색이 어울린다. • 볼 터치는 선명한 붉은 기가 아닌 핑크 계열을 선택한다. • 입술은 로즈 계열을 사용하되 아이섀도와 같은 계열의 여름 색을 선택한다.
패션 (Fashion)	• 세미 정장이나 장식이 거의 없는 단순하면서 직선형의 스타일이 어울린다. • 엘레강스하고 내추럴한 스타일로 분위기를 연출하도록 한다. • 여름 색 계열로 그러데이션하여 부드럽고 지적인 분위기를 자아낸다. • 핑크 계열의 파스텔, 연보라, 민트, 하늘색이 어울린다. • 옷감은 쉬폰이나 실크 소재를 활용하여 부드러운 이미지를 강조한다. • 금색, 검은색, 광택 있는 색 등 선명하고 강한 색은 피한다. • 액세서리는 실버 계열이 잘 어울린다. 중간 정도의 크기가 적당하다.

가을(Autumn Type)

- 얼굴 이미지가 차분하고 편안한 분위기로 호감을 준다.
- 햇빛에 잘 그을리는 편으로 잡티나 기미가 잘 생기고 윤기가 없다.
- 대표 색은 머스터드, 러스트, 딥 피치, 모스 그린, 딥 블루 등이다.
- 어울리는 색은 노란빛이 도는 갈색 계열의 차분하고 깊이감이 있는 색이다.

피부 (Skin)	• 탁한 노란 기를 띠어 생기가 없어 보이기도 한다. • 아이보리톤의 갈색을 지녔거나 황색 빛이 돌며, 약간 어둡고 탁한 느낌이 든다.
머리 (Hair)	• 어둡고 짙은 갈색, 붉은빛이 도는 밝은 다갈색, 진갈색, 카키 계열, 브론즈 계열의 컬러링이 어울린다. • 컬이 큰 웨이브가 들어간 자연스러운 헤어 스타일이나 우아한 복고 스타일 웨이브가 잘 어울린다.
눈(Eye)	노란빛이 도는 짙은 갈색이다.
메이크업 (Make-up)	• 피부는 베이지 계열로 내추럴하게 표현하고 아이섀도와 입술은 차분하고 풍부한 색감으로 어른스러운 이미지를 연출한다. • 골드를 베이스로 한 스모키나 클래식한 메이크업이 잘 어울린다. • 아이섀도는 브라운 계열을 베이스로 하고 올리브 계열로 배색해도 좋다. • 볼 터치는 오렌지 계열로 한다. 로즈 계열은 피한다. • 입술은 딥 레드 계열로 한다.
패션 (Fashion)	• 전체적으로 차분하면서 고상한 스타일이 잘 어울린다. • 골드, 카키 등을 이용한 클래식하고 내추럴한 이미지도 어울린다. • 황색 빛을 베이스로 하는 베이지, 카멜, 올리브색이 잘 어울리며 한색 계열과 선명한 색은 피한다. • 구두, 벨트 등의 액세서리는 자연의 느낌이 드는 우드나 돌, 천, 가죽을 소재로 만든 것이 어울린다. • 광택이 나는 옷이나 액세서리는 피한다.

겨울(Winter Type)

- 얼굴의 이미지는 차갑고 화려하면서 도회적이다.
- 샤프하면서 개성이 강해 보이며 대담한 스타일이 어울린다.
- 주로 비비드톤을 사용하여 뚜렷한 인상을 준다.
- 블랙앤화이트, 퓨셔, 버건디, 감색, 로열 블루 등의 색이 잘 어울린다.
- 대표 색은 푸른빛이 도는 비비드 컬러 계열이다. 블루 레드, 레몬 옐로, 에메랄드 그린, 퓨셔(Fuschia), 로열 블루이다.
- 어울리는 색상은 푸른 기가 있는 차갑고 뚜렷한 색이다.

피부 (Skin)	투명하고 창백해 보이는 피부, 푸른빛이 도는 흰 피부나 갈색 피부, 흰빛이 돌며 아이보리톤이다.
머리 (Hair)	• 짙은 갈색이나 검은색, 푸른빛이 도는 짙은 색. 블루 블랙, 와인 계열, 보라 계열, 회갈색 등이 어울린다. • 심플한 커트나 생머리가 어울린다.
눈(Eye)	어두운 갈색, 푸른빛이 도는 갈색, 검은색을 띤다.
메이크업 (Make-up)	• 원포인트 메이크업이 잘 어울린다. • 칙칙한 색이나 브라운 계열의 색은 피한다. 콘트라스트 배색은 화려하다. • 아이섀도는 실버 그레이, 챠콜 그레이, 로열 블루, 딥 레드 등이 좋다. • 볼 터치는 핑크계나 로즈계를 이용한다. 오렌지는 어울리지 않는다. • 입술은 딥 레드, 마젠타, 버건디, 퍼플 등의 선명하고 진한 색을 선택한다. 입술은 전체 메이크업의 포인트가 된다.
패션 (Fashion)	• 모던하고 남성적인 느낌을 주는 매니시(Mannish) 스타일과 포멀하고 샤프한 도회적인 스타일이 잘 어울린다. • 흰색과 검정을 기본으로 지적인 느낌을 주고, 무채색을 주조색으로 하여 모던한 이미지를 만든다. 차분하고 세련된 이미지 연출에는 명도가 낮은 청색, 회색 계열을 활용한다. 다이내믹한 스타일은 비비드 컬러인 옐로, 레드, 네이비 등으로 연출한다. • 기타 청록, 청보라, 와인색이 잘 어울리고 흐리고 불투명한 색은 피한다. • 액세서리는 모던하고 심플한 스타일로 크기가 큰 것이 어울린다. 차가운 느낌의 은이나 블랙앤화이트, 네이비 색의 주석 등 금속으로 만든 것이 어울린다.

05

퍼스널 컬러 찾기

1. 컬러 드레이핑(Color Draping)

화장이나 복장의 색상으로 이미지를 변화시킬 수 있다. 컬러를 진단할 때는 흰색 옷이나 흰색의 천으로 상반신을 가리도록 한다. 되도록이면 전신 거울 앞에서, 그리고 빛이 강렬하지 않은 자연광(오전 10시~11시가 적당함)이나 최대한 하얀색에 가까운 조명 아래에서 진단하도록 한다. 맨얼굴에 머리도 흰 천으로 가린다. 그러나 평상시 모습에서 컬러를 찾고 싶으면 평소의 머리색과 메이크업을 한 상태에서 진단한다. 진단 시 옆에서 도우미가 천을 댈 때 순간적(찰나적)인 이미지를 찾아야 한다.

체크포인트

눈밑의 다크 서클이나 입가 주름, 점, 잡티 등 얼굴의 특징이 부각되는지 확인한다. 안색이 어두워 보이는지 아니면 화사하게 보이는지 여부를 확인한다.

퍼스널 컬러 판별 기준

어울리는 색인 경우	어울리지 않는 색인 경우
얼굴 혈색이 좋아 보인다	얼굴색이 칙칙해 보인다
화사해 보인다	단점이 두드러져 보인다
얼굴의 잡티가 연하게 보인다	잡티가 짙게 보인다
인상이 부드럽고 젊어 보인다	인상이 강하고 나이 들어 보인다
얼굴에 그늘이 생기지 않는다	피곤해 보인다
피부톤이 정리되어 보인다	피부톤이 정리되어 보이지 않는다

2. 오링 테스트(O-Ring Test)

- 1단계 : 한 손으로 색지나 색천을 잡고(자신이 입고 있는 옷을 잡아도 된다), 다른 한 손은 엄지와 검지 손가락으로 고리를 만든다.
- 2단계 : 상대방이 엄지와 검지 손가락으로 그 고리를 풀게 한다.
- 3단계 : 색지나 색천 색깔을 계절색별로 바꿔 가면서 테스트를 해 본다.

[판별] 상대방이 쉽게 손가락을 벌리지 못하면 그 색이 어울리는 것이고, 손가락이 쉽게 풀리면 그 색이 어울리지 않는 것이다.

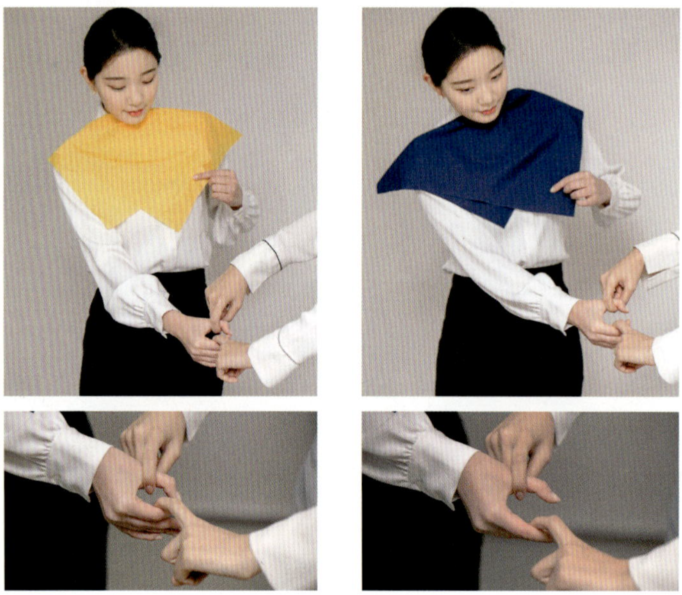

퍼스널 컬러 결과

Warm	Cool	Warm	Cool

내 피부톤 찾기

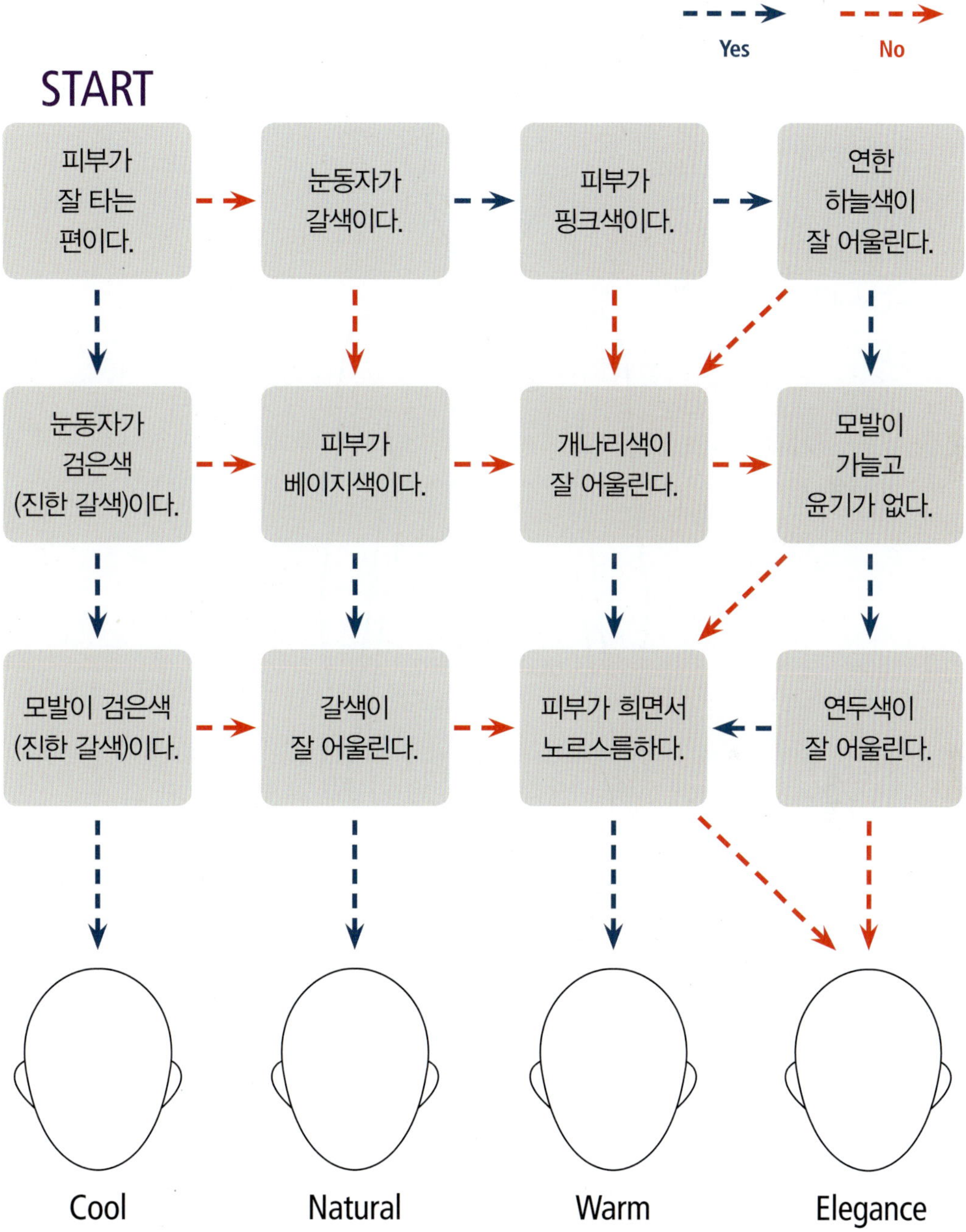

☞ 결과는 '4계절 색상 타입'의 봄 · 여름 · 가을 · 겨울 표를 참고한다.

내 퍼스널 컬러 찾기

내게 맞는 퍼스널 컬러를 찾은 후 아래 그림에 색상을 칠해 보세요.

- Skin
- Eyebrow
- Eye
- Shadow
- Cheek
- Lip

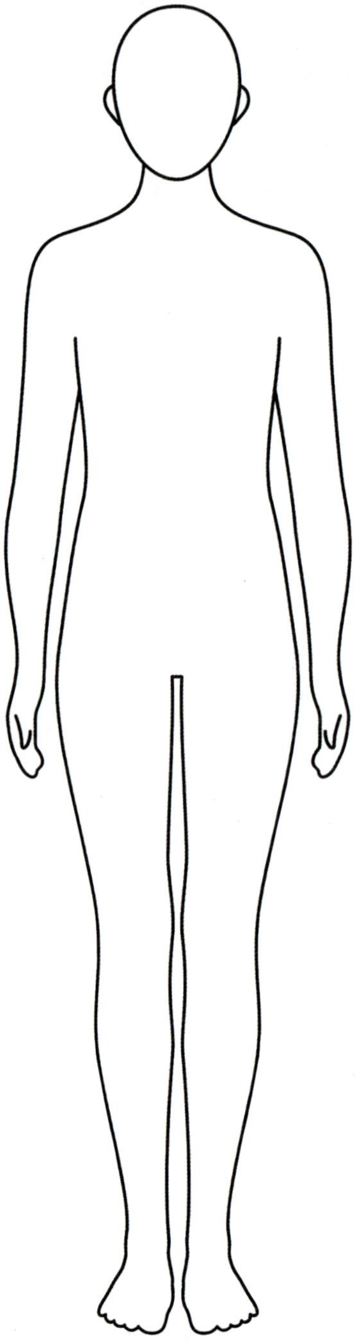

항공사별 유니폼 색상 이미지 분석

항공 객실 승무원 유니폼의 디자인과 색상은 각 항공사 CI의 기본이 되고 대표 이미지로 각인된다. 다양한 항공사 유니폼을 찾아 색상 이미지를 분석하고 아래에 답해 보세요.

■ 각 항공사 유니폼 찾아보기

■ 각 유니폼 색상이 주는 이미지

■ 어울리는 화장, 스타킹, 네일 컬러 등 컬러 매칭하기

내 퍼스널 컬러와 유니폼 색상의 조화

자신이 원하는 항공사의 유니폼을 착용했을 때 잘 어울리려면 나를 어떻게 표현해야 하는지, 또 내게 어울리는 항공사 유니폼의 색상을 정리해 보자.

■ 내가 원하는 항공사 유니폼

■ 유니폼 색상에 어울리게 나를 표현할 방법

■ 내게 어울리는 색

■ 항공사 유니폼 색상

MANNERS & IMAGE MAKING

CHAPTER_ 4

메이크업 및 헤어 이미지

01

메이크업 이해

메이크업(Make-up) 용어

메이크업의 사전적 정의는 '제작하다, 보완하다, 완성시키다'이며 17세기 영국 시인 리처드 크라슈(Richard Crashou)에 의해 여성을 더욱 매력적으로 만들어 주는 화장을 뜻하는 단어로 처음 사용되었다. 현대에는 기초 화장, 색조 화장, 분장 등을 포괄하는 총칭이 되었다. 한편 코스메틱(Cosmetics)은 '잘 정리하고 감싼다'는 뜻이 있으며 인간을 잘 정돈하여 조화롭게 꾸미는 도구라는 의미에서 화장품을 일컫는 말로 사용되었다.

우리나라의 메이크업 역사

고대 선사시대 부족국가에서는 건강미를 표현하던 수단, 삼국시대를 거쳐 고려시대에는 입술과 볼의 붉은 화장이 주를 이루고, 조선시대부터 신분과 직업, 종교에 따른 화장을 하였다. 근대 이후 화장품이 수입되어 현대식 화장법이 도입되었다. 1970년대 최초의 메이크업 캠페인을 시작으로 2016년 메이크업 국가 자격증이 처음 시행되었다.

메이크업 기능

- 물리적 기능 : 자외선, 대기오염 등으로부터 피부와 신체를 보호한다.
- 사회적 기능 : 개인적으로는 직업, 지위, 신분을 표시하고, 사회적으로는 관습이나 풍토, 집단의 위엄이나 권위를 표현한다.
- 심리적 기능 : 사고 방식이나 가치관을 나타낸다. 용모를 밝게 변화시키고 꾸며 매력을 더한다. 자신에게 맞는 이미지를 연출하여 자신감을 고양한다.

02

얼굴 부위와 비율 이해

이상적인 얼굴 비율(Face Proportion)

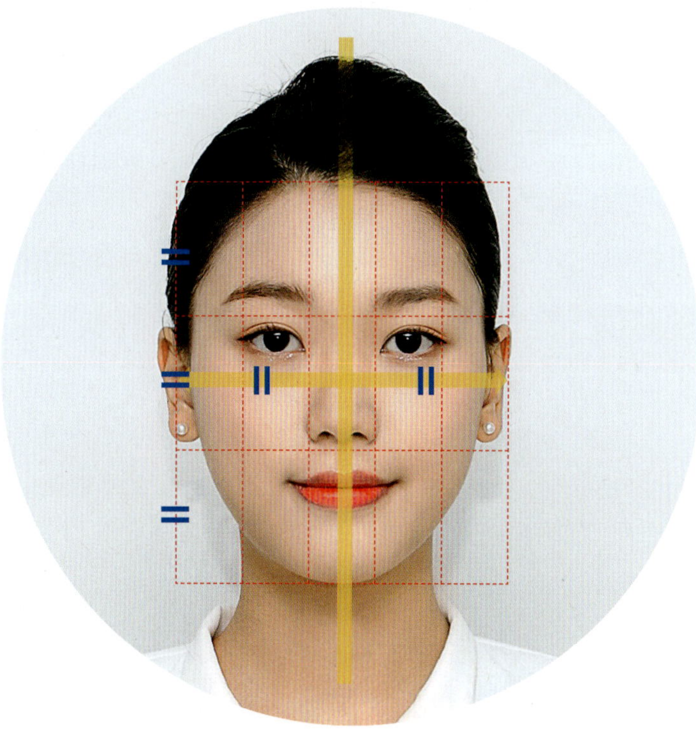

- 가로 1:1 (이마 끝 중심에서 아래턱 끝 지점을 반으로 나눠 좌우 대칭)
- 세로 1:1:1 (헤어 라인부터 눈썹까지):(눈썹부터 코끝까지):(코끝부터 턱까지)

얼굴형

달걀형, 둥근형, 삼각형, 사각형, 장방형, 역삼각형, 마름모형, 육각형 등이 있다.

화장 포인트 부위 명칭

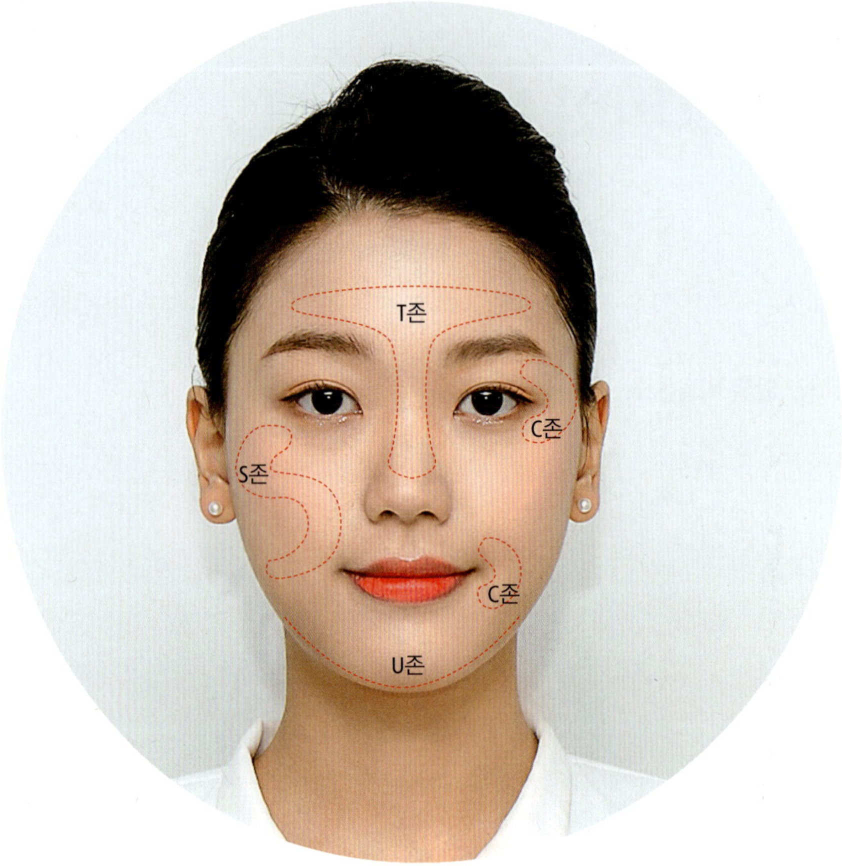

- T존 : 이마부터 콧등까지 이어지는 부분으로, 피지 분비량이 가장 많아 꼼꼼한 세안이 필요하다.
- C존 : 눈썹뼈에서 광대뼈 안쪽을 잇는 부분과 입꼬리 주변부로, 많이 주름지므로 각별한 관리가 필요하다.
- S존 : 눈밑 눈가에서 광대 바깥쪽으로 뻗어나가 광대 아래 볼 안쪽으로 돌아 바깥쪽으로 나가는 부분으로, 입체 화장 시 유의한다.
- U존 : 아래 턱선을 의미한다.

피부 타입

건성, 지성, 중성, 복합성, 민감성 등이 있다.

03

기초 메이크업

기초 메이크업 이해

기초 화장은 피부를 보호하고 아름다운 피부와 화장을 표현할 목적으로 하며, 세안, 스킨(에센스), 로션(크림), 자외선 차단제, 메이크업 베이스가 속한다. 피부결을 따라 이마 안쪽에서 관자놀이 방향으로, 코는 위에서 아래로, 얼굴 안쪽에서 바깥쪽으로, 인중은 중앙에서 밖으로, U라인은 밑에서 위로, 턱은 위에서 아래로 발라 준다.

건성 피부에는 영양 공급과 보습용 제품, 지성 피부에는 피지 조절과 모공 수축 기능이 있는 제품, 색소가 침착한 피부에는 화이트닝 효과가 있는 제품을 선택한다.

기초 메이크업 순서와 기능

1	2	3	4	5
세안 (Wash)	스킨, 에센스 (Skin, Toner, Essence)	기능성 크림 (Eye Cream)	로션, 크림 (Lotion, Nutrition Cream)	선블록 (Sun Block)
더러움을 씻어냄	• 수분 공급 • 모공 축소	주름 예방	• 피부 밸런스 유지, 보습 • 수분, 유분 증발 예방 • 피부 보호	자외선 차단

- 세안(Washing) : 꼼꼼히 하여 얼굴의 피지나 불순물을 제거한다.
- 세럼(Serum) : 에센스(Essence)라고도 하며 스킨보다는 무겁고 에멀전보다는 묽은 제형이다. 영양분이 응축된 화장품이다.
- 로션(Lotion) : 피부에 유수분을 보충해 주는 보습제이다.
- 자외선 차단제(Sun Screen Lotion 또는 Sun Block) : 자외선(Ultraviolet Radiation)은 칼슘과 뼈에 도움이 되는 비타민 D의 영양소를 공급하기도 하나 자칫 피부의 수분과 탄력을 빼앗고 기미나 반점을 유발하기도 하므로 자외선 차단제를 바르도록 한다. 자외선 차단제는 외출하기 약 30분 전에 바른다. 톡톡 두드리듯이 바르고, 수정 메이크업 시에는 팩트나 파우더로 여러 번 덧바른다.

자외선 파장에 따른 세 유형

- UVA : 자외선의 95%를 차지하며, 파장이 가장 길어 구름, 유리, 피부 깊숙이 침투하는 강력한 광선이다. 연중 강도가 동일하다. 잦은 노출 시 피부가 타고 주름, 기미, 주근깨를 유발하며, 심한 경우 면역계를 손상시킨다.
- UVB : 계절, 위치, 시간에 따라 강도가 다르다. 오존층에서 걸러지기는 하나 일부가 피부에 닿으면 피부가 붉어진다.
- UVC : 가장 위험한 광선이지만 오존층에 흡수되어 지표면에 도달하지 못한다. 오존층 파괴로 지상까지 투과되면 피부암을 유발한다.

자외선 차단을 표시하는 용어 이해

Protect A(PA, Protection Grade of UVA) : UVA 차단제

- PA+ : 약 2시간 지속
- PA++ : 약 4~5시간 지속. 평상시 도포
- PA+++ : 약 8시간 이상 지속. 바다, 산, 스키장 등 레저 활동 시 도포

SPF(Sun Protection Factor) : UVB의 B파 차단제

- SPF 1 : 약 15분 지속
- SPF 15 : 약 3시간 지속. 피부가 예민하거나 순한 사람
- SPF 20 : 약 5시간 지속. 매일 실내에서 일하는 사람(PA+를 함께 도포)
- SPF 40~50 : 약 10~12시간 지속. 바닷가, 스키장 등 레저 활동 시(PA+++를 함께 도포)

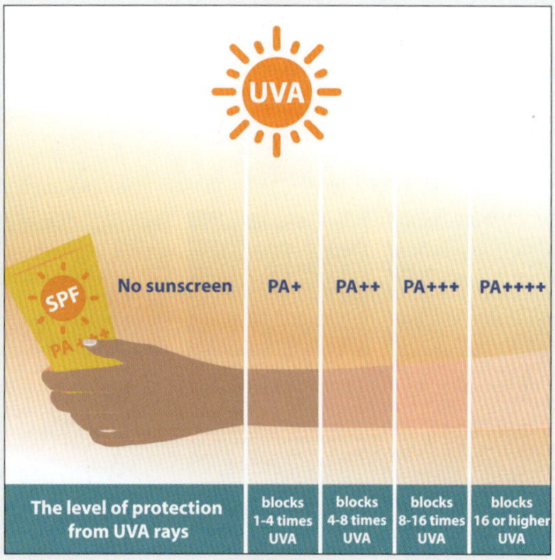

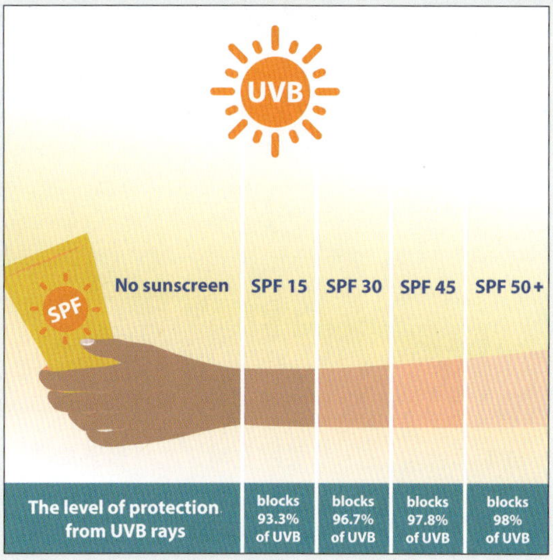

04

색채 메이크업

색채 메이크업 순서와 기능

1	2	3	4	5
메이크업 베이스 (Make-up Base)	파운데이션 (Foundation)	컨실러 (Concealer)	페이스 파우더 (Face Power)	아이브로 (Eyebrows)
• 피부톤 정리 • 보습 • 착색 방지	• 피부색 조절 • 피부 결점 보완 • 색조 화장 도움	• 잡티 보완 • 기미, 주근깨, 여드름, 자국, 흉터, 눈밑 그늘 등	• 마무리 • 파운데이션 고정 • 번들거림 방지	• 첫인상 좌우 • 이미지 변화 • 개성 표출 • 얼굴 좌우 균형 • 눈매 보완

아이 및 립 메이크업 순서와 기능

1	2	3	4	5
아이섀도 (Eye Shadow)	아이라이너 (Eye Liner)	아이래시 컬러 (Eyelash Curler)	블러셔 (Blusher)	립스틱/립글로스 (Lipstick/Lip Gloss)
• 색채 활용 • 눈매 보정 • 자연스러운 인상 연출	• 눈매 교정	• 또렷한 눈매 연출	• 혈색 보완 • 얼굴 교정	• 자외선 차단 • 마무리 연출

1. 메이크업 베이스(Make-up Base)

기능

- 피부톤 조절, 보정 효과
- 파운데이션의 퍼짐성과 밀착성, 지속력 향상
- 자외선, 파운데이션 등 외부 자극으로부터 피부 보호
- 피부막 형성, 수분 증발 억제

컬러별 피부 보정

컬러	보정 효과
그린 블루	붉은 기가 도는 피부, 여드름 자국이 있는 피부에 적당하다. 피부를 희고 깨끗하게 표현하며, 피부톤을 조절해 준다.
화이트	어두운 피부를 밝게 표현한다.
핑크	희고 창백한 피부를 혈색 있게 표현한다.
퍼플	노란색 피부를 생기 있고 화사하게 보여 주고, 특히 불빛 아래에서 예뻐 보이게 한다.
오렌지	〈라이트〉 핏기 없는 피부를 혈색 있어 보이게 한다. 〈다크〉 선탠한 피부, 검은 피부를 그대로 유지한다.
젤(투명)	커버력은 약하나 청량감을 주며, 투명 메이크업을 할 때 적당하다.
베이지(살구색)	피부톤을 자연스럽게 정돈하며 어떤 피부에도 무난하다.

메이크업 베이스 사용법(Make-up Base Application)

- 소량을 이마, 양볼, 코, 턱에 바른 후 피부결을 따라 안에서 밖으로 바른다.
- 넓은 부위(볼, 이마)를 먼저 바르고, 좁은 부위(눈, 코, 입, 턱)를 나중에 바른다.
- 약지 손가락으로 자연스럽게 펴 바르는 것이 가장 좋다. 그러나 위생을 고려하여 스펀지로 바르기도 한다.

2. 파운데이션(Foundation)

기능

- 피부 결점 보완, 혈색을 좋아 보이게 함
- 얼굴 입체감 표현, 윤곽 수정(하이라이트와 셰이딩)
- 환경 오염, 자외선 등 외부 자극으로부터 피부 보호
- 피부톤 조절, 색조 화장을 더 돋보이게 함
- 보호막을 형성하여 색조 화장품의 유해 성분으로부터 피부 보호

파운데이션 사용법

- 소량을 이마, 양볼, 코, 턱에 바른 후 피부결을 따라 안에서 밖으로 바른다.
- 건조한 피부는 파운데이션에 페이스 오일을 섞어 바른다.
- 기미, 주근깨, 잡티, 여드름이 많은 피부는 한 톤 진한 색상을 선택한다.

3. 컨실러(Concealer)

기능

- 파운데이션 후 남은 얼굴의 잡티 보완
- 여드름 자국, 주근깨, 기미, 붉은 기, 흉터, 눈밑 그늘, 눈썹 문신 등을 보완
- 깨끗한 피부 표현

컨실러 사용법

- 건성 피부는 눈밑 사용 시 아이크림 위에 바른다.
- 피부톤보다 한 톤 정도 더 밝은 색상을 선택한다.
- 한 번에 많이 바르지 않고 소량을 2~3회 나눠 바른다.
- 브러시나 손가락을 이용하여 얇게 바른다.

눈밑 다크서클 화장법

- 피부톤보다 한 톤 정도 더 밝은 색상을 선택한다.
- 파우더 위에도 덧바를 수 있는 제품이 좋다.
- 컨실러의 지속력을 높이기 위해 하이라이터 파우더로 살짝 눌러 준다. 눈밑 삼각형에는 펄이 없는 제품을, 잔주름이 잡히는 C 존에는 약한 펄이 있는 제품을 사용한다.
- 밝은 색상의 아이섀도로 눈가를 환하게 밝히고, 아이라이너로 눈매를 또렷이 강조한다.

칙칙한 눈밑을 보완하는 피부 보정

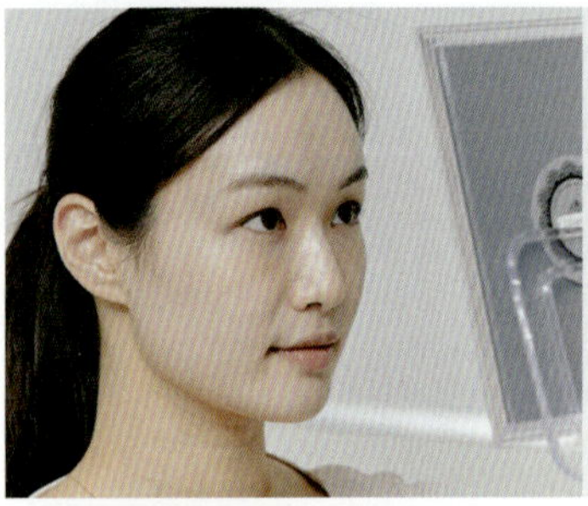

- 거울을 얼굴보다 약간 높은 곳에 둔다.
- 눈을 치켜떠서 얼굴에 나타나는 어두운 삼각형을 찾는다.
- 피부를 촉촉하게 유지해 주고 피부색을 환하게 보정할 CC 크림을 얼굴 전체에 얇게 펴 바르며 얼굴톤을 정리한다.

- 살구톤의 리퀴드 컨실러로 세 점을 찍는다.
- 스펀지나 손가락으로 가볍게 두드려 눈밑 삼각형 전체에 발라 준다.

컨실러를 바른 부위와 바르지 않은 부위 간에 경계선이 있는지 확인한다.

브러시나 스펀지 혹은 손가락으로 톡톡 두드려 가며 잘 스며들게 한다.

- 파우더 타입 하이라이터로 터치하여 컨실러를 고정하고 그 효과를 오래 지속시킨다.
- 한 번에 많은 양을 터치하면 잔주름이 생기므로 파우더를 묻힌 붓을 손등에 살짝 털어낸 후 적정량으로 터치한다.

기미와 얼룩진 피부 화장법

- 커버력이 우수한 크림이나 스틱 타입, 화이트닝 성분의 기능성 컨실러를 사용한다.
- 자신의 피부톤이나 색소가 침착한 부위와 유사한 색상을 선택한다.

  ☞ 점을 보정할 때는 피부보다 한 톤 낮은 색상의 고체 컨실러를 얇은 붓에 묻혀 콕콕 찍어 바른다.
- 파운데이션을 바르되 기미와 얼룩진 부위를 두껍게 바르지 않도록 한다.

  ☞ 파운데이션이 없을 때는 컨실러와 영양 크림을 적당하게 섞어서 비비 크림처럼 쓰기도 한다.
- 전체적으로는 피부의 투명감을 유지하되, 부분적으로는 컨실러를 활용한다. 단, 컨실러를 바른 후 뒤지 않게 블렌딩한다.
- 너무 밝은 색상을 사용하면 얼룩져 보일 수 있으므로 투톤의 컨실러로 이중 커버를 한다.
- 피니시(Finish) 파우더로 마무리한다.

기미와 얼룩진 부위를 보완하는 피부 보정

파운데이션을 얇게 펴 바른다.

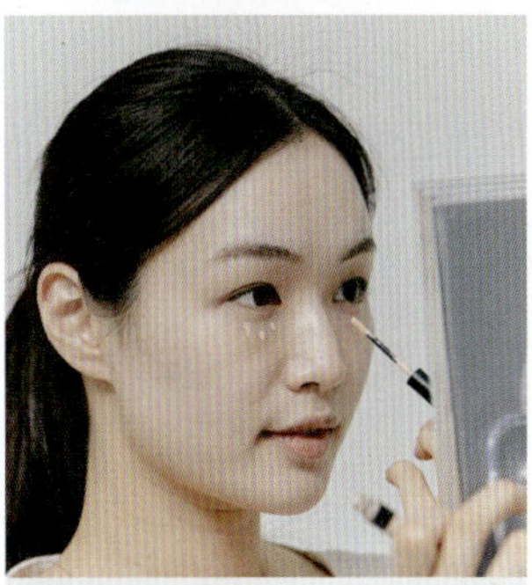

전체 피부톤보다 약간 더 어둡고 잡티보다 약간 더 밝은 색상의 컨실러로 먼저 색소 침착 부위를 바른다.

한 톤 더 밝은 리퀴드 컨실러로 주변의 넓은 부위를 바르고 얼룩져 보이지 않게 블렌딩한다.

밀착력이 강한 파우더 팩트로 마무리한다.

실습

기초 메이크업 정리

■ 기초 메이크업의 다섯 종류와 기능

■ 색채 메이크업의 다섯 종류와 기능

■ 아이 및 립 메이크업의 다섯 종류와 기능

■ 파운데이션 사용법

컬러 테스트

손에 적당량 덜기

넓은 부위부터 바르기

좁은 부위도 꼼꼼하게 바르기

가볍게 두드리기

컨실러로 마무리하기

05

입체 메이크업

1. 눈썹(Eyebrow)

눈썹 메이크업 기본

- 눈썹은 얼굴 인상의 70%를 결정하므로 눈썹을 단정하게 다듬어 스마트하게 보이고 눈 주위를 밝고 편안하게 보이도록 한다.
- 눈썹을 얇고 가늘게 그리면 나이가 들어 보이고, 두툼하게 그리면 답답해 보인다.
- 눈썹머리와 눈썹꼬리가 수평이 되게 앞과 뒤를 맞춘다.
- 미간 너비는 손가락 한 마디 반에서 두 마디가 이상적이다. 이보다 미간이 좁으면 눈썹머리를 조금 깍아 준다.
- 미간이 넓으면 매트한 연갈색 펜슬이나 에보니 펜슬로 안쪽으로 안내선을 그리고 브라운 섀도로 자연스럽게 칠한다.
- 펜슬보다는 섀도 타입이 자연스럽게 표현하기에 좋다.
- 눈썹 길이를 눈보다 약간 더 길게, 일자형보다 곡선형으로 조금 도톰하게 그려 부드러운 인상을 주도록 한다.
- 얼굴형별 눈썹 모양 : 장방형이나 삼각형, 달걀형 얼굴은 일자 눈썹, 각진 형은 아치형 눈썹, 역삼각형은 커브 아치형 눈썹, 둥근형은 약간 상승형 눈썹이 적당하다.

눈썹 부위 명칭

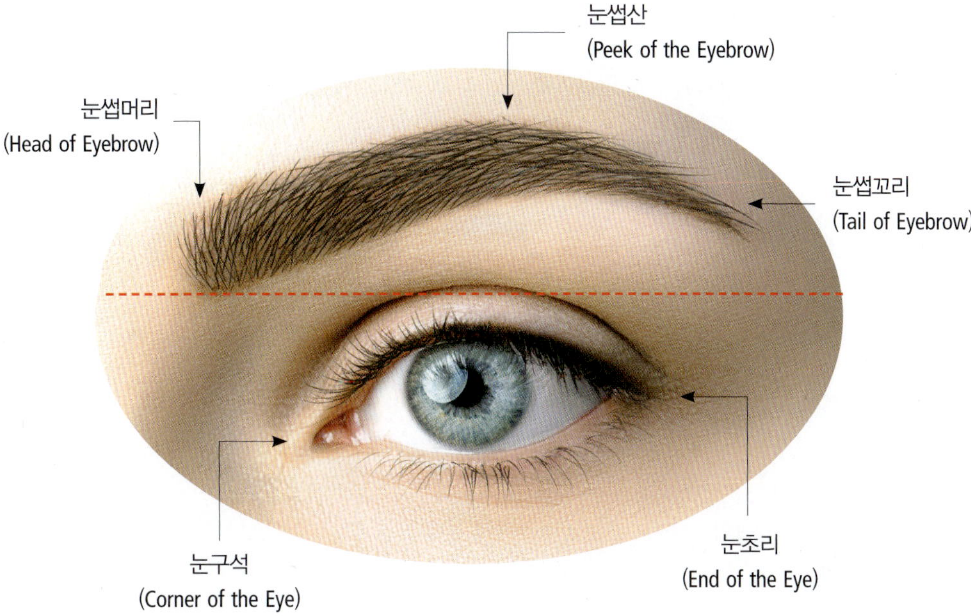

눈썹 그리기

눈썹결을 따라 아이브로 브러시로 빗는다.

눈썹색에 맞는 색상을 고른다.

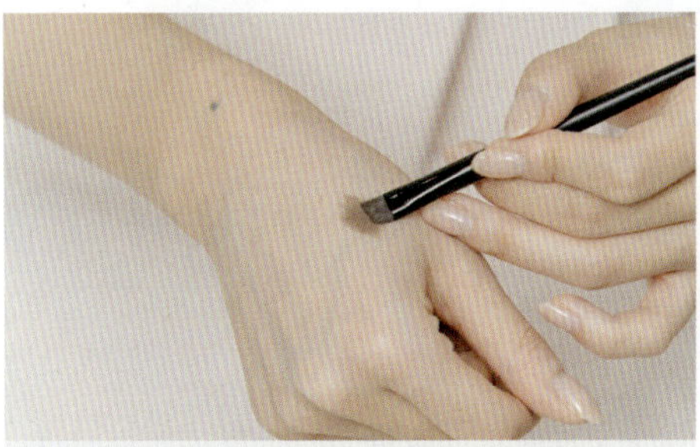

선택한 눈썹색을 손등에 잘 섞는다.

눈썹 모양에 따라 아이브로 케이크를 바른다.

눈썹 손질하기

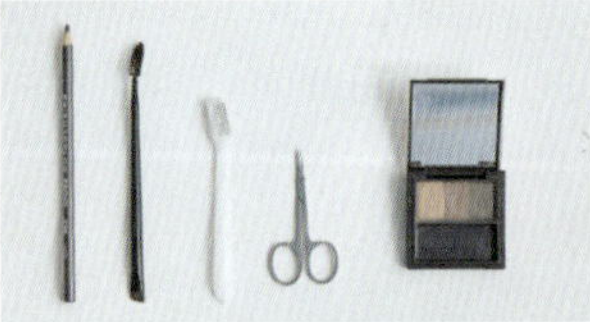

알코올로 눈썹 칼과 눈썹 가위 등을 소독한다.

눈썹결을 따라 빗는다.

눈썹머리에서 눈썹산을 향해 그린다.

눈썹산 정점을 지나면 눈썹을 꺾어 그린다.

콧방울에서 눈초리 연장선 끝까지 그려 준다.

눈썹의 두께는 눈썹이 가장 많이 난 부분의 폭을 기준으로 삼는다.

눈썹 빗을 이용하여 눈썹선 위아래로 삐져나온 눈썹을 정리한다.

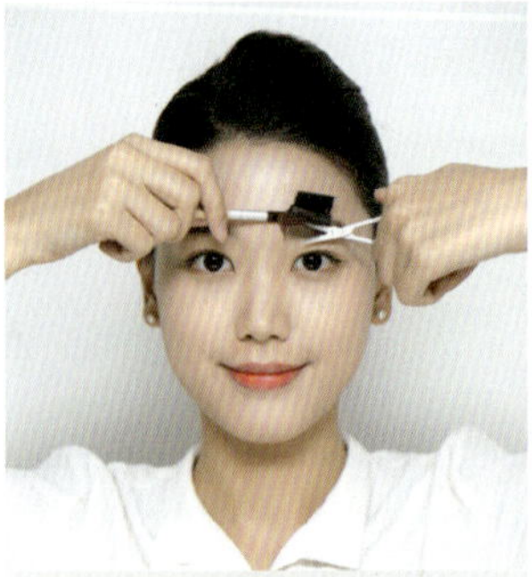

그래도 삐져나온 부위를 눈썹 가위로 잘라 낸다.

빗을 수평으로 뉘여 밖으로 나온 긴 눈썹을 잘라 길이를 조절한다.

눈썹 정리 후 눈두덩이의 잔여 눈썹가닥을 눈썹 면도칼로 면도한다.

2. 아이섀도(Eye Shadow)와 아이라인(Eye Line)

기능

- 선의 길이와 두께로 눈매를 변화시켜 눈 모양을 수정 · 보완한다.
- 눈매를 좀 더 선명하고 또렷하게 표현할 수 있다.

아이섀도 메이크업 기본

- 아이섀도 색상은 착용한 의상의 색상과 T.P.O.에 어울리는 것으로 선택한다.
- 기본 3색을 활용한다 : 기본색(Base Color), 음영색(Shadow Color), 가장 밝은 색(High-light Color).
- 주로 산호, 핑크, 라일락, 브론즈나 브라운 컬러를 그러데이션하여 층지게 하거나 레이어링(Layering)으로 색채를 겹쳐 표현한다.
- 눈 길이의 2/3를 중심으로 상하좌우로 바르고 강조할 부위는 여러 번 덧바른다.
- 컬러의 경계선이 생기지 않도록 손가락이나 브러시로 펴 주고 눈 밖으로 나가지 않게 발라 준다.
- 섀도 포인트에 따라 이미지가 달라진다.
  - 눈 앞머리 : 올라간 눈에 효과적이다.
  - 눈 중앙 : 눈을 둥글게 보이게 하므로 눈매가 날카로운 사람에게 어울린다.
  - 눈꼬리 쪽 : 가장 일반적인 방법으로 처진 눈에 특히 효과적이며, 밝고 세련된 이미지를 연출한다.

아이라인 메이크업 기본

- 아이섀도 후에 아이라인을 그리는 것이 일반적이다.
- 펜슬로 아이라인을 그린다. 최대한 점막에 가깝게, 원하는 모양으로 눈꼬리를 뺀 다음 눈 아랫부분과 연결하고 빈 곳을 채운다.
- 속눈썹 사이 점막을 펜슬로 꼼꼼히 메운다.
- 아이라이너를 속눈썹에 최대한 밀착하여 그리고, 꼬리 쪽으로 갈수록 가늘게 그린다.
- 언더라인은 눈초리 쪽 3분의 1 정도만 펜슬로 살짝 그린 뒤, 면봉으로 농담을

조절한다.

- 펜슬 타입은 잘 번지므로 그 위에 섀도를 덧칠하거나 젤 아이라이너, 리퀴드나 케이크 타입으로 한 번 덧대어 칠한다.
- 눈밑을 파우더로 정리한다.
- 리퀴드나 케이크 타입을 수정할 때는 스킨이나 아이리무버를 묻힌 면봉을 이용한다.

눈 부위 명칭과 아이섀도 컬러 위치

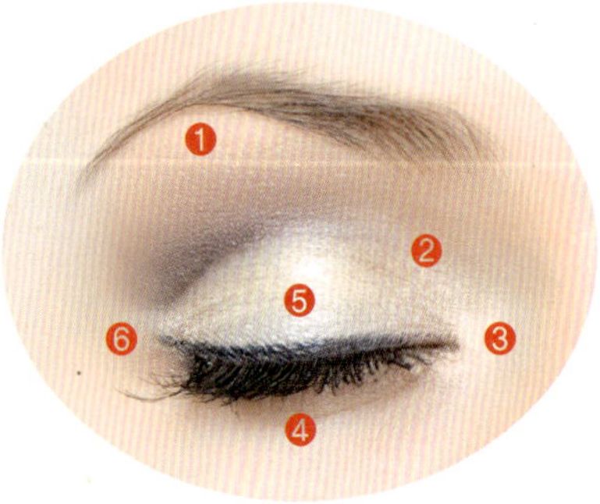

❶ 눈썹뼈
❷ 홀 라인
❸ 눈초리
❹ 언더라인
❺ 눈 중앙
❻ 눈구석

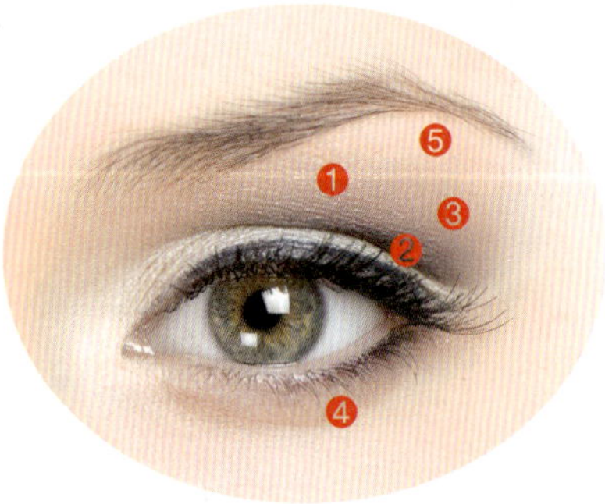

❶ 메인 컬러
❷ 악센트 컬러
❸ 섀도 컬러
❹ 언더 컬러
❺ 하이라이트 컬러

눈 형태에 따라 아이섀도와 아이라인 그리기

<table>
<tr><th>아이섀도</th><th>아이라인</th></tr>
<tr><td colspan="2">
속 쌍꺼풀이 있는 눈[Hidden Folded (Double) Eyelids]</td></tr>
<tr><td>• 위 아이섀도는 눈을 바로 떴을 때 쌍꺼풀 선까지 가장 진한 색을 바른다.
• 그다음 중간색을 넓게 칠해 준다.</td><td>• 위 아이라인 중앙 부분은 매우 굵게 그린다.
• 아래 아이라인은 조금 굵게 그린다.</td></tr>
<tr><td colspan="2">
쌍꺼풀이 있는 눈[Clear Folded (Double) Eyelids]</td></tr>
<tr><td>• 기본 3색으로 쌍꺼풀 선에 음영을 칠한다.
• 그 위에 기본색을 칠한다.
• 눈썹뼈나 눈동자 중앙의 눈두덩 부분에 가장 밝은색을 칠한다.</td><td>속눈썹에 가깝도록 전체적으로 자연스럽게 그린다.</td></tr>
<tr><td colspan="2">
눈초리가 올라간 눈[Cat Eyes, Raised Tail]</td></tr>
<tr><td>• 눈꼬리 부분에 동공과 평행한 일직선을 그어 언더라인을 그린다.
• 라인 위쪽에 생기는 삼각형 부분은 아이섀도를 블렌딩하여 메워 준다.</td><td>• 위 라인은 눈구석부터 시작하여, 속눈썹을 따라 자연스럽게 그리다가 눈초리에서 흐리게 그린다. 아래 라인은 눈초리 부분을 넓고 짙게 그린다.
• 눈꼬리 부분에 동공과 평행한 일직선을 그어 언더라인을 그린다.</td></tr>
</table>

<table>
<tr><th>아이섀도</th><th>아이라인</th></tr>
<tr><td colspan="2">
눈초리가 처진 눈[For Droopy Eyes]</td></tr>
<tr><td>눈꼬리 위부분에 포인트를 주고 아래는 거의 하지 않는다.</td><td>속눈썹 라인을 따라 그대로 그리다가 눈초리 부분에서 위 라인은 약간 치켜올려 넓고 짙게 그리고 아래 라인은 눈 앞머리 쪽을 약간 강하게 그린다.</td></tr>
<tr><td colspan="2">
크고 동그란 눈[Big And Round Eyes]</td></tr>
<tr><td>연한 색상으로 자연스럽게 그러데이션한다.</td><td>• 굳이 아이라인을 강조하지 않아도 된다.
• 펜슬 타입의 아이라이너로 눈구석부터 눈초리까지 가늘고 약간 길게 자연스럽게 그린다.</td></tr>
<tr><td colspan="2">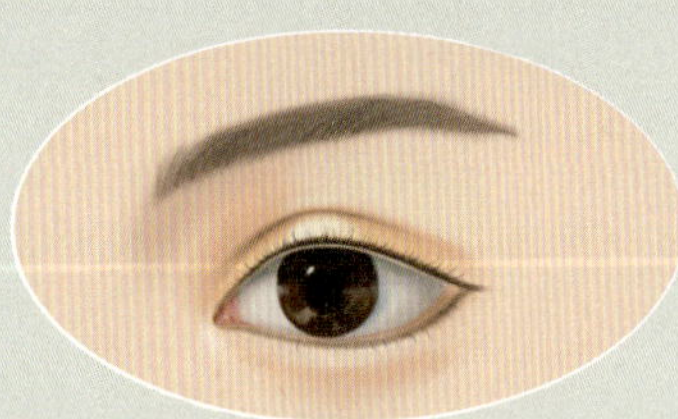
움푹 들어간 눈[Deep Set Eyes (Sunken Eyelids)]</td></tr>
<tr><td>밝은 색상이나 펄이 들어간 섀도를 펴 바르고 중앙에는 하이라이트 색상을 바른다.</td><td>• 위 라인과 아래 라인을 가늘고 자연스럽게 그린다.
• 속눈썹 안쪽에 화이트 컬러로 아이라인을 그려 주는 것도 좋다.</td></tr>
</table>

<table>
<tr><th>아이섀도</th><th>아이라인</th></tr>
<tr><td colspan="2">
부은 눈(눈이 튀어나왔음)[Eyes With Puffy Eyelids]</td></tr>
<tr><td>• 블랙이나 짙은 색상의 언더라인을 그린 후 같은 계열의 아이섀도로 그러데이션한다.
• 점막 부분을 위아래로 연결하여 눈에 깊이감을 준다.
• 눈초리 부분의 포인트를 약간 위로 잡아준다.</td><td>• 위 라인은 속눈썹을 따라 얇게 그린다.
• 눈초리 쪽을 조금 굵게 그려 시각적 효과를 준다.</td></tr>
<tr><td colspan="2">
가늘고 작은 눈[Thin And Small Eyes]</td></tr>
<tr><td>눈꼬리 쪽에 진한 색상으로 포인트를 크게 잡는다.</td><td>• 아이라인을 굵고 진하게 그려 눈의 윤곽을 뚜렷하게 한다.
• 위 라인과 아래 라인이 만나지 않도록 그린다.</td></tr>
<tr><td colspan="2">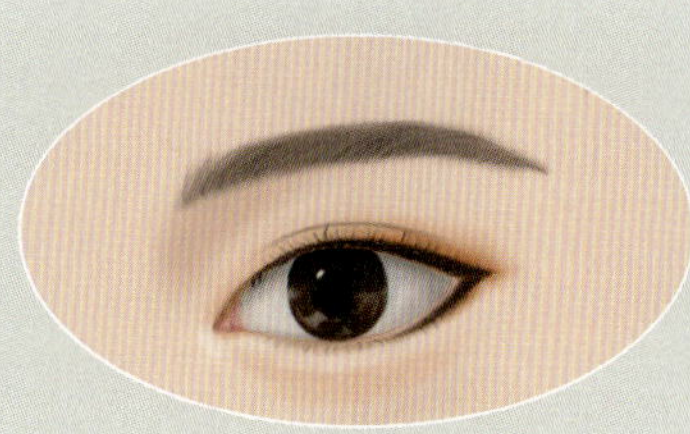
미간이 좁은 눈[When Eyes Are Closed In (Narrow Space Between The Eyes)]</td></tr>
<tr><td>눈꼬리 쪽에 진한 색상으로 포인트를 준다.</td><td>• 눈초리 쪽을 강조하여 그린다.
• 언더라인을 눈밑 전체에 그리지 않고 끝부분 1/3 정도만 눈꼬리를 빼서 위 라인과 만나도록 연결하여 강조한다.</td></tr>
</table>

<table>
<tr><th>아이섀도</th><th>아이라인</th></tr>
<tr><td colspan="2">
미간이 먼 눈[When Eyes Are Far Apart (Widespace Between The Eyes)]</td></tr>
<tr><td>눈의 앞머리 쪽에 포인트를 준다.</td><td>• 눈구석 쪽을 강하게 그린다.
• 펜슬이나 젤 아이라이너로 눈 앞쪽 트임을 1mm 정도 바깥쪽으로 빼 준다.</td></tr>
<tr><td colspan="2">
눈가가 어둡거나 작은 눈[Small And Shadowed Eyes]</td></tr>
<tr><td>• 위쪽 라인 위로 은은한 펄이 들어간 아이섀도를 펴 바른다.
• 언더라인에는 화이트 펜슬이나 아이섀도를 바른다.</td><td>• 위 라인은 블랙 라이너로 그려 눈을 크게 보이게 한다.
• 언더라인은 화이트 펜슬로 점막을 메워 시원하고 맑게 보이게 한다.</td></tr>
<tr><td colspan="2">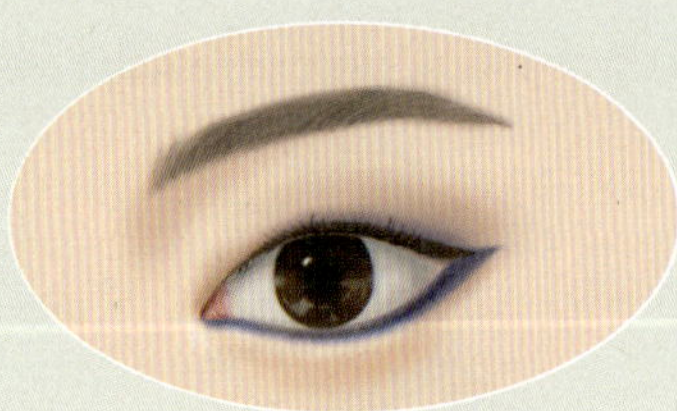
컬러 언더라인[Different Colors For Underline]</td></tr>
<tr><td>눈이 충혈되었을 때 블루나 퍼플로 언더라인을 그리면 눈이 맑아 보인다.</td><td>• 이국적이고 감각적인 느낌을 준다.
• 컬러 렌즈를 낀 것처럼 보이기도 한다.</td></tr>
</table>

실습

내게 어울리는 아이섀도와 아이라인 컬러 찾기

3장 '색상 이미지'의 〈실습 : 내 퍼스널 컬러 찾기〉 활동을 통해 찾은 자신의 컬러를 바탕으로 다음의 사계절 색상 중 자신에게 어울리는 아이섀도와 아이라인 컬러를 찾아보세요.

3. 마스카라(Mascara)

기능

- 눈의 표정을 풍성하게 해 준다.
- 눈매를 또렷하게 해 준다.

마스카라 사용법

- 아이래시 컬러로 속눈썹을 뿌리 → 중간 → 끝 세 단계로 나누어 컬을 준 뒤 마스카라를 바른다.
- 마스카라는 먼저 위 → 아래로 바른 뒤, 아래 → 위로 지그재그로 발라 주어 고정한다.
- 눈 아랫부분에는 솔을 세워 바른다.
- 아래 속눈썹은 마스카라 솔을 세워서 좌 → 우로 살짝 발라 준다.
- 풍성하게 강조하고 싶을 때는 여러 번 덧발라 두께감을 준다.
- 어느 정도 말았을 때, 검지 손가락을 'ㄱ'자로 구부려 속눈썹 아랫부분을 받쳐 준다. 이 동작은 컬링 효과를 높이고, 잔여물이 묻어 나와 번짐도 방지한다.

4. 립 메이크업(Lip Make-up)

특징

- 입술은 우리 얼굴에서 이미지를 결정하는 중요한 부위이다.
- 가장 움직임이 많고 표피가 얇은 부위이다.
- 색이나 질감, 형태, 그리는 방법에 따라 다양한 이미지 연출이 가능하다.

기능

- 다양한 색상을 이용하여 얼굴에 이미지를 부여한다.
- 입술 형태를 수정함으로써 완벽한 이미지 연출을 돕는다.
- 입술 화장은 윤곽을 살려 주고 색감을 주어 얼굴 표정을 한층 매력 있게 만든다.
- 외부 자극으로부터 입술을 보호하고 건강한 혈색을 표현한다.

입술 메이크업 기본

- 파운데이션을 입술까지 바른 후 파우더를 바른다.
- 립스틱을 바르기 전에 파우더로 다시 정리하고, 입술 수정이 필요한 경우 립라이너를 이용한다.
- 입술을 그린 후 립스틱과 립라이너의 경계가 생기지 않게 립브러시로 립라이너 부분까지 펴 바른다.
- 티슈를 살짝 물어 입술 안쪽을 고르고 깨끗하게 해 준다.
- 진한 립스틱의 경우 립스틱을 바른 다음 티슈로 전체를 찍어 낸 후 파우더를 바르고 그 위에 립스틱을 한 번 더 발라 주어 립 컬러가 오래 지속되게 한다.

입술 부위 명칭

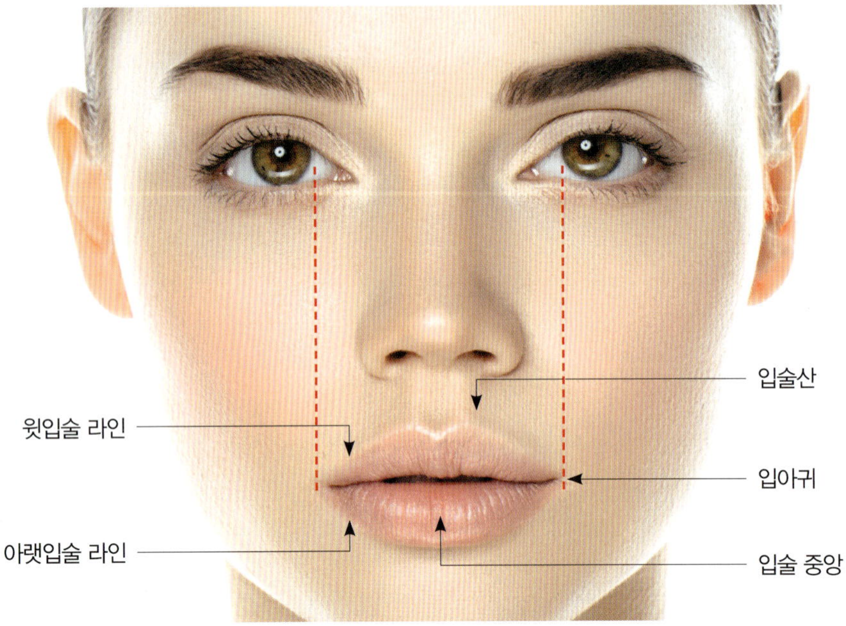

CoffeeAndMilk / iStock / Getty Images Plus

5. 볼 터치 메이크업(Cheek Make-up)

기능

- 얼굴색 보정과 얼굴형 교정에 도움이 된다.
- 얼굴에 혈색을 주어 화사함과 건강미를 표현한다.
- 눈과 입술을 자연스럽게 조화시킨다.
- 윤곽을 수정하고 음영을 주어 얼굴에 입체감을 부여한다. 이로써 평면적인 얼굴이 입체적으로 보이고 작아 보이게 하는 효과가 있다.

볼 터치 메이크업 기본

- 장방형 : 가로나 눈동자 밑에 동그랗게 그린다.
- 둥근형 : 사선으로 샤프하게 갸름해 보이도록 입꼬리를 향해 그린다.
- 각진 형 : 귀에서 안쪽으로 부채꼴 모양으로 턱 끝을 향하여 그린다.
- 역삼각형 : 코끝으로 그린다.
- 마름모형 : 볼 뼈를 중심으로 블러셔를 해 준다.
- 컬러는 연브라운, 산호색, 연핑크, 오렌지색이 좋다.

- 핑크 계열 : 귀엽고 여성스럽다.
- 오렌지 계열 : 신선하고 생동감 있는 발랄한 이미지와 활력 있는 스포츠와 여행에 어울린다.
- 브라운 계열 : 도시적이고 세련되고 차분한 이미지에 어울린다.
- 블러셔를 과하게 하면 화장 전체가 촌스러워지니 너무 인위적이지 않게 한다.
- 브러시는 섀딩 브러시보다 작은 사이즈로 한다.

볼 터치 부위

볼 터치 위치는 검은 눈동자를 지나는 수직선과 콧방울을 지나는 수평선이 만나는 지점의 바깥쪽이다.

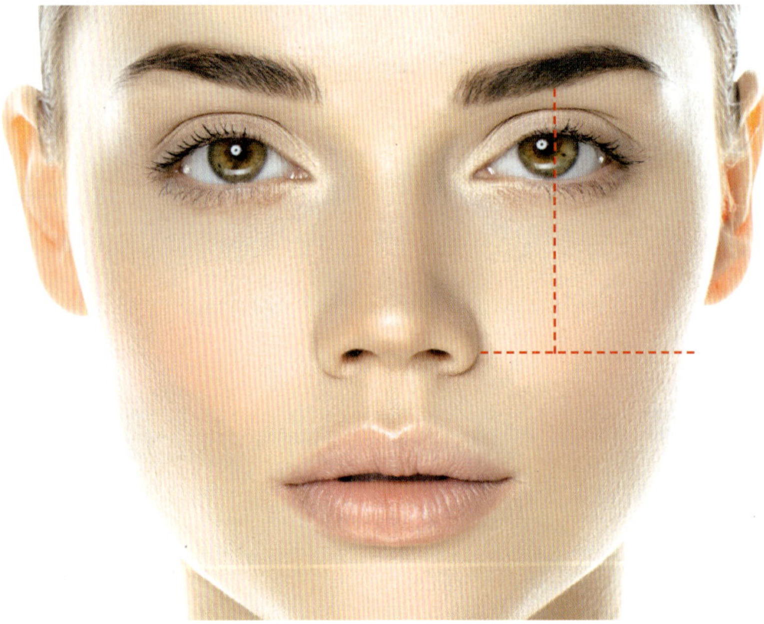

CoffeeAndMilk / iStock / Getty Images Plus

06

메이크업 완성

1. 자연스러운 메이크업

자연스러운 메이크업을 하려면 피부톤 표현이 중요하다. 피부톤은 베이스 컬러를 잘 선택해야 하는데 파운데이션 선택이 어려우므로 여러 가지 색상을 시험해 보고 적절한 색을 혼합해 사용해도 좋다. 피부가 창백하고 혈색이 없어 보이면 핑크빛이 도는 파운데이션을 선택한다.

- 립스틱은 핑크 계열이나 오렌지 계열로 피부의 칙칙함을 보완한다. 베이지와 브라운 계열은 붉은 피부에 자연스럽다.
- 눈썹은 에보니 펜슬과 브라운 섀도로 눈썹 중간(진하게)부터 끝으로 모아지게 칠해 준다.
- 눈 부위는 2~3가지 색상으로 은은하게 표현하되 아름답게 보이게 하고 얼굴 표정이 풍부하고 생기 있게 보이게 한다.
- 눈썹 앞머리는 연한 베이지로 코벽까지 자연스럽게 칠하고, 아이보리 섀도를 눈두덩이에 바른다. 그다음 연한 펄 산호색이나 핑크 베이지로 쌍꺼풀 부위에 아몬드나 반달 모양으로 펴 바른다. 그 후 갈색 아이라이너를 그려 준다.
- 다크서클이나 미세한 잡티는 컨실러로 보완한 후 파우더 브러시로 얼굴에 가볍게 파우더를 칠한다.
- 얼굴선을 작게 보이게 하려면 음영 팩트로 헤어라인에서 귀 안쪽으로, 귀밑에서 턱선까지 크게 3자로 터치해 준다.

아이브로 1

아이브로 2

베이스 섀도

언더 섀도

아이라인

마스카라 1

마스카라 2

립라인

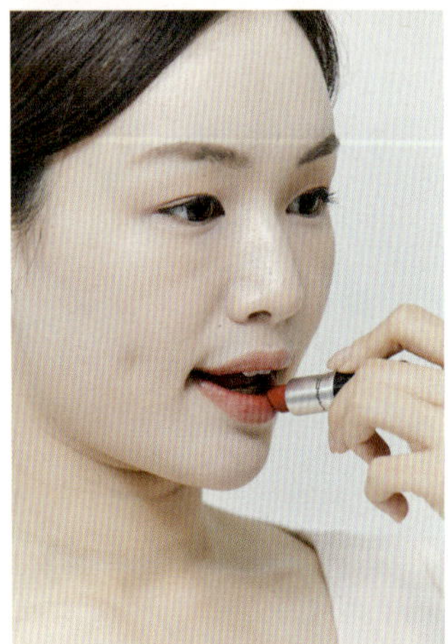
립스틱

블러셔

하이라이트

셰이딩

메이크업 완성

2. 면접 메이크업

- 전체적으로 편안하고 스마트한 인상을 주도록 한다.
- 너무 튀지 않게, 연하게 화장하고 입체 화장은 하지 않는다.
- 눈썹은 브라운보다 회갈색으로 중간 두께의 아치형으로 부드럽게 그린다.
- 펄이 들어가거나 매우 반짝거리거나 번들거리는 화장은 피한다.
- 파운데이션 후에는 파우더로 마무리한다.
- 아이섀도는 베이지, 브라운, 산호색을 주조색으로 하고 포인트 컬러는 조금만 바른다.
- 인조 눈썹 대신 마스카라로 눈썹을 풍성하게 표현한다.
- 블러셔는 산호색이나 피부톤에 따라 연한 주홍빛으로 칠한다.
- T존이나 Y존은 펄감이 없는 연한 베이지 등으로 터치한다.
- 립스틱은 아이섀도와 같은 계열로 하되 핑크 베이지 정도가 적당하다.

세안

스킨

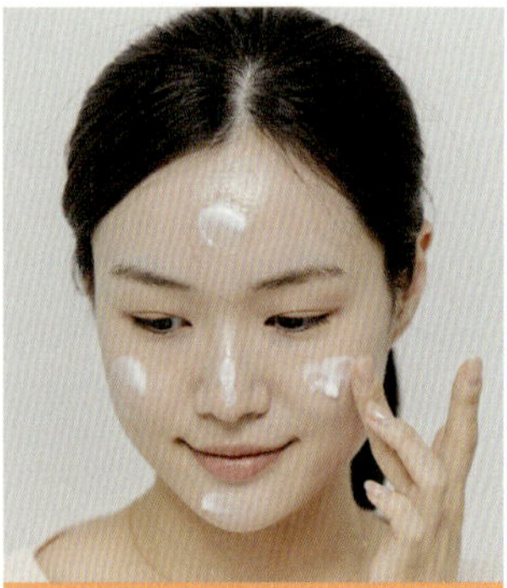
로션

메이크업 베이스

파운데이션

콤팩트

3. 서비스 전문인으로서의 항공 객실 승무원 메이크업

- 항공 객실 승무원은 출퇴근이나 해외 체재 시에도 서비인의 화장을 해야 한다.
- 서비스인은 산뜻하고 생기 있는 모습이 필수이므로 입술 화장에 각별히 신경을 쓴다.
- 입술에 파운데이션을 소량 바르고 립스틱을 바른다.
- 내추럴한 붉은 계열의 립스틱으로 활기를 주는 것이 좋다.
- 눈꼬리나 입꼬리는 끝이 살짝 올라가듯 그린다.
- 입술은 트지 않게 평소에 립밤이나 입술 보호제로 잘 관리한다.
- 너무 글로시하거나 펄이 들어간 립스틱은 피한다.
- 파운데이션은 하루 종일 지속되는 것으로 선택한다.
- 파우더를 바르고 나서 마지막에 하이라이터로 터치하여 밝은 표정을 만들되 너무 과한 입체 화장은 하지 않는다.
- 색조보다는 아이라인이나 마스카라에 신경을 더 쓴다.

실습

T.P.O.에 따른 내 메이크업 완성

■ 나의 평상시 메이크업 완성 (빈 상자에 자기 사진을 붙여 주세요.)

단정하고 건강하고 밝고 화사하게 보이도록	➡	

■ 나의 면접 메이크업 완성 (빈 상자에 자기 사진을 붙여 주세요.)

■ 나의 승무원 메이크업 완성 (빈 상자에 자기 사진을 붙여 주세요.)

07

모발 및 헤어 관리

헤어 스타일은 작은 변화로도 큰 이미지 변화를 만들어 내기 때문에 중요한 외적 이미지메이킹 요소이다. 적절한 헤어 스타일 관리는 아름답고 세련되어 보이도록 외적 이미지를 향상하는 효과가 있으며 서비스인으로서 필수적인 단정함과 신뢰감도 부여한다.

항공 객실 승무원의 경우에는 긴 머리는 단정하게 묶어 미세망과 U자핀으로 고정하는 업 스타일 헤어두를 선호한다. 짧은 머리는 옷깃에 닿지 않을 정도의 길이로 관리하고, 헤어 드라이로 볼륨감을 주어 우아하고 여성스러운 단발머리 이미지를 연출한다. 그리고 긴 머리와 짧은 머리는 모두 스프레이나 젤 등으로 잔머리를 고정하여 항상 단정하고 깔끔한 상태를 유지해야 한다.

일반적으로 헤어 스타일의 관리는 전문가의 도움을 받는 경우가 많다. 특별한 날 업 스타일 헤어두를 위해 헤어숍을 찾는 경우가 그 예이다. 그러나 항공 객실 승무원은 비행마다 전문적인 헤어 스타일을 직접 연출해야 하므로 평상시 헤어 관리 및 스타일 연출 방법을 잘 알고 있어야 한다.

1. 두피 관리

- 자신의 두피에 맞는 샴푸와 컨디셔너로 머리를 세정하여 깔끔하게 관리한다.
- 스프레이나 젤 등으로 헤어를 고정하는 스타일링을 한 경우에는 미지근한 물에 충분히 헹궈서 제품을 씻어낸 후 샴푸를 하는 것이 효과적이다.
- 항공 객실 승무원의 경우 건조한 기내 환경에서 근무하게 되므로 모발이 건조해질 수 있다. 따라서 트리트먼트 제품을 사용하여 수분과 영양을 공급해 주는 것이 좋다.
- 머리를 감은 경우에는 모발과 두피를 충분히 말리는 것이 좋고 드라이기를 사용할 경우에는 모발에 드라이기가 직접 닿지 않도록 적정 거리를 두고 사용하도록 한다.
- 스프레이나 젤 등의 헤어 제품은 두피에 직접 닿지 않도록 주의하여 모발 끝에서부터 사용한다.

2. 염색

- 새치 등 흰 머리는 자신에게 어울리는 자연스러운 갈색이나 검은색으로 염색하여 관리한다.
- 항공 객실 승무원은 지나치게 튀는 색깔보다는 피부색에 어울리는 자연스러운 갈색이나 검은색으로 염색하는 것이 단정한 유니폼 이미지에도 어울린다.
- 염색 후 건조해진 모발은 보습과 영양 관리를 하여 손상을 최소화한다. 새로 자라는 모발과 염색한 모발의 차이가 4cm 이상 나지 않도록 재염색을 하여 고른 머리 컬러를 유지한다. 새치는 1cm 이상 나지 않도록 한다.

3. 긴 머리 관리

- 항공 객실 승무원은 항공사의 규정에 맞게 업 스타일로 깔끔하고 단정하게 연출한다.
- 머리 길이가 매우 길 경우 업 스타일 연출 시 머리망으로 고정하기 어려울 수

있으므로 적절한 길이로 잘라 관리한다.

- 머리를 묶기 전에 빗질을 잘 하여 엉키지 않도록 하고, 고무줄로 묶을 때는 단단히 묶어야 시간이 지나도 헤어 스타일이 계속 유지될 수 있다.
- 단정한 헤어 스타일을 유지하기 위해 스프레이나 젤 등을 활용하여 흘러 내려오는 머리를 잘 고정하도록 한다.
- 스프레이나 젤 등의 제품을 사용한 경우 빗질을 하게 되면 머리에 자국이 남거나 모발이 갈라지거나 헤어 스타일이 망가질 수 있으므로 유의한다.
- 미세망으로 머리를 말아 올리는 경우 망이 한쪽으로 뭉치지 않도록 유의하여 U자 형태의 핀으로 잘 고정해 준다.
- 실핀을 이용하여 잔머리를 고정할 수 있으나 2개 정도 사용하는 것이 적절하며 너무 많은 실핀을 사용하면 오히려 단정해 보이지 않을 수 있으므로 주의한다.

4. 단발머리 관리

- 단발머리는 상대적으로 머리를 묶거나 스프레이 등 제품을 다량 사용해야 하는 긴 머리보다는 모발 손상이 적으나 드라이기의 뜨거운 열 등으로 모발 끝이 건조해지고 갈라질 수 있으므로 주의 깊은 관리가 필요하다.
- 옷깃에 머리카락이 닿지 않도록 단정하게 잘라 길이를 유지하되, 너무 짧은 커트 스타일은 유니폼 이미지에 적합하지 않으므로 적절한 길이로 자른다.
- 비행 근무 시에는 머리가 흘러 내려오지 않도록 머리띠나 귀 뒤로 머리를 넘겨

고정하여 서비스 시 머리를 자꾸 만지는 습관이 생기지 않도록 유의한다.

- 드라이기와 롤 빗으로 머리 끝을 안쪽으로 동그랗게 말고 두피 쪽은 볼륨 있게 빗질하여 전체적으로 우아하고 여성스러워 보이도록 연출한다.
- 비행기 내에서 휴식을 취하는 경우 헤어롤을 사용하여 머리의 볼륨이 가라앉는 것을 방지할 수 있다.

08

헤어 스타일

누구나 한 번쯤 다른 사람의 헤어 스타일을 보고 예쁘고 멋져서 따라 했다가 자신에게 어울리지 않아 후회한 적이 있을 것이다. 그만큼 헤어 스타일은 자신의 얼굴 특성을 먼저 이해한 후 이미지를 변화시켜야 장점을 극대화하고 단점은 보완할 수 있는 효과를 얻게 된다. 특히 항공 객실 승무원의 업 스타일 헤어는 얼굴형 전체를 다 드러내므로 자신에게 맞게 연출할 수 있도록 노력하지 않으면 어색한 모습으로 자신감이 떨어질 수 있다. 그럼 먼저 다양한 얼굴형의 이미지를 살펴보고 그에 어울리는 헤어 스타일을 알아보도록 하자.

1. 얼굴형과 헤어 스타일

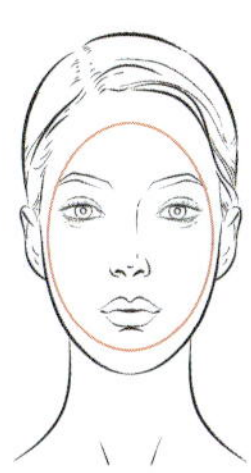
타원형

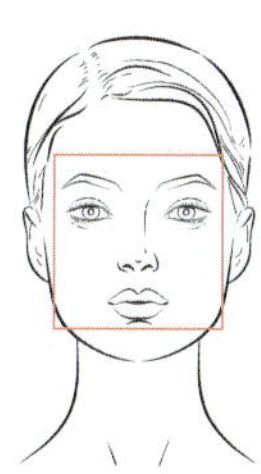
정사각형

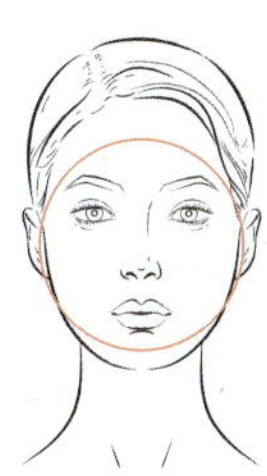
둥근형

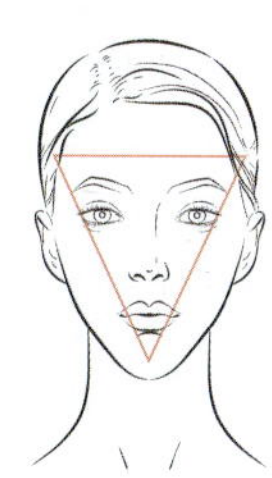
역삼각형

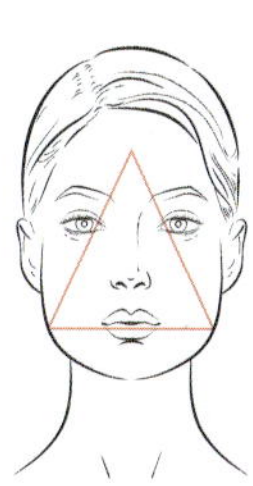
삼각형

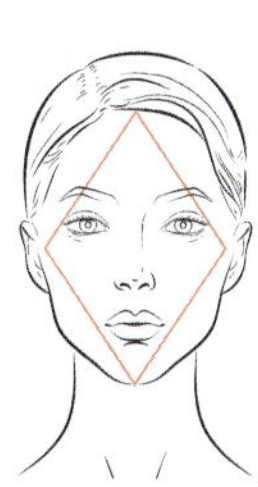
마름모형

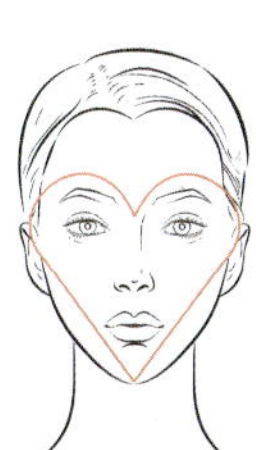
하트형

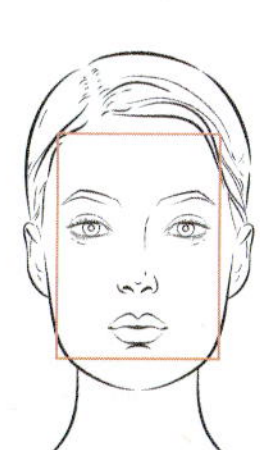
직사각형

그림에서 살펴본 것처럼 얼굴형은 헤어 라인부터 시작하여 옆 광대와 아래턱 라인이 조합하여 만들어 내는 형태이다. 따라서 헤어 스타일의 변화를 통해 헤어 라인에 변화를 줄 수 있으며, 옆 광대나 아래턱 등을 가림으로써 전체적으로 얼굴형이 달라 보이는 효과를 낼 수 있다.

다음 내용에서 얼굴형에 맞게 헤어 이미지에 변화를 준 경우를 살펴본 후, 자신의 얼굴형을 분석하고 그에 맞는 헤어 이미지를 생각해 보자.

2. 얼굴형에 따른 업 스타일 연출

항공 객실 승무원은 자신의 얼굴형에 맞는 자연스러운 업 스타일 헤어두를 연출해야 한다. 특히 자신에게 맞는 헤어 라인을 찾는 것이 중요한데, 얼굴형은 가르마를 타지 않고 뒤로 다 넘기는 일명 올백 스타일에서 더 잘 드러난다. 그러므로 업 스타일을 하기 전에 빗질을 충분히 하여 자신에게 어울리는 헤어 라인을 먼저 만들어 보자. 그리고 다음 사진처럼 자신의 얼굴 비율을 분석한 후 어울리는 헤어 스타일을 연출해 보자.

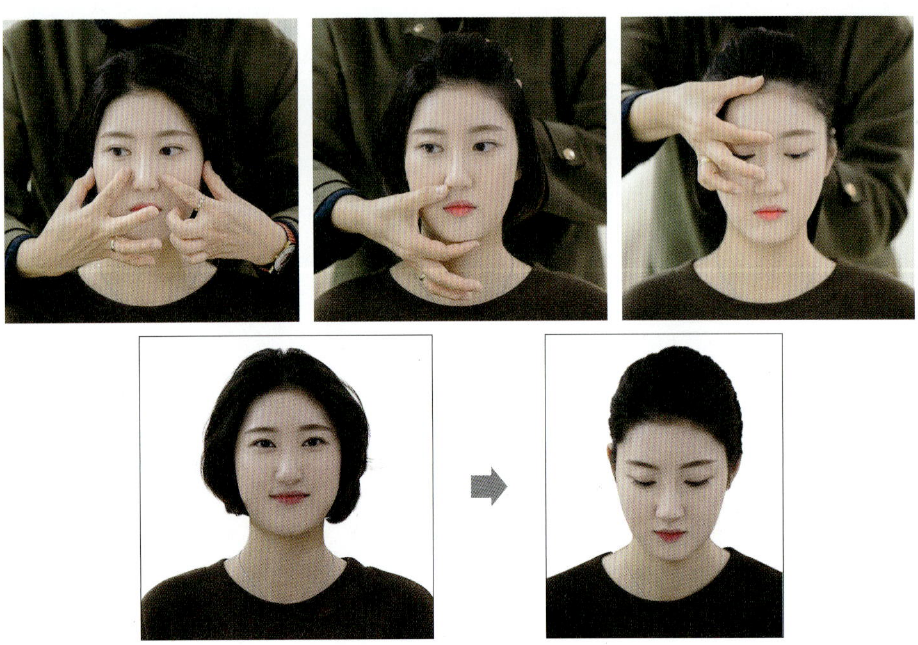

얼굴형에 따른 헤어두 연출 방법

1) 이마가 좁고 얼굴이 긴 형

이 경우 머리로 이마를 덮으면 답답해 보일 수 있고 얼굴이 더 길어 보이기도 한다. 볼륨이 적절하지 않은 경우 얼굴이 늘어져 보일 수도 있다. 전체적으로 머리를 위로 쓸어 올려 이마를 드러낸다. 이때 가르마를 정중앙에서 살짝 비켜서 넓은 면은 사선으로 빗어 끌어 올리고 다른 면은 직각으로 끌어 올린다. 머리에 붙지 않도록 옆머리와 윗머리를 모두 둥글게 볼륨을 주어 연출하면 더욱 부드럽고 여성스러운 이미지를 연출할 수 있다.

2) 달걀형

- 얼굴 윤곽과 비율이 이상형으로 간주된다.
- 다른 얼굴형을 수정하기 위한 기본 얼굴형이다.
- 어떤 헤어 스타일이든 소화할 수 있다. ☞ 단, 안경, 코의 길이와 옆얼굴 모양을 고려하지 않을 때에 한해 가능하다.

3) 장방형

- 턱의 사각 라인을 갸름하게 보이도록 한다.
- 앞머리의 일자형 뱅 머리는 얼굴을 더 각져 보이게 한다.
- 옆머리를 귀와 평행하게 빗고 윗머리는 사선으로 쓸어 올려 빗는다.

4) 사각형

- 강한 인상을 부드러운 이미지로 만들어 주도록 한다.
- 긴 헤어 스타일이 잘 어울리고 굵은 웨이브로 얼굴 시작 부분을 커버한다.
- 앞머리를 사선으로 부드럽게 내린다.
- 옆머리는 살짝 안으로 말리도록 하여 강한 턱선을 감싸거나 층지게 잘라 주어 사각턱을 가린다. 이때 사각턱 끝선 길이가 좋다.
- 자연스러운 색상으로 강한 인상을 부드럽게 한다.

5) 마름모형

- 볼에 살이 있어 귀엽고 온화한 느낌을 준다.
- 윗머리의 볼륨은 살리고 귀 옆머리는 최대한 머리에 붙인다.
- 가르마는 정중앙에서 비켜 살짝 옆으로 쓸어서 올려 빗고 다른 면은 얼굴선을 따라 머리카락 몇 가닥을 내린다.
- 짧은 머리일 경우 웨이브보다는 스트레이트형 보브 스타일이 둥근 얼굴을 보완한다.
- 앞머리가 일자로 잘린 뱅 스타일은 피한다.

6) 직사각형

- 얼굴 길이가 두드러지지 않게 연출한다.
- 앞머리는 사선으로 짧게 내려 준다.
- 양옆은 귀 뒤로 넘기거나 관자놀이부터 볼륨을 넣어 스타일 하부에서 풍성하게 무게감을 주거나 안으로 말아 턱선으로 머리를 휘어지게 하여 각진 턱선을 부드럽게 해 준다.
- 머리 위 앞쪽에 볼륨을 준 스타일, 스트레이트 롱 스타일, 묶은 머리와 이마를 드러내는 스타일은 피하는 것이 좋다.

7) 오각형

• 광대뼈가 매우 넓으며 턱선이 뾰족하게 보이므로 정수리 부분에 볼륨을 주어 뾰족한 턱선이 달걀형으로 보이는 착시가 일어나도록 한다.
• 광대뼈 쪽에서 머리카락을 얼굴 면에 붙이듯 유지하여 계란형 얼굴처럼 보이게 한다.

8) 하트형

• 헤어 라인에 의해 가르마를 기준으로 이마 양쪽에 대칭되는 하트나 M자가 생기는 형태로 얼굴 세로선이 짧아 보일 수 있다.
• 머리 윗부분은 볼륨을 많이 주지 않아도 자연스럽고 귀여운 느낌으로 연출이 가능하다.
• 얼굴이 짧아 보일 경우 가르마를 정중앙에서 2/3 정도 위치로 옮겨 사전으로 빗어 올리고 머리 위 뒷부분에 볼륨을 준다.
• 옆머리는 볼륨감을 주기보다 얼굴에 붙이는 것이 더 세련된 느낌을 준다.
• 헤어 라인을 억지로 가리려고 하기보다 자연스럽게 드러내는 것이 더 매력적으로 보일 수 있다.
• M자는 가운데 머리카락이 난 부분을 가려 주는 것이 포인트이다.

9) 역삼각형

- 턱이 뾰족해서 도회적이지만 날카로운 느낌, 또는 그와 반대로 빈약한 느낌을 줄 수도 있다.
- 이마를 드러내어 시원하게 연출할 수 있다. 이때 머리 길이가 너무 길어 더부룩하게 보이지 않도록 길이를 잘 조절한다.
- 앞머리를 내릴 경우 이마의 양각을 가리듯 가볍게 내리고 정중앙 가르마는 피한다.
- 옆머리에 웨이브를 넣어서 볼륨감을 만들고 모발 끝을 둥글게 연출한다.
- 앞머리를 일자로 자르면 역삼각형 얼굴이 강조되므로 주의한다.

09

항공 객실 승무원의 헤어두

1. 항공 객실 규정

항공사별로 항공 객실 승무원의 헤어두(Hair-do) 관련 규정은 다르다. 그러나 공통적으로 항상 청결하고 단정한 이미지를 연출하여 신뢰감을 줄 수 있도록 하고 있는데, 이는 특히 식음료 서비스 시 이물질 유입을 사전에 예방하기 위한 규정이기도 하다. 다음 규정은 K 항공사의 것을 바탕으로 한다.

1) Long Hair 규정

- 미세망과 U자핀 등을 이용하여 업 스타일을 단정하게 연출해야 한다.
- 헤어 스프레이로 머리형을 고정한 후 헤어핀을 규정에 맞게 착용해야 한다.

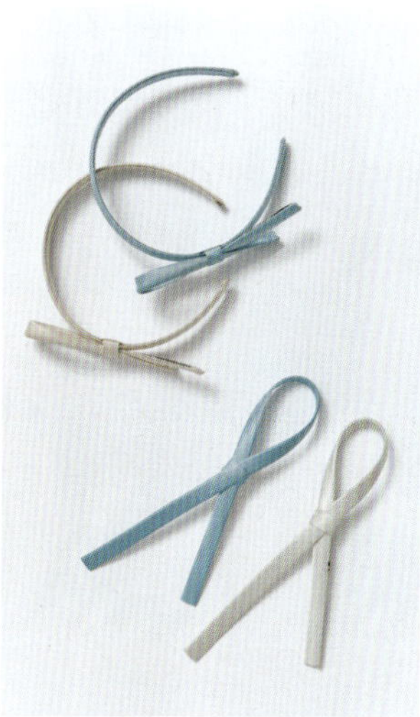

액세서리 규정 : 헤어핀

- 헤어핀은 헤어망 바로 위에 위치해야 한다.
- 매듭은 왼쪽으로 오게 한다.
- 헤어두는 단단하게 고정시킨다.
- 그 어떤 헤어 액세서리도 달지 않는다.

2) 단발머리 및 커트 스타일 규정

- 드라이기로 머릿결을 단정히 하고 고정한다.
- 머리 길이를 객실 서비스 규정에 따라 옷깃에 닿지 않게 유지한다.

액세서리 규정 : 헤어밴드, 헤어핀

- 헤어밴드 또는 헤어핀을 사용한다.
- 헤어밴드의 리본은 스카프의 매듭과 반대에 위치한다.
- 앞머리는 눈썹을 덮지 않도록 한다.
- 제공되는 액세서리 외의 핀은 허용되지 않는다.

2. 항공 객실 승무원 헤어두 연출 시 유의 사항

헤어두 연출 시 시간적 여유를 충분히 두고 정면 이미지뿐만 아니라 옆모습과 뒷모습까지 고려하여 가장 최선의 이미지를 만들어야 한다. 단발머리의 경우 장시간 비행에도 변함없이 볼륨감을 유지할 수 있도록 헤어두 연출 시 모근쪽 헤어를 충분히 빗어 주고 드라이기를 이용하여 평상시보다 볼륨을 더 풍성하게 연출해야 한다.

긴 머리의 경우에는 머리를 단단히 묶어 흘러 내려오지 않도록 잘 고정하고 스프레이를 충분히 뿌려 장시간 비행 중에도 깔끔한 이미지를 유지하도록 한다. 승무원 휴식 시간 후에는 흘러 내려온 머리를 스프레이 등으로 단정하게 다시 고정해야 한다.

3. 헤어두 실습

앞서 배운 내용을 토대로 항공 객실 승무원의 올림머리(업 스타일)를 시연해 본다. 처음에는 생소하고 어렵게 느껴지지만 여러 번 반복하면 자신에게 가장 잘 어울리는 모습을 직접 만들 수 있다. 우선 조별로 아래 실습 용품을 준비한다.

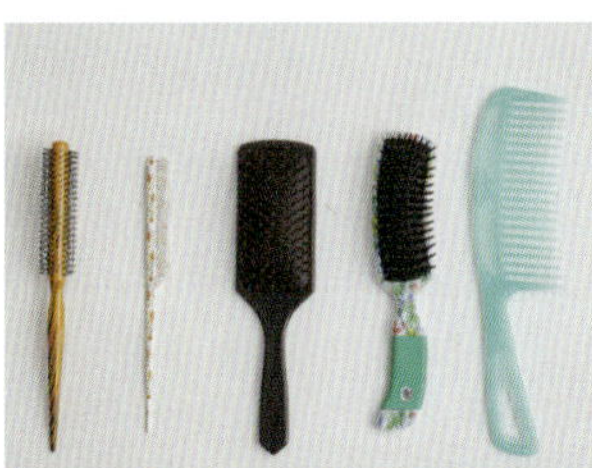

빗(도끼빗, 브러시, 꼬리빗)

헤어 젤, 스프레이

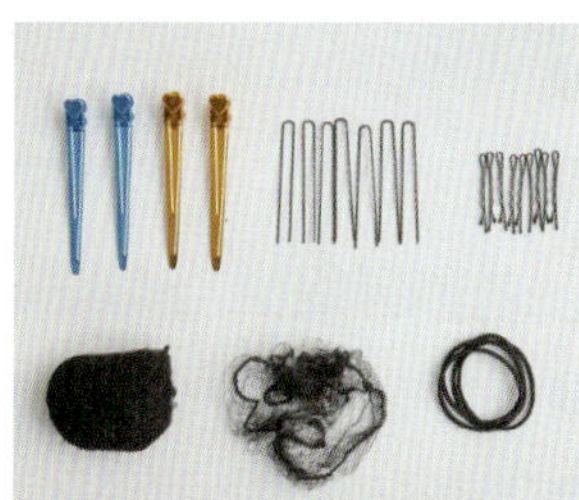

집게핀, 실핀, U자핀, 머리끈, 머리망

❶ 검은색 고무줄로 머리를 단단히 묶은 후 미세망으로 감싸기 전에 빗질을 잘 해 주어 엉키지 않게 한다.

❷ 미세망이 움직이지 않도록 U자핀으로 망과 머리 뒤쪽 부분을 고정한다.

❸ 미세망에 넣은 머리 모양이 찌그러지거나 지나치게 크지 않도록 잘 말아 올린다(태극 문양 연출).

❹ U자핀으로 말아 올린 머리를 고정하되 미세망이 찢어지지 않도록 유의한다.

❺ 잔머리가 나오지 않도록 스프레이나 젤 등으로 고정하고 실핀으로 잔머리를 고정할 때는 2개 정도가 적당하다.

헤어두 실습 전후 내 모습 비교

헤어두 실습 전후의 모습을 비교해 보고 실습 소감을 정리해 보세요.

■ 헤어두 실습 전 내 모습(Before)

■ 헤어두 실습 후 내 모습(After)

MANNERS & IMAGE MAKING

CHAPTER_ 5

패션 이미지

01 복장 이해

02 복장 연출의 효과

03 직장인의 패션 이미지 연출

04 대학생 및 예비 직장인의 복장 매너

05 항공 객실 승무원 복장(유니폼)

01

복장 이해

첫인상을 결정하는 중요한 요소인 패션 이미지를 형성하는 복장의 의미와 복장을 잘 갖춰 입는 방법을 알아본다. 복장을 잘 갖추려면 우선 청결하고 단정해야 한다. 단정하고 깔끔한 복장은 대인관계를 맺기 전에 준비된 마음가짐을 표현하고 긍정적인 이미지를 주어 호감도를 높이며 상대에 대한 신뢰 형성에도 유익하다.

패션 이미지는 집단의 기분이나 분위기를 나타내므로 T.P.O.(Time, Place, Occasion)에 맞게 복장을 갖추어 예를 표한다. 집단 구성원들 간에 건강하고 원만한 풍토를 조성하며 업무를 효율화하여 조직의 목표를 이루는 데 도움이 된다.

더불어 복장의 기본 원리와 자신의 체형을 이해하여 결점은 보완하고 장점은 살리는 의상 코디를 할 수 있어야 한다. T.P.O.에 맞는 적절한 의상을 선택하는 방법과 마지막으로 항공 객실 승무원의 바른 유니폼 착용에 대해 알아본다.

복장의 의미

- 복장은 '나'를 표현하는 수단이다.
- 구색을 갖춘 복장은 호감도를 높여 이미지 향상에 도움이 된다.
- 사회생활에서 예를 지키는 한 방법이다.

복장의 기본

- 청결 : 몸과 복장을 깨끗하게 하는 것이 단정한 용모의 첫 단추라고 할 수 있다.
- 단정 : 복장으로 신뢰감을 주려면 지나치게 화려한 의상이나 액세서리는 피하고 정갈한 옷차림을 한다.
- 조화 : 업무에 적합하면서 개성도 살리는 복장을 선택하되, T.P.O.에 맞게 조화를 이루는 것이 무엇보다 중요하다.

조화로운 복장

- 긍정적 이미지 부여
- 대인관계 신뢰 형성
- 사회생활 예의
- '나'의 표현
- 업무 성과 향상

복장 체크포인트

- 청결, 단정, 조화
- Time/Occasion/Place

02

복장 연출의 효과

패션 이미지로서 복장을 연출하려면 첫째, 복장에 영향을 주는 색상, 옷감, 무늬, 디자인 등의 특성과 기능을 이해해야 한다. 둘째, 체형을 진단하여 장점은 부각하고 단점은 보완하는 복장을 선택해야 한다. 셋째, 활동하기에 편해야 한다.

1. 색을 응용한 효과

사계절 색상과 자신에게 어울리는 컬러에 맞게 착용할 복장의 색상을 선택한다. 또 복장을 착용한 순간 밝고 화사하며 산뜻한 느낌이 나는 것으로 선택한다.

사계절 색상 타입

2. 선을 응용한 효과

1) 선의 분할 효과

- 선은 시각적 요소로 의복의 색상, 실루엣, 디자인, 디테일 등의 모든 면면에 나타난다.
- 선의 위치, 형태, 방향, 굵기, 길이에 따라 복장이 주는 이미지가 달라진다.
- 세로(수직)선과 가로(수평)선의 분할 효과가 다르다.

뮐러 라이어 착시 응용

2) 선의 효과

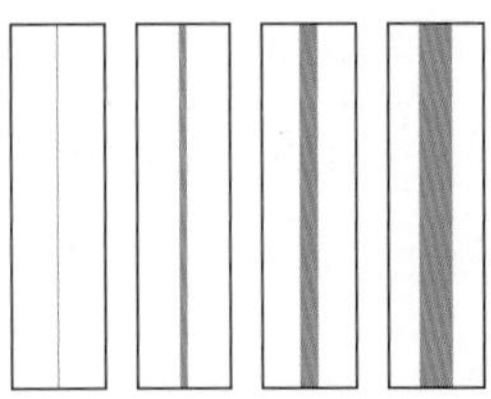	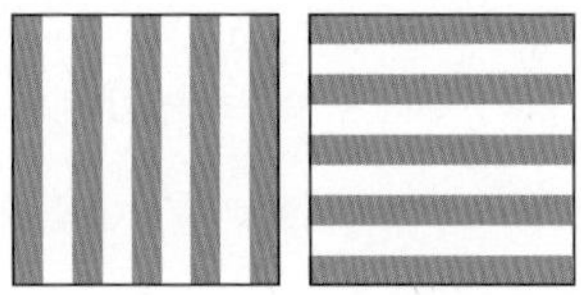 A B	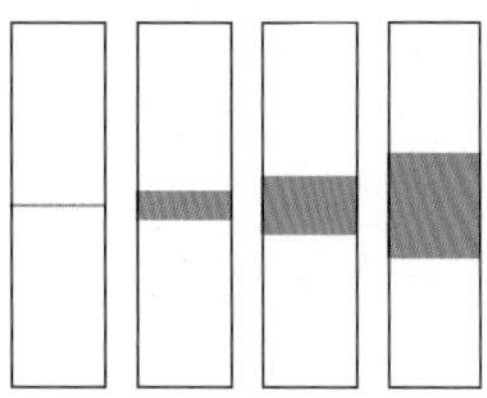
세로선의 폭이 넓어지면 '선'보다는 '면'이 강화되어 실제 길이보다 더 짧아 보인다. (폭이 넓은 수직 줄무늬는 체형이 이상적인 사람이 입어야 한다.)	폭이 같은 줄무늬이지만 A 세로선이 줄무늬 폭이 더 넓어 보이고 B 가로선이 더 길어 보인다.	세로선이 넓어지면 전체 '폭'이 더 넓어지는 것처럼 보인다.
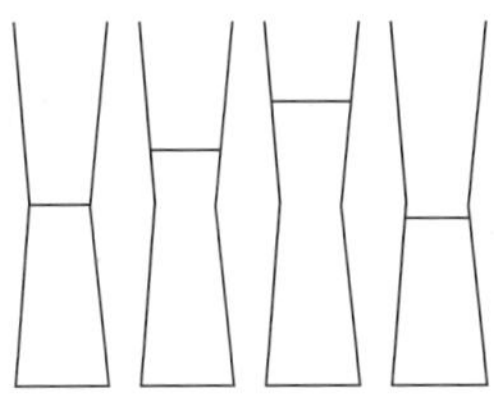	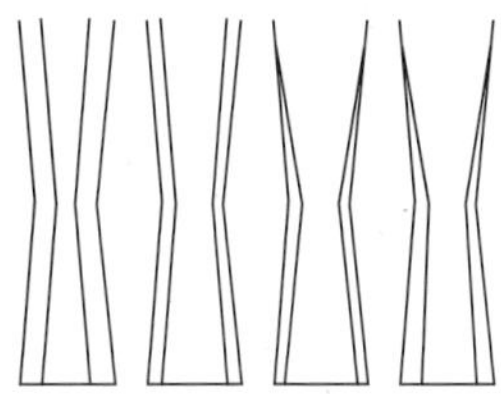	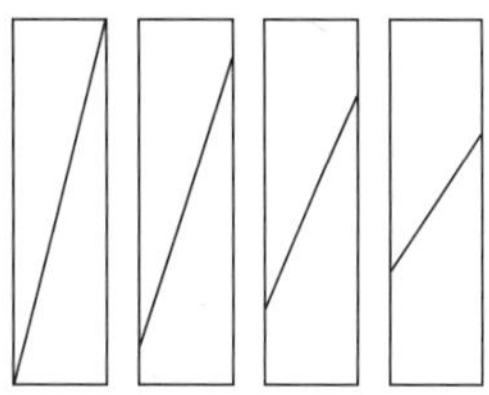
허리선 위치가 올라가면 하체가 더 길게 느껴진다.	어깨선에서 시작한 프린세스 라인이 더 길게 보인다.	사선의 경사가 급할수록 길이가 더 길어 보이고 '폭'은 더 좁아 보인다.

3. 소재를 응용한 효과

1) 옷 소재

첫째, 드레이프성(Drapability)이 좋아야 한다. 드레이프성은 옷의 수직성, 중량감, 입체감을 의미하는데 드레이프성이 좋은 의복은 고상하고 우아하며 날씬해 보인다. 또 몸이 움직일 때마다 자연스럽다.

둘째, 적절한 직물의 무게(Weight)를 지녀야 한다. 가벼운 옷은 몸에 달라붙지 않아야 하며 라이크라가 함유된 옷은 좀 더 날씬하게 보인다.

셋째, 직물의 질감(Texture)을 만져 본다. 질감은 옷을 짜는 방식이나 빛을 반사하는 특성 등이 상이하며 이에 따라 연출하는 분위기가 달라지므로 직물에 대한 감각도 익히도록 한다.

2) 직물 감별

직물은 천연 섬유, 재생 섬유, 합성 섬유로 분류한다. 천연 섬유에는 견, 모, 마, 면이 있고 재생 섬유는 레이온, 합성 섬유는 폴리에스테르가 대표적이다. 또 기존 섬유를 응용한 신소재로 레이온의 리오셀(대표 제품은 텐셀)이, 합성 섬유의 탁텔 멀티 소프트(Tactel Multi Soft), 마의 모스마(Mosma), 모의 미모사(Mimosa), 견의 아이포모(Aifomo) 등이 있다. 그 외 고급 실크 같은 기능의 PCP, 가볍고 내구성이 우수하며 특수한 탄성이 있어 속옷이나 수영복, 팬티스타킹에 사용되는 스판덱스(대표 제품은 라이크라) 등이 개발되었다.

3) 직물 종류와 특성

직물명	직물의 실물 모습	특성과 용도
개버딘 (Gaberdine)		• 소모사와 면사로 날실을 씨실보다 두 배 정도 촘촘하게 능직하여 만든다. • 코트, 슈트, 재킷, 스커트, 팬츠용 옷감이다.
저지 (Jersey)		• 소모사, 면 · 견 · 레이온, 혼방 등의 소재로 만든다. • 티셔츠나 드레스에 적합하고 레이어드룩에도 효과적이다.
벨벳 (Velvet)		• 견, 레이온, 아세테이트, 나일론 등으로 표면에 곱고 짧은 털이 촘촘히 돋게 짠 비단이다. • 비로드, 우단으로도 불린다.
모슬린 (Mousseline)		• 면, 견, 레이온 등으로 짠 얇고 깔깔한 편직물이다. 바스락거리는 얇은 시폰과 비슷하다. • 여성용 드레스나 블라우스, 모자 등에 사용된다.
샤르뫼즈 (Charmeuse)		• 강연사와 크레이프사를 사용하여 경수자식으로 짠다. • 촉감이 부드럽고 매끄러우며 중간 정도의 광택이 있다. • 드레스나 팬츠 등에 사용된다. 실크 샤르뫼즈는 재킷 속의 블라우스나 캐미솔, 스카프용으로 적당하다.
서지 (Serge)		• 주로 소모사로 능직으로 짠다. • 잘 구겨지지 않고 내구성이 좋아 학생복에 좋다. • 여성복과 남성복 슈트, 재킷, 팬츠의 소재로 많이 사용된다.
크레이프 (Crape)		• 강연사를 평직하여 겉면의 잔주름을 잡은 직물이다. • 신축성과 드레이프성이 좋아 구김이 덜 간다. • 울, 실크, 레이온을 합성한 섬유가 드레이프성이 좋고 스타일도 훌륭해 블라우스, 속옷 등에 사용된다.
트위드 (Tweed)		• 비교적 굵은 양모로 평직이나 능직으로 짠 다음, 축융, 기모 등의 방법으로 가공하여 만든다. • 코트, 슈트 재킷용으로 주로 사용된다.
홈스펀 (Homespun)		• 양털로 된 굵은 방모사로 손이나 방적 기계로 짠 모직물이다. • 여성복과 남성복의 재킷에 주로 사용된다.

☞ 소모사 : 방적 공정을 거쳐 길고 품질이 좋은 양털 섬유를 꼬아 만든 실
강연사 : 단위 길이당 많이 꼬아 만든 실
편직 : 실로 뜨개질한 것처럼 짜는 직조 방법
능직 : 날실과 씨실을 엮어 무늬가 비스듬한 방향으로 도드라지게 짜는 직조 방법

4) 직물 무늬

직물 무늬는 '입는 사람'의 나이, 개성, 체형을 고려한 후 의복을 직접 입어 보고 잘 어울리는 것으로 선택하는 것이 좋다. 무늬가 크면 활기차고 대담한 이미지를, 무늬가 작으면 우아한 이미지를 준다. 키가 작고 마른 사람은 잔잔한 무늬가 어울리고, 키가 크고 체격이 큰 사람은 대담하고 큰 무늬가 어울린다.

☞ 비만인 사람은 큰 체크무늬나 복잡한 무늬를 피한다.

헤링본(Herringbone)

트윌(Twill)

플레이드(Plaid)

셰퍼드(Shepherd) 체크

타탄(Tatan) 체크

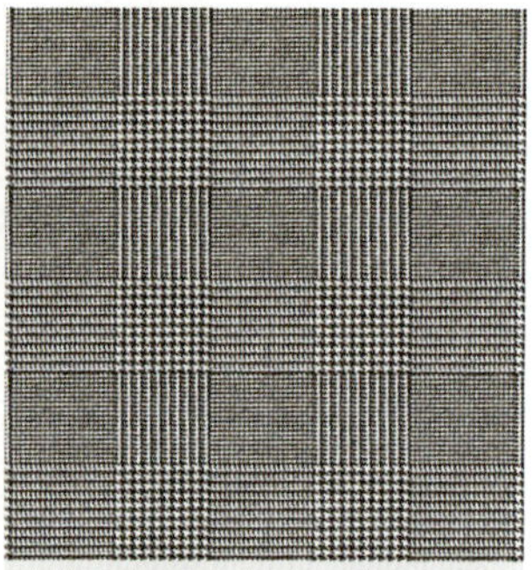
글렌(Glen) 체크

핀 스트라이프

스트라이프

하운즈투스(Houndstooth)

4. 비율을 응용한 효과

- 재킷이나 카디건 등 상의의 길이가 길면 짧은 스커트가 어울리고, 상의의 길이가 짧으면 긴 스커트가 어울린다.
- 키가 작은 사람이 너무 긴 재킷을 입으면 더 작아 보이고 키 큰 사람이 너무 짧은 재킷을 입으면 오히려 어린아이처럼 보일 수 있다.
- 마찬가지로 바닥에 닿을 듯한 긴 코트와 긴 스커트는 '입은 사람'의 키를 더 작아 보이게 한다.
- 키에 따라 상의와 하의의 길이, 옷의 총길이에서 허리선의 위치, 단추의 간격과 크기, 포켓의 위치와 크기 등을 고려한다.
- 허리가 짧은 사람은 긴 재킷을 입고 허리가 긴 사람은 짧은 재킷을 입어 신체의 허리 부분을 강조한다.

  ☞ 황금 분할(1:1.618)에 따라 5:8, 8:5로 보일 때 시각적으로 더 안정되어 보인다.

5. 체형 진단을 통한 효과

- 가장 기본적인 속옷만 입은 채 전신 거울 앞에 똑바로 서서 자신의 체형을 진단한다.
- 인체의 불균형이나 장단점을 살펴 체형을 파악한다.
- 황금 분할에 따른 비율과 비교하여 체형을 파악한다.
- 체형에 따른 어울리는 복장을 연출한다.

1) 체형에 따른 복장 선택

- 체형이 가냘픈 사람은 무늬가 크거나 어깨 부위가 넓은 옷을 입으면 옷에 눌리는 듯한 느낌을 준다.
- 체격이 큰 사람은 귀여운 형태의 무늬나 모양의 옷을 입으면 유치해 보인다.
- 펄럭거리는 긴 스커트나 아코디언 주름으로 끝나는 바지는 키를 작아 보이게 한다. 무릎을 덮는 폭이 좁은 스커트나 신발과 조화를 이루는 바지는 키를 커 보이게 하는 효과가 있다.

• 가로줄 무늬나 가슴 부위에 달린 주머니는 옆으로 퍼져 보이게 한다. 상체가 넓은 사람은 조심해서 입어야 한다.

체형		체형의 특징	어울리는 복장
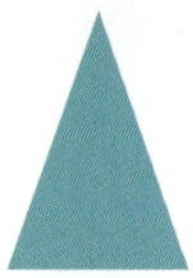	삼각형	상체보다 하체가 큰 체형(라인의 포인트가 시선을 위로 향하게 한다.)	넓은 어깨의 상의 A라인, 플레어 스커트
	역삼각형	하체보다 상체가 큰 체형(라인의 포인트가 시선을 아래로 향하게 한다.)	타이트한 상의 플레어 · 개더 스커트나 바지
	모래시계형	상체와 하체는 크지만 허리가 가는 체형	신체 가운데를 보충하고 상하 부피감을 줄인다. 폭이 넓은 허리벨트
	이상형	상체와 하체가 중간 정도의 크기이고 허리도 비교적 가는 체형	어느 옷이나 어울린다.
	직사각형	상체와 하체가 거의 일직선인 체형	허리선을 강조한다. 시선의 포인트가 중앙에 오게 한다.
	타원형	신체의 모든 부분이 둥근 체형	허리를 강조한다. 라인의 포인트가 직선과 사선에 오게 한다. 시선이 얼굴로 가게 한다.
	상체가 긴 체형	상체가 길고 다리가 짧은 체형	하이웨이스트 스커트 레이어드룩으로 안에는 길게 밖은 짧게 겹쳐 입는다.
	하체가 긴 체형	상체가 짧고 다리가 긴 체형	스탠딩 칼라, 깊은 V넥, 엉덩이까지 내려오는 상의 로웨이스트 하의

2) 여성의 체형별 착용법

키가 크고 뚱뚱한 체형	키가 작고 뚱뚱한 체형
• 약간 피트한 스타일의 옷 • 부피감이 작게 느껴지는 소재나 매끄러운 느낌의 소재가 좋다. • 부드러운 파스텔톤이나 자잘한 무늬 또는 진한 단색을 선택한다. • 상반신을 작게, 하반신을 풍성하게 보이게 한다. • 여성적인 실루엣을 드러내는 니트, 카디건 세트, 실크 블라우스 등이 좋다.	• 단순한 디자인이 좋으며 부피감 없이 심플한 디자인을 선택한다. • 차가운 계열의 어두운 색상이 좋다. • 상반신은 밝은색으로 강조, 하반신은 늘씬해 보이는 바지나 밑으로 갈수록 좁아지는 항아리 치마로 상반신보다 좁아 보이게 한다. • 구두, 스타킹까지 동색 계열로 통일하면 키가 커 보인다.
키가 크고 마른 체형	**키가 작고 마른 체형**
• 어떤 옷이든 잘 어울린다. • 너무 말라 보이지 않도록 유의한다. • 하의보다 상의를 밝게 입어 역삼각형 실루엣을 연출하는 것이 좋다. • V 네크라인은 피하고 부드러운 라운드나 터틀넥의 옷을 입도록 한다.	• 무겁거나 늘어지는 소재 혹은 큰 무늬는 체형을 더 작고 말라 보이게 하므로 피한다. • 몸에 꼭 맞는 어두운 계열의 원피스는 왜소하고 초라해 보이므로 피한다. • 귀엽고 여성스러운 이미지를 최대한 강조한다. • 상반신을 짧게 입고 소매나 치마, 바지 등으로 여유 있는 실루엣을 만드는 것이 좋다.

3) 남성의 체형별 착용법

키가 크고 마른 체형	키가 작고 마른 체형
• 깃과 어깨가 넓은 것을 선택한다. • 각진 어깨선을 강조하는 슈트가 적당하다. • 스리 피스(Three Piece)도 무난하다. • 너무 헐렁하게 입으면 오히려 말라 보인다.	• 밝은색, 감청이나 중간톤의 회색이 좋다. • 줄무늬를 살린 패턴을 선택한다. • 헐렁하게 입으면 더 왜소해 보인다. • 체크무늬, 바지 커프스(Cuffs)는 피한다.
체격이 큰 체형	**비만 체형**
• 무늬 없는 짙은 회색 슈트를 선택한다. • 어깨선이 일직선으로 딱 떨어지는 상의를 입는다. • 아래로 갈수록 통이 좁아지는 바지가 좋다.	• 뚱뚱한 사람은 커다란 체크무늬를 피한다. (검정, 진감청 같은 짙은 색상의 싱글 정장) • 세로줄 무늬가 좋다.

4) (공통) 체형별 착용법

긴 허리와 짧은 다리 체형	
여성	남성
• 바지보다는 치마가 더 낫다. • 길고 슬림하며 하이웨이스트 스커트를 입는다. • 바지는 하이웨이스트나 플리츠가 들어간 테일러드 팬츠, 스트레이트나 통이 약간 좁은 팬츠, Hip Bone이나 7부, 와이드 팬츠는 주의한다. • 레이어드룩 : 안에 약간 긴 듯한 상의를 입고 그 위에 2.5~5cm 정도 짧은 또 다른 상의를 입는다. • 이때 안과 겉의 색채와 질감에 차이를 두면, 다리가 더 길어 보인다.	• 테이퍼드, 스트레이트 팬츠를 입는다. • 벨트 폭은 3cm 정도가 적당하다. • 벨트 색상은 하의 색상과 같게 한다. • 바짓부리의 턴업스(Turn-ups)는 다리를 짧아 보이게 한다. • 바짓부리가 구두의 2/3를 덮으면 키가 커 보이는 효과가 있다.

짧은 허리와 긴 다리 체형
• 상체를 약간 길어 보이게 연출한다. • 목선에서 곧게 세운 스탠딩 칼라(Standing Collar), 긴 숄(Shawl) 칼라, 깊은 V 네크라인이 들어간 디자인을 활용한다. • 상의를 엉덩이까지 내려오게 입거나 허리선을 3cm 정도 낮춘 로웨이스트(Low Waist) 하의를 입는다. • 벨트 색상을 상의 색상과 일치시킨다. • 셔츠의 단추를 허리선까지 열어 입거나 긴 비즈(Beads) 목걸이, 긴 스카프를 착용한다.

03

직장인의 패션 이미지 연출

직장인에게 복장 자율화가 허용되고 갈수록 간편한 복장을 선호하는 가운데, MZ 세대(밀레니얼 + Z 세대)는 운동복과 일상복을 구분하지 않는 '애슬레저룩'에 큰 관심을 보이며 이를 출근복으로 착용하기도 한다. ☞ 애슬레저룩은 운동(Athletic)과 여가(Leisure)의 합성어로 운동하기에 적합하면서 일상복으로 입기에도 편한 옷차림을 의미한다.

복장 이미지는 긍정적인 영향을 미칠 수도 있으나 잘못 연출할 경우 부정적인 이미지를 주어 오히려 호감도를 떨어뜨리는 요인이 되기도 한다. 실제 직업이나 직장의 특성에 따라 복장의 자율화 효과는 차이가 있다. 'K' 항공사는 일반직 직원들에게 복장 자율화를 허용하였으나 운항과 객실 승무원, 공항 지상 직원은 예외로 하였다. 그럼에도 불구하고 일반 직원들은 주로 세미 캐주얼 정장을 입고 근무한다. 이는 기업 문화와 이미지를 고려한 직원들의 자발적 참여라고 볼 수 있다. 또한 복장은 사회적 예의범절과도 밀접한 관계가 있다. 복장 이미지가 긍정적인 효과를 줄 수도 있으나 타인에게 불편함을 주는 부정적 효과가 있음도 알 수 있다.

다음 내용은 비즈니스 남녀 정장에 관한 내용이다. 정장에 관한 기본 규칙을 이해하고 이를 실생활에 응용하여 자신의 이미지를 한층 더 개선하도록 한다.

1. 남성 패션

남성 비즈니스 정장 요소는 슈트(Suit), 드레스 셔츠(Dress Shirts), 넥타이, 구두와 양말이다.

1) 슈트

- 싱글 정장(Single Suit) : 가장 일반적인 정장 스타일로 단추가 한 줄
- 더블 정장(Double Suit) : 앞 단추가 두 줄, 앞여밈이 겹자락
- 스리 피스(Three Piece) : 재킷에 조끼를 첨가한 정장

2) 드레스 셔츠

- 흰색 또는 옅은 색상이 적절하다.
- 목 단추까지 모두 채운다.
- 팔 길이는 양복 소매 밖으로 1~1.5cm 나오게 한다.
- 화려한 디자인이나 무늬는 지양한다.
- 재킷을 입지 않고 반팔 셔츠를 입는 것은 바른 매너가 아니다.
- 이너웨어를 입지 않는다.

'와이셔츠' 맞는 표현인가요?

와이셔츠란 남성용 드레스 셔츠(Dress Shirts)가 흰색인 것을 보고 흰색 셔츠를 일컫는 'White Shirts'를 일본식으로 발음한 데서 생겨난 잘못된 표현이다. 드레스 셔츠 혹은 남성용 흰색 정장 셔츠 등으로 바르게 표현할 수 있다.

일반적인 셔츠 칼라

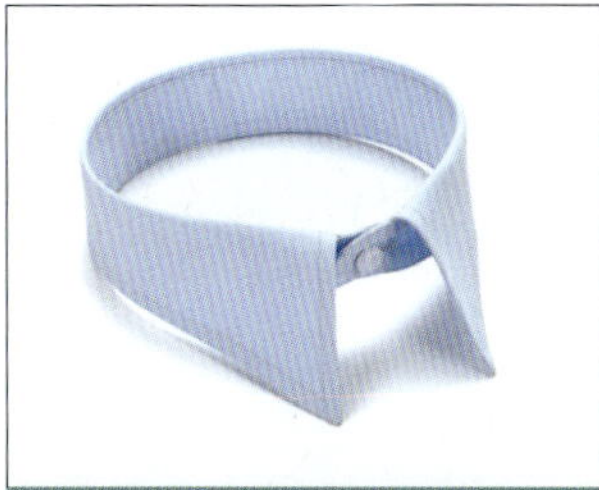	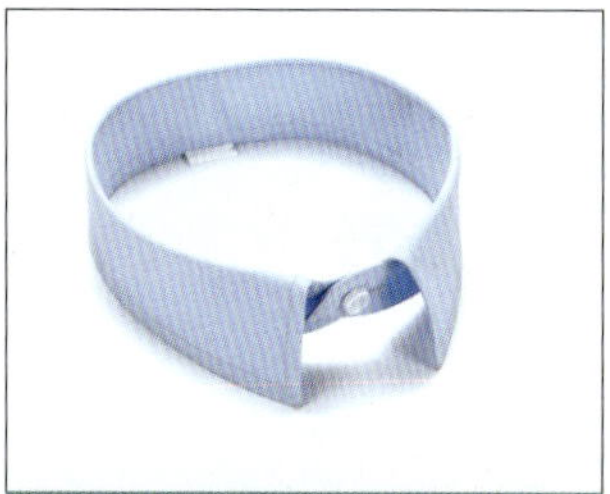	
클래식 칼라	스탠더드(레귤러) 칼라	와이드 (스프레드) 칼라
칼라 끝이 비교적 길고 뾰족하다.	칼라의 벌어진 정도가 좁아 얼굴형이 길어 보일 수 있다.	칼라 양끝이 넓게 벌어져 넥타이 매듭이 올 자리가 넉넉하다.

3) 넥타이

- 넥타이 길이는 벨트를 약간 덮는 정도가 좋다.
- 조끼 착용 시 조끼 밖으로 넥타이가 나오지 않게 한다.
- 넥타이 매듭이 중앙에 오도록 하며 느슨하지 않도록 한다.
- 색은 양복과 동색이나 보색 계열이 좋다.

넥타이 무늬

솔리드 (Solid)	올오버 (All Over)	펜슬 스트라이프 (Pencil Stripe)	도트 (Dot)	페이즐리 (Paisley)
단색이며 어느 자리에나 어울린다.	동식물 또는 기하 문양이 반복되는 것으로 활동적이다.	세련미가 있고 사선 문양이 클수록 효과가 커진다.	물방울 크기가 작을수록 더 얌전해 보인다.	고급스럽다.

넥타이 매듭

- 넥타이의 폭은 유행에 따라 달라진다.
- 재킷의 라펠과 셔츠의 칼라 폭이 넓어지면 넥타이 폭도 넓어진다.
- 드레스 셔츠의 칼라 모양에 따라 좁은 칼라에는 작은 매듭을, 넓은 칼라에는 큰 매듭을 한다.

V존 연출법

- V존이란 재킷, 드레스 셔츠의 칼라, 넥타이의 세 가지 브이형을 말한다.
- 재킷은 어두운 색상이 좋다.
- 타이는 셔츠보다 더 짙은 색상의 것으로 선택한다.
- 타이의 색상은 재킷이나 셔츠와 동색이거나 재킷의 색상과 대비되는 색으로 해도 좋다.
- 재킷, 타이, 셔츠 중 무늬가 있는 것은 하나만 선택하도록 한다.
- 얼굴형에 따라 V존을 조절한다.

4) 벨트

- 색상은 구두 색과 비슷한 계열로 하거나, 상의의 색상이 다를 경우 상의의 색이 배합된 벨트가 세련되어 보인다.
- 지나치게 요란한 버클 장식은 피한다.
- 보통 벨트 구멍은 5개를 뚫고, 사이즈는 셋째에 맞춰 고른다.
- 벨트 폭은 2.5~3.8cm가 적당하다.
- 바지보다 더 진한 톤을 선택한다.

5) 양말

- 양말은 패션 감각을 말해 준다.
- 슈트를 입을 때는 슈트 색에 맞춘다(검은색 슈트에는 검정 양말을, 남색 슈트에는 남색 양말을 신는다).
- 슈트를 입을 때 양말은 종아리 중간까지 오거나 무릎 아래까지 오는 호스(Hose)를 신는 것이 매너이다(목이 지나치게 짧은 것은 피한다).
- 슈트보다 한 톤 더 어두운 색의 양말을 선택한다.
- 정장 착용 시 흰색 양말은 피한다.

양말 선택 예시

구두	바지	양말
검정	진한 남색	진한 남색이나 검은색
검정	회색	회색
갈색	진한 남색	진한 남색
갈색	회색	회색이나 갈색

6) 구두

클래식한 구두

스트레이트 팁 슈즈(Straight Tip, Blucher Shoes)

- 신사 구두를 대표하는 디자인이다.
- 구두코에 가로로 한 줄 바늘땀 장식이나 스티치가 있다.
- 갈색은 슈트를 돋보이게 하는 멋이 있고 검은색은 가장 포멀하여 공식적인 자리에 알맞다.

플레인 토 슈즈(Plain Toe Shoes)

- 가장 전통적이고 기본적인 구두로 17세기 영국 옥스퍼드 대학생들이 부츠에 반대해 신기 시작했다.
- 울 소재 블랙 슈트나 옥스퍼드 셔츠, 체크무늬 재킷 등 세미 캐주얼에 잘 어울린다.

윙팁 슈즈(Wing Tip Shoes)

- 구두코에 W 형태의 재봉선을 클래식 슈즈이다.
- 앞 코의 구멍 장식은 원래 비가 잦은 영국 날씨에 대비한 물 빠짐 용도로 고안되었다.
- 단정한 슈트에는 포인트로, 캐주얼한 데님 팬츠에는 세련된 이미지를 주는 아이템이다.

개성 있는 구두

몽크 스트랩 슈즈(Monk Strap Shoes)

- 끈 없이 한두 줄 스트랩과 금속 버클로 장식한 구두이다.
- 진한 데님 팬츠나 블랙 코듀로이 팬츠 등 세미 캐주얼과 슈트에 모두 잘 어울린다.
- 구두코에 별다른 장식이 없으므로 매끄러운 광택이 나도록 손질해야 한다.

로퍼와 태슬 슬립온 슈즈(Loafer, Tassel Slip-on Shoes)

- 둘 다 끈 없는 캐주얼 구두로 비즈니스 캐주얼에 신을 수 있다.
- '게으른 사람'이란 뜻을 지닌 로퍼는 캐주얼 재킷과 치노(거친 소재의 면직물) 팬츠, 발랄한 체크 재킷과 어울린다.
- 태슬 슬립온은 이탈리아 남자의 상징적인 아이템이며 끈 대신 술이 달렸다.
- 바지 길이를 짧게 해 발목을 드러내 신으면 더욱 멋스럽다.

구두 관리

- 지저분하지 않게 항상 잘 닦는다.
- 뒷굽이 많이 닳은 구두는 신지 않는다.
- 한 켤레 이상의 구두를 장만하여 번갈아 신는다.
- 구두 뒤축을 구겨 신지 않는다.
- 양복의 색깔과 맞춘다(갈색이나 검은색이 보편적이다).

Tinxi / Shutterstock.com

구두의 다양한 연출

7) 코디와 복장 매너

- 평소 몸에 잘 맞는다고 생각한 상표의 의상을 구입한다.
- 색상, 옷감, 무늬 등을 체형에 맞게 선택한다.
- 보수적인 직업 분야는 양복을, 자유 직종에 종사한다면 콤비(소재, 색상, 무늬가 다양함)를 입는다.
- 무릎이 튀어나온 바지는 입지 않는다.
- 밑단을 접지 않은 바지는 구두 뒷굽에 살짝 닿는 길이가 가장 이상적이고, 밑단을 접은 바지는 뒷굽과 발뒤꿈치 중간 사이에 닿는 길이가 적당하다.
- 상의 주머니에는 물건을 넣지 않는다.
- 서 있을 때는 재킷의 단추를 다 잠그는 것이 좋다.
  ☞ 인사를 할 때나 헤어질 때는 반드시 잠근다.
- 자리에 앉을 때는 상의의 단추를 풀어도 된다.
- 재킷은 사무실 안이나 여행 시, 비행기나 전철 안, 혼자 있을 때나 직장 동료들과 함께 있을 때 벗을 수 있다. 상의 탈의는 공적인 자리와 행사 시에는 절대 금물이며, 상담할 때나 레스토랑에서 식사할 때 상의 탈의 여부는 직급이 제일 높은 사람이 결정한다. ☞ 상사나 초대한 주인, 연장자가 결정하고, 서열이나 나이가 같은 경우 여성이 결정한다. 그렇지 않다면 "제가 재킷을 벗어도 괜찮을까요?"라고 물을 수 있다.
  - 반팔 와이셔츠는 근무할 때 입는 옷차림이 아니고 여가시간에 입는 옷이며 절대로 넥타이를 매지 않는다.
  - 반드시 허리에 벨트를 맨다.
  - 시계와 반지는 하나 정도가 적당하다.
  - 안경 착용 시 지나치게 유행을 타는 것은 삼간다.
  - 지정된 명찰은 정위치에 패용한다.

넥타이 매는 법

둘씩 짝을 짓고 아래의 설명을 따라 상대의 넥타이를 매어 주세요.

포인핸드 매듭(Four-in-hand Knot)

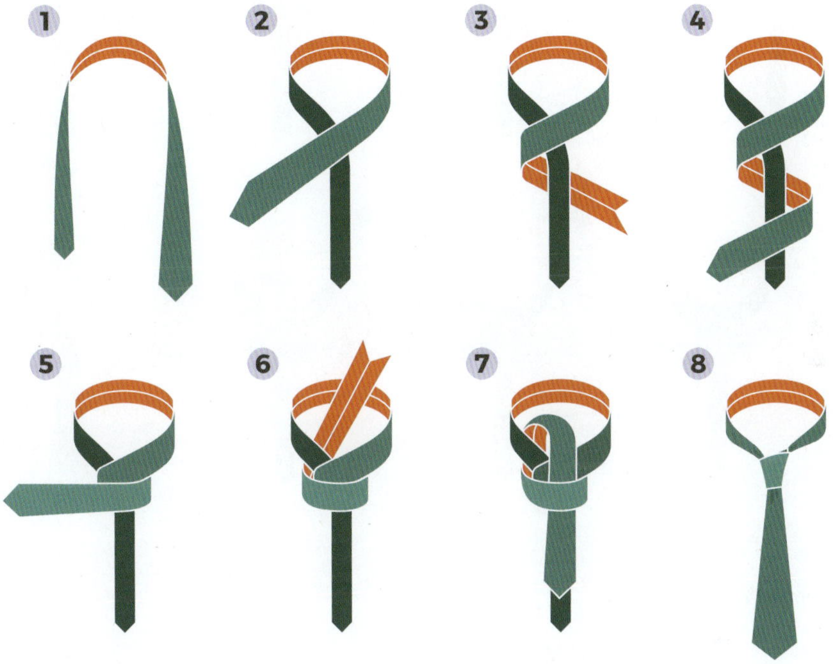

❶ 타이를 오른쪽이 길도록 목에 건다.

❷ 긴 타이를 짧은 타이 위에 X자로 교차시킨다.

❸ 긴 타이를 짧은 타이 아래쪽으로 넣어 반대쪽으로 넘긴다.

❹ 긴 타이를 오른쪽으로 한 바퀴 감는다.

❺ 매듭이 생긴 모습

❻ 긴 타이를 매듭 위, 즉 목 안쪽으로 넣는다.

❼ 긴 타이를 매듭 사이 아래쪽으로 넣은 후 만들어진 매듭을 위로 밀어 올려 타이를 조인다.

❽ 완성된 모습

이번에는 각자 거울을 보면서 다음의 두 방식으로 넥타이를 매어 보세요.

하프 윈저 매듭(Half Windsor Knot)

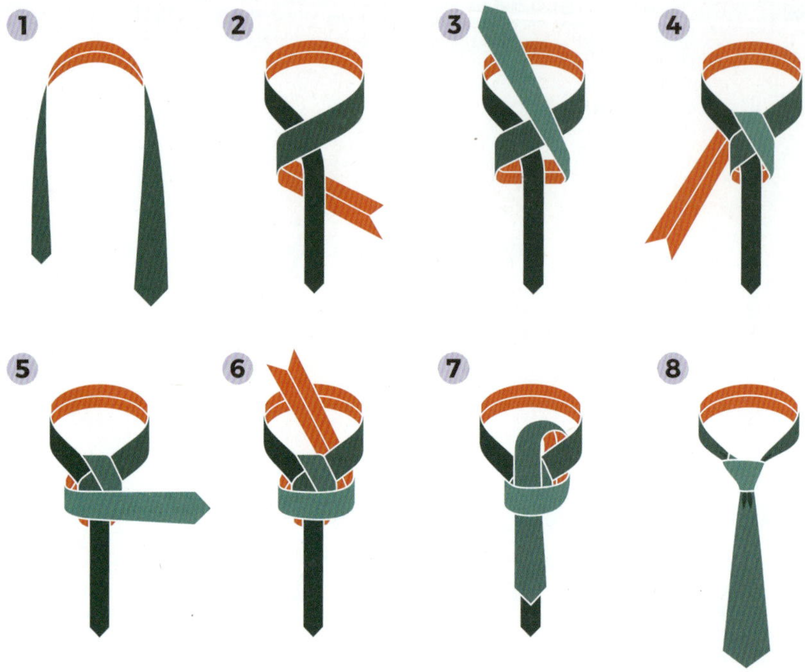

윈저 매듭(Windsor Knot)

2. 여성 패션

여성 슈트는 재킷, 블라우스, 스커트(슬랙스)로 구성된다.

1) 재킷

- 재킷은 무늬가 단순하고 단색 계열(검정이나 감색)로 된 것이 좋다.
- 소재와 패턴별로, 재킷과 스커트/슬랙스에 따라, 다양하게 연출할 수 있다.
- 검은색, 연회색, 진청색이 적당하다.

2) 스커트

- 타이트 스커트, 플리츠 스커트, 플레어 스커트가 모두 가능하다.
- H라인, A라인, 샤넬 라인이 적당하다.
- 과도한 주름이 있거나 화려한 색상, 지나치게 짧은 것은 피한다.

3) 슬랙스

- 슬랙스는 스커트보다 체형을 보완하는 데 유리하며, 벨트를 하는 것이 기본이다.
- 스트레이트형, 와이드형, 발등을 덮는 긴 스타일이 있다.

4) 셔츠, 블라우스

- 블라우스는 여성스러움과 우아함을 가장 잘 표현하는 옷으로 슈트와의 조화가 중요하다. ☞ 단색이 지적인 인상을 주며 맞춰 입기에도 수월하다.
- 심플한 디자인이 좋다.
- 타이트하거나 목선이 깊이 파인 옷은 피한다.

5) 원피스

- 활동적이고 여성스러운 느낌을 준다.
- 셔츠 스타일이나 일자형 원피스가 적당하다.
- 스커트 폭이 너무 넓지 않은 것으로 입는다.
- 소매 없는 원피스에는 재킷을 갖춰 입는다.

6) 비즈니스 캐주얼 복장 매너

- 양말과 스타킹을 신는다.
- 벨트 구멍이 있는 바지의 경우 반드시 벨트를 착용한다.

- 청바지는 입지 않는다.
- 민소매의 블라우스나 셔츠는 입지 않는다.
- 맨발로 샌들을 신지 않는다.
- 스타킹과 함께 앞이 트인 구두는 신을 수 있다.
- 속이 훤히 비치는 옷은 입지 않는다.
- 단추를 채우지 않은 채로 셔츠를 입거나 목이 깊게 파인 옷은 입지 않는다.
- 반바지는 입지 않는다.
- 털옷이나 운동복은 입지 않는다.

SeventyFour / iStock / Getty Images Plus

7) 액세서리

- 간결한 것이 좋고 나이와 신분에 맞게 착용한다.
- 포인트만 주고 산만하지 않도록 한다.

8) 스타킹

- 옷과 구두의 색과 조화로운 색으로 선택한다.
- 구두보다 더 짙은 색의 스타킹은 어울리지 않는다.
- 화사한 색상은 좋지만 화려한 무늬는 피한다.
- 주름이 생기거나 올이 나가지 않게 한다.

9) 구두

- 청결한 상태를 유지한다.
- 의상과 조화를 이루는 색상을 고른다.
- 균형 있게 걸을 수 있는 구두를 선택한다.
- 출근 후 직장에서 슬리퍼(샌들)로 바꿔 신는 것은 피한다.
  ☞ 대신 굽이 낮고 편안한 정장용 구두를 신는다.
- 5~7cm 굽을 신었을 때 전체 라인이 가장 아름답다.

10) 가방

- 구두의 색과 통일하는 것이 좋다.
- 크기는 신체에 따라 알맞은 것으로 선택한다.
- 전체 의상과의 조화를 고려한다.
- 목적과 장소에 어울리는 디자인을 고른다.

04

대학생 및 예비 직장인의 복장 매너

대학생은 대학 생활 중 성인식을 맞이하며 준사회인으로 도약할 준비를 하는 때이다. 평상시에는 캐주얼한 복장을 입어도 관계없으나 취업과 관련한 실습 과목 수업이나 실제로 채용과 관련한 면접 기회가 많으므로 비즈니스 정장을 적절히 착용하는 법을 익히도록 한다. 학교 행사나 취업 설명회 등 공식적인 자리에 참석할 경우 트레이닝복, 레깅스, 지나친 캐주얼 복장(찢어진 청바지 등), 짧은 스커트나 반바지 등은 피한다. 그 밖에 다음의 복장 기본을 유의한다.

- 때와 장소, 상황에 맞게 입는다.
- 개성을 나타내되 너무 튀거나 촌스러워서는 안 된다.
- 단정하고 청결한 상태를 유지한다.
- 학업 효율에 도움되는 용모와 복장을 하도록 한다.
- 자신의 인격과 학교의 이미지를 고려하여 품위를 갖춘다.

1. 대학생의 비즈니스 캐주얼 복장

재킷

- 소재나 무늬가 지나치게 화려한 것은 피한다.
- 지나치게 길거나 짧지 않아야 하며, 치마나 바지와의 조화를 고려한다.
- 남성 정장은 군청색이 무난하다.
- 여성 정장은 나이에 맞게, 그리고 자신에게 맞는 밝고 화사한 색상으로 선택한다.

셔츠와 블라우스

- 남성의 정통 비즈니스 정장에는 흰색 셔츠가 무난하다.
- 여성도 심플한 디자인이 무난하며, 화려한 색상은 피한다.
- 재킷과 어울리는 색상으로 선택하고 하의와의 조화도 고려한다.

원피스

- 단정한 모양의 원피스를 선택한다.
- 매우 짧은 옷은 주변 사람에게 불편함을 줄 수 있다.
- 재킷을 함께 코디하여 정중한 느낌을 더할 수 있다.
- 전체 기장이 매우 짧은 옷은 피한다.

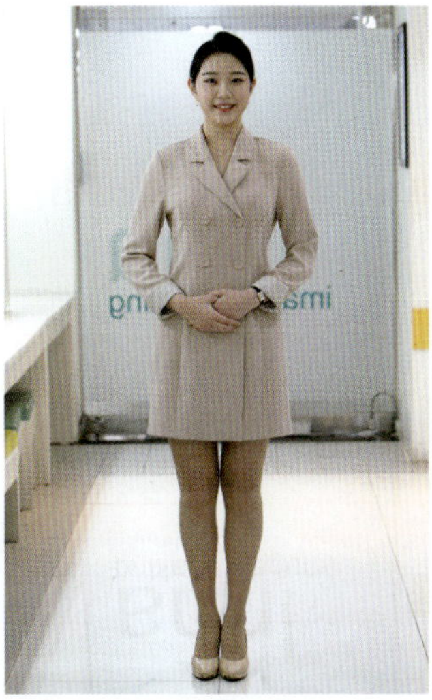

구두와 스카프

구두는 심플한 디자인이 정장에 어울리며 걸음걸이를 균형 있게 유지할 수 있는 굽이 적당하다. 치마는 물론이고 전체 의상과 색상의 조화를 고려해야 한다. 스카프를 통해 세련미를 연출할 수 있다. 강렬하고 화려한 색과 무늬는 전체적인 조화를 방해할 수 있으므로 유의한다.

정장에 어울리는 구두 굽

정장용 구두는 3cm, 5cm, 6cm 이상까지 다양하다. 6cm 이상의 높은 굽으로 전체적인 패션 이미지를 돋보이게 할 수 있으나, 지나치게 높은 굽은 발을 쉽게 피로하게 하고 균형을 잃게 하므로 자신에게 적절한 굽을 선택하는 것이 중요하다.

현재 항공사에서는 기내 근무 시 3cm나 5cm의 낮은 굽을 신어 발이 편하도록 한다. 또 공항 이동과 출퇴근 시에는 5cm나 7cm 굽의 구두를 신어 유니폼을 더욱 돋보이게 연출하도록 하고 있다.

2. 예비 직장인의 복장

1) 남성

- 넥타이는 벨트의 버클을 약간 덮을 정도의 길이가 적당하다.
- 구두는 양복 색에 맞추는 것이 좋으며 진청색 양복에는 검은색 구두가 어울린다.
- 양말은 바지나 구두 중 색이 진한 쪽의 색에 맞춘다. 흰색 양말은 정장 착용 시 신지 않는다.
- 벨트는 양복과 어울리는 색상을 선택하고 지나치게 폭이 넓거나 버클 모양이 요란한 것은 피한다.

남성 넥타이 착용 실습

- 먼저 넥타이를 목에 건다. 이때 폭이 넓은 쪽 자락이 좁은 쪽보다 길어야 한다.
- 양쪽 자락을 교차시켜 폭이 넓은 쪽으로 좁은 쪽을 감는다.
- 그 사이에 생긴 공간으로 넣어 뺀 뒤 고리를 만들어 준다.
- 가운데에 생긴 고리 사이로 넓은 쪽과 좁은 쪽을 교차시키며 넣는다.
- 적절하게 위쪽으로 당겨 준다.
- 길이는 벨트의 버클까지 닿도록 한다.
- 넥타이를 매는 다양한 방법을 익힌다.

남성의 정장 디테일 매너

깃

- 셔츠의 깃이 상의의 깃에서 1~1.5cm 정도 나와야 한다.
- 셔츠와 양복의 깃은 옆에서 보았을 때 평행인 것이 미관상 아름답다.

소매

- 상의 부리에서 셔츠의 소매 커프스가 1~1.5cm 정도 나와야 한다.
- 셔츠의 커프스는 손목에 있는 둥근 뼈를 살짝 가려야 한다.

재킷 길이

- 슈트의 재킷이 엉덩이 반 이상을 가리는 정도가 알맞다.
- 양손을 아래로 내렸을 때 손가락이 재킷의 밑단 정도에 오는 길이가 적당하다.

바지 길이

- 위에서 내려다볼 때 바지의 양끝이 구두 윗면을 덮었다 할 정도의 길이가 전통적인 바지 길이이며, 이 길이가 바지 실루엣을 살려 준다.
- 팬츠의 길이는 구두를 덮지 않는 길이 또는 살짝만 덮을 정도의 길이로 약간 짧게 느껴지는 정도가 트렌디하고 적당하다.

2) 여성

- 원피스보다는 투피스가 정중해 보인다.
- 스커트는 A라인, H라인이 좋고, 길이는 무릎 선이나 무릎 위 5cm 이내가 적합하다.
- 속옷의 선이 드러나거나 가슴선이 많이 파인 옷은 다른 사람에게 부담을 주므로 피한다.

- 액세서리는 여러 종류를 하기보다는 한두 개로 효과를 극대화하는 것이 좋다.
- 살구색이나 커피색 스타킹을 신는 것이 깔끔하고 점잖아 보인다.
- 구두와 스타킹의 색을 통일하여 다리가 길어 보이고 단정하고 세련된 느낌을 주도록 한다.

3) 직장인으로서 부적절한 복장

여성은 남성에 비해 비즈니스 정장 차림의 형식이 자세히 정해져 있지 않기 때문에 복장을 갖추어 입기가 어렵게 느껴질 수 있다. 일반 직장인의 경우, 부적절한 복장으로 우선 노출이 심한 옷은 상대에게 불편함을 줄 수 있으므로 피해야 한다. 가슴이나 등이 많이 파인 옷, 짧은 치마와 반바지 등이 이에 속한다. 또 지나치게 캐주얼한 복장 역시 부적절하다. 찢어진 청바지나 레깅스, 짧은 플레어 스커트 등을 예로 들 수 있다.

- 실내에 있을 때나 사람을 처음 소개받을 때는 선글라스를 벗는다.
- 액세서리를 세트로 한꺼번에 착용하는 것은 피한다.
- 셔츠나 블라우스 안에 짙은 속옷을 입는 것은 바람직하지 않다.
- 남이 보는 데서 양말을 신거나 추켜올리는 것은 보기에 좋지 않다.

3. T.P.O.에 맞는 패션 코디

옷은 제대로 입어야 좋은 인상을 준다. 시간과 장소와 상황에 맞는 드레스 코드(Dress Code)를 갖추는 센스가 필요하다. 때, 장소, 상황, 즉 T.P.O.(Time, Place, Occasion)에 맞는 의상을 알아보자.

결혼식 하객 복장

결혼식 하객 복장의 경우 남성과 여성은 모두 세미 정장이나 비즈니스 정장이 적당하다. 다만 피해야 할 복장으로 여성의 경우, 신부의 흰색 드레스와 겹치는 색인 흰색 옷은 입지 않는 것이 매너이다.

조문객 복장

조문을 해야 하는 경우 복장은 검은색 계열의 정장으로 입어야 하며, 화려한 액세서리 등은 피하도록 한다. 남성도 넥타이 색상에 유의한다.

면접 복장

특별한 규정이 없는 경우에는 재킷을 갖추어 입는 것이 더 격식을 갖춘 차림으로 보인다. ☞ 항공사의 경우 상의는 반팔 블라우스, 하의는 스커트로 정해져 있는 곳이 많다.

05

항공 객실 승무원 복장(유니폼)

항공 객실 승무원은 항공사에서 지급받은 유니폼을 입고 근무하도록 되어 있다. 따라서 복장 이미지를 연출하려면 먼저 유니폼을 깔끔하고 청결하게 관리해야 한다. 특히 식음료 서비스 시 사용하는 앞치마는 얼룩 등이 생길 것을 감안하여 여유분을 갖고 다니는 것이 좋다.

유니폼의 청결 상태가 잘 갖추어졌다면 이번에는 구김 상태를 확인해야 한다. 매 비행마다 다림질을 하여 단정한 유니폼을 입게 되면 더욱 자신감 있게 서비스할 수 있다. 또 신체 사이즈에 잘 맞는 유니폼을 착용하여 사이즈가 맞지 않아 비행 중 불편하거나 품위가 없어 보이는 일이 없도록 한다.

유니폼 이미지 효과

- 대표성 : 한 기업의 이미지를 상징하는 대표적인 이미지를 형성한다.
- 통일성 : 무형의 서비스에 상징적 이미지를 부여하여 통일감을 준다.
- 신뢰와 호감도 상승 : 비즈니스 정장에 준하는 유니폼을 단정하고 바르게 착용함으로써 고객의 신뢰와 호감도를 상승시키는 효과가 있다.

1. 객실 승무원의 유니폼 이미지

■ **머리**

- 청결한 상태로 유지 관리
- 긴 머리는 단정하게 묶고 머리카락이 흘러내리지 않게 스프레이 등으로 고정
- 단발머리는 옷깃에 닿지 않는 길이로 깔끔하고 단정하게

■ **화장**

- 화사하고 건강미가 있게 화장
- 자연스러운 메이크업으로 호감 있는 이미지 연출

■ **표정**

- 밝고 자연스러운 미소 유지

■ **손과 손톱**

- 적당한 손톱 길이
- 깔끔한 매니큐어
- 각질이 일어나지 않게 보습 관리

■ **액세서리**

- 심플하고 적당한 크기
- 서비스에 방해되는 지나치게 큰 액세서리는 피함

■ **유니폼 상의**

- 청결하고 구김이 없으며 단추가 달려 있어야 함
- 부착물(이름표, 윙)은 올바른 위치에 패용
- 스카프 길이가 알맞은지와 매듭 위치(왼쪽)도 바른지 확인

■ **치마와 바지**

- 깨끗하고 구김이 없어야 함
- 박음질이 터진 곳이 없어야 함
- 길이가 너무 길거나 짧지 않도록 함
- 체형에 맞게 입되 타이트하게 입지 않음

■ **스타킹**

- 올이 나가지 않도록 주의, 관리
- 항공사에서 지정한 색상의 스타킹 착용

■ **구두**

- 청결과 광택 유지
- 발 크기에 맞는 사이즈 착용
- 기내화(3cm, 5cm)와 램프화(5cm, 7cm)를 구분해 착용

2. 식음료 서비스 시 복장 규정

기내에서 식음료를 제공할 때는 유니폼의 청결함이 매우 중요하다. 따라서 앞치마는 항상 깨끗한 상태로 보관하고, 앞치마 주머니의 단추를 잘 잠그고 뒤쪽의 리본을 예쁘게 잘 매 주어 깔끔하면서도 세련된 이미지를 연출한다.

남성의 경우에는 앞치마 대신 유니폼 조끼(Vest)로 갈아입는다. 식사 서비스 시점이 끝나면 앞치마를 탈의해야 하며, 특히 화장실 청소 시점 등에는 착용하지 않도록 유의해야 한다.

3. 유니폼 장식 및 부속품

항공사마다 유니폼에 어울리는 액세서리가 있는데, 대한항공의 경우에는 머리 헤어핀과 머리띠, 스카프가 있다. 이중 헤어핀과 스카프의 매듭은 방향이 정해져 있으므로, 머리핀은 둥근 부분이 왼쪽으로 가고 스카프는 매듭이 왼쪽에 있도록 한다.

- 헤어핀과 스카프는 더러워지지 않도록 유의하여 사용하며, 오염된 경우 세탁하거나 새 것으로 수령하여 항상 깔끔한 상태로 착용한다.
- 이름표와 윙 등 부착물이 있는 경우 왼쪽 가슴에 수평을 잘 맞추어 패용한다. 이름표는 재킷, 블라우스, 앞치마에 모두 패용한다.
- 시곗줄 색이 지나치게 화려한 것은 피하고 유니폼에 어울리는 시곗줄 색을 정해 놓은 항공사도 있으므로 유의한다. 보통은 검은색, 갈색, 은색이나 금색 등이 정장이나 유니폼에 잘 어울린다.
- 알이 매우 굵고 돌출된 반지는 카트에 부딪혀 알이 빠지는 경우가 있으므로 피한다.
- 유니폼 착용 시 액세서리는 가급적 부착형이 좋으며 크기가 작은 것으로 착용한다.
- 귀걸이는 알이 작은 부착형 형태를 착용한다. 골드나 실버, 진주 소재의 액세서리가 유니폼과 잘 어울린다.

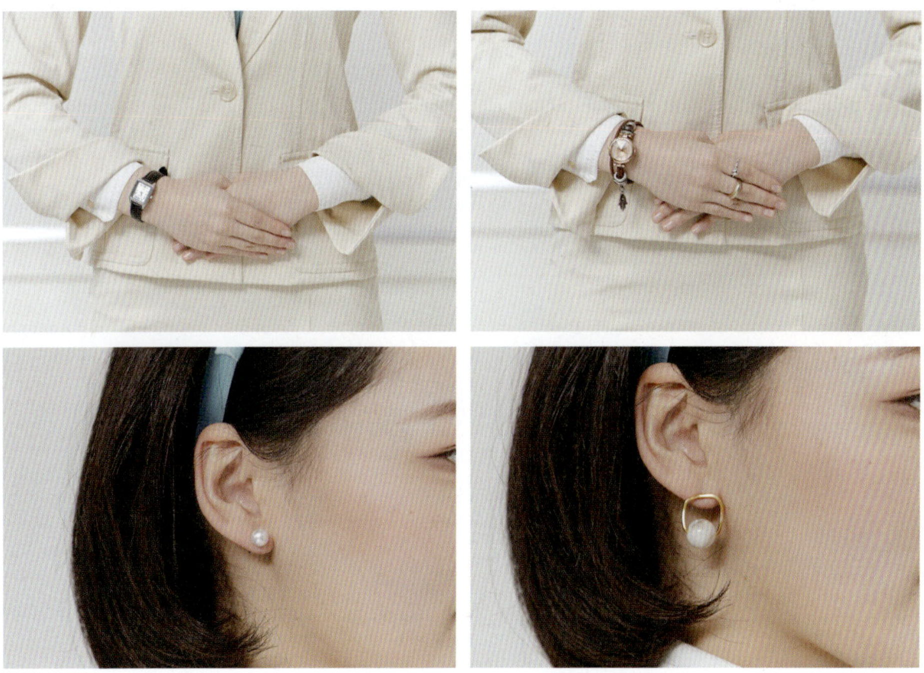

액세서리 착용의 바른 예와 바르지 못한 예

실습

일반 복장 점검

이번 장에서 학습한 내용을 정리하며 자신의 복장 이미지를 점검해 보세요. 현재 입고 있는 복장을 기준으로 진단 리스트에 OX를 표시하세요.

점검 항목	O	X
복장이 깔끔하고 산뜻한가?		
T.P.O.에 맞는 복장인가?		
복장에 구김이나 얼룩진 곳, 박음질이 터진 곳은 없는가?		
헤어두가 복장에 어울리는가?		
메이크업이 복장에 어울리는가? (여성) 피부가 잘 정돈되었는가? (남성)		
스타킹이나 넥타이 색상이 복장에 잘 어울리는가?		
스타킹이나 양말이 찢어지거나 구멍이 나지는 않았는가?		
손과 손톱이 청결한가?		
구두가 깨끗한가?		
구두 색상과 굽 높이가 복장에 잘 어울리는가?		
가방, 안경, 시계 등 액세서리가 복장에 어울리는가?		

항공 객실 승무원 유니폼 점검

항공 객실 승무원의 유니폼 착용 규정을 적용하여 아래의 자가 진단 항목에 OX를 표시하세요.

점검 항목	O	X
유니폼이 깔끔하고 단정한가?		
안의 옷이 겉으로 삐져나오지는 않았는가?		
다림질이 잘 되어 있는가?		
옷에 얼룩지거나 터진 곳은 없는가?		
소매와 목 부위가 깨끗한가?		
바지나 치마 길이가 적당한가?		
넥타이 매듭이 제대로 잘 되어 있는가? (남성) (스카프 착용 시) 제대로 매어졌는가? (여성)		
양말 색이 맞고 구멍이 나지는 않았는가? (남성) 스타킹 색이 규정에 맞고 올이 나가지는 않았는가? (여성)		
손이 청결하고 손톱의 매니큐어 색상, 길이가 규정에 맞는가?		
구두가 깨끗하고 광택이 나는가?		
견장, 이름표 등을 규정에 맞게 제 위치에 달았는가?		
안경, 시계, 액세서리 착용이 규정에 맞는가?		

MANNERS & IMAGE MAKING

CHAPTER_ 6

향기 이미지

01

향(기) 이해

'향(香, Incent)'은 각 개인의 개성과 이미지를 대변하는 요소의 하나로, 만나게 되는 다양한 국적의 사람 누구에게나 호감을 줄 수 있는 방법의 하나이다. 향은 자신이 좋아해도 상대에게 불쾌감을 줄 수 있음을 기억하여 은은하게 내는 것이 좋다. 또 향은 심신을 치유하는 효능이 있어 일상에서나 비행에서 오는 스트레스 해소나 지친 심신의 안정과 회복에도 활용할 수 있다.

1. 향의 역사

향의 유래를 보면, 멀리 고대로 거슬러 올라간다. 이때에는 상처가 나면 식물의 즙을 내어 치료제로 사용하거나 향기 나는 식물이나 나무를 태워 향을 맡기도 하였다. 식물에서 추출한 향유는 사원에 바르거나 발향하여 주로 종교 행사 때 악령을 쫓거나 제단에 바친 동물 사체의 악취를 제거하는 용도로 사용하였다. 제사를 지내거나 기도를 할 때 식물이 불에 타면서 피어오르는 연기(향)가 하늘의 신에 닿으면 기도가 이루어진다고 믿었기 때문이다.

오늘날에는 종교의식부터 음식, 화장, 의학 등 여러 방면에서 다양한 향을 쉽게 접할 수 있지만, 향을 화장에 접목하여 일상에서 사용하기까지는 오랜 세월이 걸렸다. 향은 19세기 이후 합성하여 가공한 인조 '향수'가 개발되면서 대중에게 보급되고 20세기 이후 여성이 사회로 진출하면서 급속도로 발전하였다. 특히 요즈음 신세대는 자신의 개성에 맞는 향수를 찾아 즐기고 있으므로 이의 변별력을 이해하고 자신에게 어울리는 향기를 찾도록 한다.

2. 향의 효능

향은 후각을 자극하며 강한 이미지를 남긴다. 또 좋은 향이나 향유, 향의 연기는 심신의 피로를 해소하거나 방부성과 살균성을 통해 치료 효과를 내기도 한다. 고대의 향은 스파이시(Spicy) 계열의 향나무를 태우거나 식물 자체 에센스를 바르는 것에 불과하였다. 그러나 오늘날에는 향에 대한 지속적 연구로 향의 효능을 입증하고 더 다양하고 정교한 방법으로 향을 실생활에 적용하고 있다.

아로마테라피

아로마테라피(Aromatherapy)는 아로마(Aroma, 방향, 향기)와 테라피(Therapy, 치유)의 합성어이다. 향기 나는 식물의 꽃, 줄기, 잎, 뿌리, 열매 등에서 100% 순수한 에센셜 오일을 추출하고 흡입, 마사지, 입욕, 방향 요법 등의 방법으로 체내에 흡수시켜 인체의 밸런스를 유지함으로써 몸과 마음을 치유하는 자연 치유 요법이다.

에센셜 오일

에센셜 오일(Essential Oil)은 특정한 나무나 식물 조직에서 분비되는 오일 형태의 수액이다. 독특한 향을 지니며, 약용 식물(Herb)의 꽃, 줄기, 뿌리, 잎, 열매, 씨앗, 수지(樹脂, Resin) 등에서 다양한 방법으로 추출하는 휘발성 고농축 오일이다.

Aromatherapy의 첫 사용자

1973년 아로마테라피라는 용어를 처음 사용한 사람은 20세기 초 프랑스 화학자 르네 모리스 가테포세(R.M.Gattefosse)이다. 그는 1910년 실험실 폭발 사건으로 손에 화상을 입었을 때 옆에 있던 라벤더 에센셜 오일을 발라 치유되는 과정을 보며, 라벤더의 치료 효능을 발견하였다. 그는 식물의 에센셜 오일과 방향 성분의 위력을 전 세계에 전파하였고, 아로마테라피 연구는 영국과 프랑스를 중심으로 계속 발전하여 현재에 이르고 있다.

3. 향의 영향

정서와 심리에 미치는 영향

- 좋은 향은 기분을 좋게 하여 마음이 가벼워진다(오렌지향이나 레몬향).
- 상쾌하고 편안한 기분이 든다(솔잎향).
- 스트레스 해소, 긍정적 에너지 공급에 유용하다.
- 향이 개인의 기억 또는 특정 이미지를 연상시키므로 좋은 향은 대인관계에 긍정적 영향을 미친다.

신체에 미치는 영향

- 머리를 맑게 하고 기억력을 높인다(페퍼민트향).
- 엔돌핀의 분비로 통증을 완화하고 기분을 좋게 한다.
- 혈압 완화나 진정 효과가 있어 편안함을 준다.
- 식욕을 촉진하고 몸 상태를 개선하여 신체 기능을 정상화하고 신체에 활력을 준다.
- 마사지나 입욕 시 사용하면 식물의 유효한 성분이 피부 깊숙이 스며들어 스킨케어, 헤어 케어를 비롯한 여러 가지 신체 트러블을 완화한다.
- 체내의 균형 감각을 찾음으로써 자연 치유력이 살아나고 면역력을 강화한다.
- 질병 예방에 도움이 된다.
- 향 연기는 방부성과 살균성이 있어 치료 효과가 있다.

02

향료의 구분

1. 천연 향료

꽃이나 잎, 열매 등에서 추출하는 식물성 향료와 주로 동물의 생식선 낭에서 채취하는 동물성 향료의 두 종류가 있다.

1) 식물성 향료의 종류

- 꽃 : 로즈(Rose), 재스민(Jasmin), 라벤더(Lavender), 미모사(Mimosa), 좋킬, 오렌지 플라워(Orange Flower), 튜버로즈(Tuberose), 일랑일랑(Ylang Ylang), 바이올렛(Violet)
- 나무 : 샌달우드(Sandalwood), 시더우드(Cedarwood), 베티버(Vetiver)
- 과일 껍질 : 베르가모트(Bergamot), 레몬(Lemon), 오렌지(Orange), 만다린(Mandarin), 그레이프프루트(Grapefruit)

- 잎 : 제라늄(Geranium), 바질(Basil), 세이지(Sage)
- 수지 : 벤조인(Benzoin), 올리바넘(Olibanum), 미르라(Myrrh)
- 열매 : 페퍼(Pepper), 카르다몸(Cardamom), 클로브(Clove)

2) 동물성 향료의 종류

- 무스크(Musk) : 사향노루 생식선 낭에서 채취한 사향이다.
- 앰버그리스(Ambergris) : 사향고래 위장 내 결석에서 채취한 용연향이다.
- 시벳(Civet) : 사향 고양이 생식선 분비물에서 채취한 영묘향이다.
- 카스토레움(Castoreum) : 비버의 생식선 분비물에서 채취한 해리향이다.

3) 천연 향료의 추출법

에센셜 오일은 식물에서 주로 수증기 증류법, 압착법, 용매 추출법이라는 세 가지 방법으로 추출한다. 이중 가장 대중적인 방법은 수증기 증류법이며, 현재 아로마테라피에서 사용되고 있는 에센셜 오일의 약 90%를 이 방법으로 추출한다. 아래에 소개한 방법 외에 냉침법(Enfleurage), 온침법(Maceration), 초임계 이산화탄소 추출법(Hiper-critical Carbon Oxide Extraction) 등이 있으나, 현재는 대부분 사용되지 않는다.

수증기 증류법(Steam Distillation)

식물의 줄기, 잎, 꽃 등을 바로 수확하거나 식물의 종류에 따라 약간 건조한 후 증류기에 넣고 수증기로 가열하여 증발되는 에센셜 오일을 냉각기를 통해 추출해 내는 방법이다. 남은 수분은 허브 워터로 스킨 케어 등에 사용한다. 참고로 물 증류법(Water Distillation)은 식물 그대로를 물에 담근 상태에서 낮은 농도와 압력을 가해 끓이며 추출하는 방법이다. 네롤리(Neroli) 오일이나 로즈 오일 추출에 적합하다.

압착법(Expression Process)

열매의 껍질에서 에센셜 오일을 추출하는 방법이다. 열에 민감한 열매 등에 열을 가하지 않고 추출하는 방법으로 캐리어 오일은 대부분 냉압착법으로 추출한다. 감귤류의 레몬, 오렌지, 베르가모트는 과피에서 추출하므로 유기농 감귤류를 사용해야 한다.

용매 추출법(Solvent Extraction)

휘발성 용제나 알코올 용제 등에 넣어 녹여 추출하는 방법이다. 증류법으로 추출하게 되면 오일의 양이 너무 적은 재스민이나 로즈 같은 꽃이나 프랑킨센스(Frankincens), 미르라, 벤조인 같은 수지 성분으로 이루어진 원료나 에센셜 오일의 등급이 떨어지는 식물에 적용한다. 이 방법으로 추출한 오일은 앱솔루트(Absolute)라고 분류하여, 예를 들어 장미꽃에서 추출한 경우 '로즈 앱솔루트'라고 한다.

2. 합성 향료

합성 향료는 천연 향료에서 분리해 낸 단품 향료와 화학적으로 합성해 낸 순합성 향료로 구분하는데, 여기서는 주요한 단품 향료에 대해서만 알아본다.

- 벤질 아세테이트(Benzyl Acetate) : 재스민에서 화학적으로 분리한 성분
- 페닐에틸 알코올(Phenylethyl Alcohol) : 로즈의 주요 성분
- 이오논(Ionone) : 바이올렛, 아이리스의 주요 성분
- 리날로올(Linalool) : 류게의 주요 성분
- 알데히드(Aldehyde) : 프루티, 플로럴 노트의 주요 성분
- 시스스리 헥사놀(Cis-3-Hexenol) : 그린 노트의 주요 성분
- 유제놀(Eugenol) : 스파이시 노트의 주요 성분
- 바닐린(Vanillin) : 바닐라의 주요 성분
- 무스크 케톤(Musk Ketone) : 무스크의 주요 성분
- 쿠마린(Coumarine) : 사이프러스(Cypress), 푸제르(Fougere) 노트의 주요 성분
- 칼론(Calone) : 마린 노트의 주요 성분

03

향기 노트

노트(Note)란 에센셜 오일의 휘발 속도를 나타내는 방향성의 기준이다. 병에 담긴 액체 상태의 오일이 실온에 노출되어 기체로 변해 향기로 퍼질 때까지의 속도(증발률)와 그 방향이 어느 정도 지속되는지(지속성)를 세 단계, 즉 탑, 미들, 베이스로 구분하여 나타낸다. 이상적인 향의 조합은 이 세 노트의 조화를 의미한다.

오일마다 휘발 속도가 다르기 때문에 혼합한 에센셜 오일의 향기는 시간이 흐르면서 조금씩 변하게 된다. 향기를 기억하려면 향기의 노트별로 구분하여 스멜링(Smelling)하는 것이 편리하다. 향기 노트는 조향의 기본이 된다.

오일의 블렌딩

향수나 오드코롱을 만들 때의 기본 공식은 '탑 + 미들 + 베이스'로, 각각의 노트에서 하나씩 선택하여 조합한다. 블렌딩의 이상적인 비율은 1:2:1이며 향수를 뿌린 직후부터 수시간 후까지 균형 잡힌 방향을 즐길 수 있다.

Note의 첫 사용자

노트란 말은 프랑스인 화학자이자 향수 제조자인 셉티무스 피세(Septimus Piesse, 1820~1882년)가 사용한 것인데, 그는 음표(Note)처럼 음악적인 기준으로 향취를 분류함으로써 향수 제조에 새로운 접근을 시도하였다. 피세는 유사한 성질의 향이 하모니를 이루고 혼합되었을 때 각각의 향이 조화로운 화음을 이룬다고 생각하였다.

1. 향기 노트의 3단계

탑(Top) 노트

향기가 퍼지는 속도가 빠르고 신선하고 달콤한 향이다. 바람과 함께 은은하게 실려 오는 방향이다. 프루트계(과일향)나 멘톨계(박하향)에 많고, 향수의 첫 느낌을 만들어 낸다.

미들(Middle) 노트

향의 균형을 유지하면서 서서히 전체적으로 퍼지는 온화한 향이며 대부분의 오일이 여기에 속한다. 플로럴계(꽃향)나 허브계(허브향)에 많고, 향수를 뿌리고 몇 분 정도 지나면 천천히 향이 퍼진다.

베이스(Base) 노트

퍼지는 속도가 느리고 지속성이 있어 마지막까지 은은하게 남는 향이다. 대지와 같이 안정되고 차분한 향을 오랜 시간 유지한다. 블렌딩했을 때 다른 에센셜 오일의 향을 오래 보존하는 기능도 한다. 수목이나 수지, 스파이시계의 향에 많다.

☞ 블렌딩이란 둘 이상의 에센셜 오일을 혼합하는 행위 또는 그 조합을 일컫는다.

2. 향기 노트의 특성과 종류

노트	향	발향	지속 시간	에센셜 오일 종류
탑 노트	시트러스(감률계), 민트계	• 향의 첫 느낌 • 향수 용기를 개봉하거나 피부에 뿌렸을 때 그 즉시 나타나는 향의 첫인사	약 3시간	베르가모트 오렌지(비터, 스위트), 레몬, 레몬밤, 페퍼민트, 일랑일랑, 유칼리, 바질, 티트리, 그레이프프루트, 만다린, 로즈우드, 레몬그라스(Lemongrass), 레몬 버베나, 라임
미들 노트	플로럴, 허브계 등	• 향의 중간 느낌 • 둘 이상이 조화롭게 배합된 향의 중간 단계 • Heart Note라고도 함	• 약 6시간 유지 • 피부에서 미들 노트가 완전히 발산되려면 약 10분 소요	로즈, 재스민, 파인, 아이리스, 네롤리, 클라리 세이지(Clary Sage), 제라늄, 사이프러스, 로즈메리, 클로버, 라벤더, 히솝(Hyssop), 윈터그린(Wintergreen)
베이스 노트	우디, 스파이시, 오리엔탈계	향의 마지막 느낌	향의 기본 성격과 지속적인 품질 결정	샌달우드, 패출리(Patchouli), 바닐라, 프랑킨센스, 베티버(Vetiver), 벤조인, 시스투스(Cistus), 우디, 앰버

3. 향에 의한 에센셜 오일의 분류

분류	에센셜 오일 종류	
감귤계	프루트계	스위트오렌지, 만다린, 베르가모트, 그레이프프루트
	시트러스계	레몬, 레몬그라스, 레몬 버베나, 레몬 유칼리, 레몬밤
플로럴계	라벤더, 카모마일, 로즈, 제라늄, 네롤리, 재스민, 페티그레인(Petitgrain)	
허브계	페퍼민트, 스피어민트, 클라리 세이지, 로즈우드, 로즈메리, 펜넬(Fennel)	
오리엔탈계	일랑일랑, 패출리, 샌달우드, 베티버	
스파이시계	블랙 페퍼	
우디계	주니퍼, 사이프러스, 카유푸티(Cajuputi) , 시더, 윈터그린, 유칼리, 티트리	

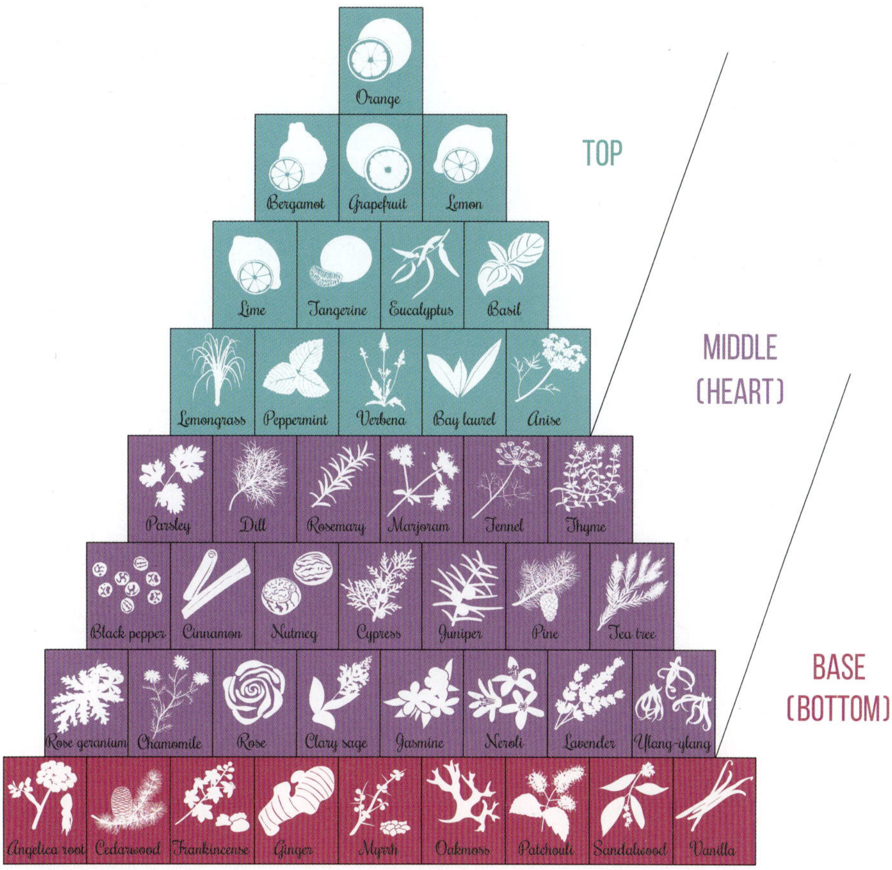

노트별 에센셜 오일 분류

04

향수 이해

향수는 조합한 향료(천연 향료와 합성 향료)를 알코올에 용해시켜 만든 방향성 화장품이다. 기체의 형태로 분산된 향기가 코의 후각 신경세포를 자극하여 상쾌함, 달콤함, 안정감 등을 느끼게 함으로써 사용자에게 만족감과 행복감을 준다. 또 사용자의 매력을 드러내고 브랜드별로 독자적인 향을 지녀 차별화되며, 불순한 냄새를 가려 줌으로써 효용과 가치를 만든다.

1. 향수의 변천사

- Perfume의 어원은 'through smoke(연기를 통해)'라는 뜻의 라틴어 'Per fumum'이며 제물을 태울 때 연기에서 나오는 향에서 유래하였다.
- 신에게 제물로 바친 동물의 불순한 냄새를 제거하고 성전에 나가기 전에 몸을 청결하게 한 후 예를 더하고자 향수를 발랐다.

- 오늘날 사용하는 향수는 알코올에 향료를 용해한 것으로 16세기 엘리자베스 여왕이 애용하던 로즈메리 향의 '헝가리 워터'가 그 시초이다.
- 19세기 이후 유기화학 발달로 알코올 공업이 성행하고 향료를 저렴한 가격으로 제조하게 되면서 값비싼 천연 향료 일부를 합성 향료로 대체하였다.

2. 향수의 상징

향수는 살아 숨 쉬는 예술품

이 세상에 존재하지 않던 새로운 향수를 탄생시키거나, 여러 가지 향을 조합하여 새로운 향을 탄생시키는 것을 조향(調香)이라고 한다. 그리고 향수를 만드는 사람을 조향사 혹은 퍼퓨머(Perfumer), 프랑스어로 '르 네즈'(Le Nez는 코라는 뜻)라고 한다. 향수는 조향사들이 오랜 시간에 걸쳐 피땀 흘린 고통의 산물로 예술품이나 창작품과 같은 가치를 지닌다.

향수는 패션의 완성

향수를 뿌리는 것은 의상을 입는 것과 같아서 '눈에 보이지 않는 의상'이라고도 한다. 미국 영화배우 마릴린 먼로는 "나는 샤넬 N° 5를 입고 잔다"는 명언을 남겼다. 향수는 자신이 연출하고자 하는 분위기에 맞춰 의상을 차려입고 메이크업과 헤어스타일을 한 다음, 분위기를 살리고 조화를 이루게 한다.

☞ 향수의 패션 이미지를 상징적으로 표현한 예 : 샤넬의 고급스러움, 크리스티앙 디오르의 화려함과 대담함, 지방시의 우아함, 이세이 미야케의 심플하면서 모던한 이미지

향수는 화장품이자 액세서리

향수는 자기 자신을 패셔너블하게 표현할 수 있다는 점에서 액세서리 소품에 가깝다. 기분이나 날씨, 외출하는 장소나 상황에 따라 다르게 표현할 수 있다는 점에서는 화장품과도 같다.

3. 향에 의한 향수의 분류

1) 그린(Green) 계열

- 막 베어 낸 신선한 풀이나 나뭇잎, 나뭇가지를 연상시키는 시원하고 상쾌한 느낌을 주는 향이다.
- 바이올렛 잎사귀 에센스나 피스타키아(Pistacia, 옻나무과), 렌티스쿠스(Lentiscus, 유향나무), 갈바늄(Galbanum), 커다란 홍당무 뿌리 등에서 추출한다.
- 시트러스보다 개성이 강하고 고급스러운 향조를 내어 특별한 인상을 주고자 할 때 많이 사용된다.
- 오드투알렛(Eau de Toilette) 종류의 가벼운 향을 즐기는 사람에게 어울린다.

☞ 제품 예) 피에르 발망의 '방베르'

2) 플로럴(Floral) 계열

- 한 가지가 아닌 여러 종류의 꽃이 어우러져 만들어 내는 꽃향기이다.
- 장미나 재스민, 백합, 라일락, 히아신스, 네롤리, 투버로즈, 바이올렛, 일랑일랑 등 여러 가지 꽃에서 추출한다.
- 향이 진하지 않고 거부감이 없으면서 달콤한 것이 특징이다.
- 처음 사용하는 사람이 부담 없이 사용할 수 있다.

☞ 제품 예) 랑뱅의 '아르페주'(장미–재스민–백합 어코드), 에르메스의 '아마존'(장미–재스민–수선화 어코드), 크리스티앙 디오르의 '화렌하이트'(바이올렛 노트), 아자로의 '악퇴르'(장미 노트)

3) 시프레(Chypre) 계열

- 시프레란 이름은 지중해에 있는 키프로스(Cyprus) 섬에서 실제로 느낀 향의 인상을 따서 코티사가 1917년에 발표한 향수 브랜드 '시프레'에서 유래하였다.
- 떡갈나무에서 자라는 이끼인 오크모스(Oak Moss) 향을 기조로 베르가모트나 머스크 향이 악센트가 되어 조화를 이룬다.
- 축축하게 젖은 듯하면서 그을린 듯한 나뭇잎의 향조를 낸다.
- 건강미 넘치고 개성적인 향이므로 남성 향수나 신비로우면서 격조 높은 여성의 여름용 향수로 많이 사용된다.

  ☞ 제품 예) 크리스티앙 디오르의 '미스 디오르', 그레의 '카보샤' 등

4) 오리엔탈(Oriental) 계열

- 동양의 신비로운 이미지를 표현하는 향조를 가리킨다.
- 머스크 같은 은은한 동물성 향료의 베이스에 화장분 냄새를 풍기는 부드러운 바닐라 향이 주조를 이루는 향이다.
- 매혹적인 잔향이 강하며 자극적이고 화려하며 개성이 강한데다 지속성이 좋아 다량을 사용하면 불쾌감을 줄 수 있다.

  ☞ 제품 예) 게를랭의 '샬리마'

5) 스파이시(Spicy) 계열

- 시나몬, 클로버(정향나무), 너트메그, 후추향을 연상시키는, 후각을 자극하는 향이다.
- 주로 플로럴이나 앰버, 우디 계열의 향에 깊이를 더할 때 사용한다.

  ☞ 제품 예) 샤넬의 '코코'

6) 시트러스(Citrus) 계열

- 신선하고 가벼운 느낌이 들고 휘발성이 강하다.
- 샤워 코롱에 많이 이용되는 상큼하면서 달콤한 유니섹스 이미지로 폭넓게 애용된다.

- 오렌지, 베르가모트, 레몬, 귤, 자몽, 만달린 등을 원료로 한 감귤류의 향이다.

  ☞ 제품 예) '4711', 게를랭의 '오 드 콜로뉴 엠페리알'

7) 우디(Woody) 계열

- 나무 껍질, 향목 등 나무를 연상시키는 자연스럽고 안정감 있으며 은은한 향이다.
- 샌달우드, 패출리, 시더우드, 파인, 삼목, 목단, 백단을 원료로 한다.
- 베이스 노트로 사용되어 향의 지속 시간을 늘리는 기능을 한다.

  ☞ 제품 예) 지방시의 '젠틀맨', 게를랭의 '오 드 베티'

향수의 종류에 따른 발향 단계

향수를 뿌린 후에 지속되는 향의 여운을 트레일(Trail)이라고 한다. '발삼, 향기 나는 나무, 동물 향조'를 많이 함유한 향수는 트레일이 긴 편이다. 아래 표에서 향수 향료의 종류에 따른 트레일을 살펴볼 수 있다.

노트	피부 잔향	지속 시간	향료의 예
탑 노트	30초	30분	• 아밀아세테이트, 레몬 • 버가모트 • 리날로올
미들 노트	30분	4~8시간	• 플로럴 노트 • 스파이시 노트
베이스 노트	4시간	4~24시간	• 샌달우드 • 바닐라 • 무스크

4. 농도(부향률)에 의한 향수의 분류

구분	농축도	지속 시간	특징
퍼퓸 (Perfume)	20~30%	10시간 이상	• 향수 원액의 부향률이 높은, 가장 고상한 향수 • 순도 96%의 알코올에서 증류한 향수로 지속성과 확산성이 우수함 • 손목이나 목 뒤 등 맥박이 뛰는 곳에 적당량을 뿌림
오드퍼퓸 (EdP, Eau de Perfume)	10~20%	5~7시간	• 순도 96%의 알코올에서 증류함 • 낮에 사용함
오드투알렛 (EdT, Eau de Toilette)	5~10%	3~5시간	• '화장수'란 의미로 가장 대중적임 • 초보자가 사용하기에 적합함
오드코롱 (EdC, Eau de Cologne)	3~5%	1~2시간	• 가장 순한 종류의 향수임 • 목욕이나 운동 후 기분 전환 시 사용함

5. 기타 분류

사쉐(Sachet(불))

주로 분말 향료를 헝겊 등의 주머니에 넣어 옷장이나 핸드백에 넣을 수 있는 향수로 향분이라고도 한다.

크림 사쉐(Cream Sachet)

왁스류나 크림 베이스 등에 고농도의 향료를 첨가한 것으로, 직접 피부에 발라 체온에 의해 향을 발산시킨다.

로션(Lotion)

라틴어 'lotio'에서 유래하여 '세면하다', '뿌리다'란 뜻이 있으며 오드코롱과 특징, 용도가 같다. 프랑스 제품은 모두 알코올 농도가 표시되며, 90도, 85도, 75도 등이 가장 많이 애용되고 고급품일수록 알코올 농도가 낮다.

05

향수의 관리

1. 향수의 선택 요령

- 후각은 초저녁 이후에 매우 민감해지므로 오후 늦게 향수를 선택하는 것이 좋다.
- 향수의 향을 직접 코에 대고 맡지 않는다.
- 향수는 발향 단계에서 알코올이 제거되고 난 후의 향이 본래의 향취이므로, 블로터 스트립(향을 맡는 종이)을 사용하거나 없을 경우 티슈를 사용하여 알코올 냄새를 제거한 후에 향을 맡아 보고 선택한다.
- 한꺼번에 여러 가지 향수의 향을 맡지 않는다.
- 몸이 아프거나 치료를 받고 있을 때는 향을 선택하기에 바람직하지 않다.
- 나이, 옷, 시간, 장소에 따라 향수를 선택한다.
- 젊은 층은 은은하고 가벼운 향수가 좋다.
- 향수를 구입할 때는 다른 향수를 뿌리지 않은 상태에서 선택한다.
- 동일한 향의 Body 제품을 사용하여 향의 효과를 극대화한다.

2. 향수의 사용 방법

- 향은 아래에서 위로 발산되며, 체온이 높고 맥박이 뛰는 곳일수록 확산이 잘 된다.
- 퍼퓸일 경우 플라콩(스프레이가 부착되어 있지 않은 병) 타입이 많으므로 신체에 직접 찍어 바르는 것이 좋고, 스프레이 타입인 경우는 신체의 넓은 부위에 뿌리거나 옷에 사용하는 것이 좋다.
- 귀 뒤, 팔 안쪽, 손목, 정강이 안쪽, 무릎, 손바닥, 목덜미 등 맥박이 뛰고 체온이 높은 곳에 뿌리는 것이 좋다.
- 옷 또는 액세서리에는 스커트 안쪽 단, 슈트와 넥타이 안쪽, 스타킹 등에 뿌린다.

향수 사용 시 유의 사항

- 실크나 흰옷, 모피, 가죽 제품에는 직접 사용하지 않는 것이 좋다.
  ☞ 향수 자체의 색에 의해 쉽게 얼룩지기 때문이다.
- 한 번에 두 가지 이상의 향수를 사용하지 않는다.
- 상처 난 부위나 손상된 피부에는 직접 뿌리지 않는다.
- 땀이 많이 나는 겨드랑이에는 향수를 사용하지 않는다.
  ☞ 겨드랑이 전용 제품을 사용한다.
- 보석류는 향수와 닿을 경우 광택을 잃거나 변색되기 쉬우므로 각별히 조심한다.

- 지나치게 많은 향을 사용하면 오히려 부정적인 이미지를 줄 수 있으므로 적정량을 사용하도록 주의한다.
- 항공 객실 승무원은 향수 사용이 필수이다. 하지만 식음료 서비스 약 1시간 30분 이전에 사용하고 그 이후는 향수 사용을 삼간다.
- 항공 객실 승무원은 항공기 내에서 향수 사용 시 식음료 맛에 영향을 끼치지 않도록 식음료 주변에서 사용하지 않으며 향이 식음료 위로 퍼지지 않도록 특히 주의한다.

3. 향수의 보관 방법

- 어둡고 통풍이 잘되는 곳에 보관하고 흔들리기 쉬운 곳이나 열기, 먼지가 있는 곳은 피한다.
- 13~15도 정도의 일정 온도에서 보관하는 것이 좋다.
- 온도가 너무 낮으면 원액의 결정이 분리되고 온도가 너무 높으면 향의 원액이 산화되거나 분해된다.
- 한 번이라도 사용한 향수는 진공 상태를 벗어나 조금씩 증발하므로 반드시 사용 후에는 뚜껑을 바로 닫고, 너무 오래 사용하지 않는 것이 좋다.

세계의 향기 역사

향기의 역사는 약효가 있는 식물을 영험한 힘을 지닌 자연의 혼이라고 여긴 고대인들의 믿음에서 시작되었다. 인도에서는 백단 또는 열대성 식물을 힌두교의 분향 의식에 사용하였고, 이집트나 메소포타미아 지역에서는 기원전 4~5세기경 문명 시대부터 사용한 흔적이 발견되는데 대표적인 것으로는 성경에도 나오는 유향과 몰약의 훈향을 들 수 있다. 세계 각 지역에서 발견된 향기의 역사를 간추려 보면 다음과 같다.

이집트

- 향유 요법은 6천 년이라는 유구한 역사를 거쳐 현재까지도 이용되고 있다.
- 샌달우드나 시프레를 이용한 아로마 요법이 유명하다.
- 그리스와 페르시아, 인도의 종교적 영향을 받았고 로마 제국과 유럽 전역에 전파되었다.
- 기원전 3500년경 특정 향료(샌달우드, 미르라)를 이집트 사원에서 미라를 제작하는 데 사용하였다.
- 이집트의 대표적인 향수 키피(Kyphi)는 제조법이 이집트 피라미드 벽면에 기록되어 있다. 16가지 재료를 섞어 만든 것으로 미르라, 시나몬, 주니퍼베리, 스파이크 나드, 카시아, 샤프란, 꿀, 송진, 시프레 등이 들어간다.

메소포타미아

- 바빌론에서 향유 요법을 치료에 이용한 기록이 발견되었다.
- 이라크에 있는 '샤니다르' 유적에서 약 6만 년 전에 살았던 네안데르탈인의 유골과 야로, 그레이프히아신스, 시니카 등의 식물 추출물이 발견되었다.
- 기원전 5500년경 메소포타미아 지방에 살던 수메르인은 처방전, 약제명, 조제 방법 등을 적은 치료법을 점토판에 적기도 하였고, 앗시리아에서는 200여 종의 약초를 의양, 화장, 미용, 종교의 용도로 사용한 기록이 전해진다.

인더스 문명

- 인더스 문명(기원전 3300~1700) 때 사용하던 향료와 제조소가 발견되었다.
- 고대 인도의 아로마는 종교의식, 치료, 미용의 목적으로 사용되었다.
- 향료가 다양하여 대체의학인 아유르베다(Ayurveda)가 발전하였다.
- 기원전 2000년경에 기록된 베다 경전에는 700여 종의 유용한 방향 식물과 그 특성이 수록되었다.
- 아유르베다 약용 식물은 전통 치료와 과학적, 철학적, 종교적 요소를 두루 갖춘 학문 형태의 의학 서적으로도 집대성되었다.
- 인도의 약용 식물은 서양 의학에서 치료용, 아로마테라피에도 이용되고 있다.
- 의학서에 식물에서 추출한 에센셜 오일 이타(Itta) 증류에 대한 기록이 있다.
- 기원전 3세기 불교도의 왕 아소카(Ashoka) 시대에는 약용 식물을 경작, 재배하였다.
- 샌달우드 향이 대표적이다. 몰약, 진저, 시나몬, 베티버와 패출리는 인도에서 유래한 것으로 알려져 있다.

그리스

- 기원전 4000년경 헤로도토스(Herodotos)와 데모크라테스(Democrates)는 이집트를 방문하여 이집트의 향기와 향수를 공부하고 돌아와 의학 센터를 설립하였다.
- 향이 사회 전반적으로 광범하게 사용되고, 종교적으로는 신의 제단에 바치는 향료나 향유를 제조하는 최초의 조향사가 있었다.

- 기원전 300년경 테오파라투스(Theophrastus)는 아로마를 지닌 식물 사용법을 저술하였다.
- 1세기경 디오스코리데스(Dioscorides)는 500여 종의 식물을 다룬 『약물에 대하여(De Meteria Medica)』를 저술하여 서양 본초학의 토대를 마련하였다. 이 책에는 바질, 버베나, 카다몬 로즈, 로즈메리, 갈릭 등의 아로마가 수록되었다.
- 기원전 1240년에 유대인이 이집트에서 이스라엘로 대이주를 할 때 모세가 신으로부터 성유를 만드는 법을 전수받았는데 그 재료에는 미르라, 시나몬 칼라무스, 카시아, 올리브 등이 포함되었으며, 이 성유는 성직자가 봉헌할 때 세대에 걸쳐 사용되었다. 또한 예수가 탄생한 때 프랑킨센스와 미르라가 동양의 보배로 바쳐졌다는 언급도 있다.
- 히포크라테스는 약용 식물을 치료에 사용하였다.

로마

- 향료 문화는 그리스를 거쳐 로마에 전해졌다.
- 로마 시대는 세계 각국과의 활발한 교류로 다양한 아로마 성분이 함유된 에센셜 오일을 생산하였다.
- 로마가 지중해를 평정한 후, 아시아나 중동에서 다양한 향료가 유입되었다.
- 로마인들이 가장 즐겨 사용한 향료는 로즈였는데, 특히 네로 황제 시대에는 로즈 에센셜 오일을 애용하여 연회장이나 왕비 장례식과 거대한 목욕탕에서도 사용하였다.
- 로마인은 모든 생활에 향품을 사용하여 몸과 의복, 집안 벽에서도 향이 나게 하였다. 따라서 향품 제조자가 많았다.
- 에센셜 오일은 고통 완화제로 또는 머리와 몸에 발라 사용했고 목욕 후에는 마사지용으로 사용하였다.
- 약용 식물은 두통, 소화 불량, 피부병, 상처 등의 치료에 사용하였다.
- 향유 요법을 아랍에 전파하였다.

아랍

기원후 980년 아랍의 내과 의사 아비센나(Avicenna)는 카모마일, 캠퍼, 라벤더 등

약 800가지 식물의 정유가 인체에 미치는 효과에 대해 기술했고 냉각 코일(쿨링 시스템)을 사용한 증류 추출법을 고안하여 에센셜 오일의 추출이 가능하도록 하였다. 이 증류 방식으로 현재의 아로마 오일과 비슷한 장미유를 장미꽃으로부터 최초로 얻게 되었다.

그가 저술한 『약학전범집(The Canon of Medicine)』과 『치유의 책(The Book of Healing)』은 오랫동안 의학대학의 교재로 사용되었고 그의 냉각 장치는 유럽 각지로 전해지게 되었다. 아랍인은 최초로 순수한 에탄올을 냉각 장치 증류법으로 얻게 되었으며 이로써 알코올이 첨가되기 시작하여 아랍인의 향수는 오늘날 향수 제조의 기초가 되었다.

헝가리 워터

1370년에 로즈메리 오일을 에탄올에 녹여 만든 것이다. 14세기 헝가리의 엘리자베스 여왕이 애용하던 콜로뉴(Cologne, 화장수)로, 엘리자베스 여왕의 물 또는 아름다움을 유지하게 하는 '영혼의 물'로도 불린다. 처음에는 로즈메리 추출물로만 만들었으나 후에 라벤더와 마조람(Marjoram)을 넣어 만들게 되었다.

당시 70세였던 엘리자베스 여왕은 수도사가 바친 헝가리 워터를 수족 마비와 통풍을 치료하는 데 사용했다고 한다. 헝가리 워터를 온몸에 바르는 것은 기본이고 입욕제, 화장수 등으로 사용하자 지병이 다 나았을 뿐만 아니라 더욱 아름다워져 72세에 폴란드 국왕의 청혼을 받았다는 유명한 일화가 전해지고 있다. 당시 사용한 헝가리 워터의 주재료는 로즈메리나 시더우드였는데, 세월이 흐르면서 점차 다양한 재료를 이용하게 되었다고 한다.

유럽

로마제국이 쇠퇴하며 유럽의 문명도 차츰 쇠락하여 방향제와 관련 지식도 자취를 감추게 되었다. 초기 기독교 지도자들이 향 자체를 천박한 사치품으로 여기고 향의 사적인 이용을 방탕한 생활로 생각하여 당시 기독교인은 몸을 씻는 것을 중지하고 더러움과 악취를 풍기는 것을 오히려 자랑스러워하기도 하였다.

중세 전염병인 페스트(흑사병)가 창궐하자 소나무나 로즈메리 등의 향기 식물을 길거리에서 태우거나 향기 식물의 다발을 몸에 지녀 전염병의 확산을 막으려고 하였다. 이러한 영향으로 유럽 수도원에서는 허브 정원이 경작되었고, 12세기에 독일의 대수녀원 원장인 힐더가르트는 식물 의학에 대한 네 권의 저서를 남기기도 하였다. 이 시기에 아로마테라피 개념이 자리 잡았다.

12~13세기 말에 일어난 십자군 전쟁을 통해 향신료와 약초, 향수 등이 유럽으로 유입되었다. 이때 로즈 워터는 가장 인기 있는 향수로 십자군 원정 시 다른 희귀한 에센스와 증류법과 함께 전해졌다.

13세기에 영국에서는 에센셜 오일을 처음 사용했다는 기록이 있다. 15세기에 이탈리아인은 아로마 성분을 이용하여 향수의 기술을 발달시켰고, 이탈리아의 세도가였던 메디치 가문은 이것을 프랑스의 왕 헨리 2세에게 전해 주었다. 남부 프로방스 지방의 그라세(Grasse)에서 향기 식물을 본격적으로 재배하기 시작하면서 품질이 우수한 아로마 오일을 많이 생산하고, 그라세를 중심으로 향수 제조 산업이 발전하였다. 프랑스는 아로마 오일의 전통적인 산지로 자리 잡게 되었다.

르네상스 시대에 제약 회사들이 방향 물질을 제조하고 16세기에는 천연 장미수와 라벤더 화장수를 약국에서 판매하였다. 19~20세기 말, 사회가 산업화되면서 화학 합성 향료 개발로 향수의 대량 생산이 가능해졌다. 20세기 중반부터 향수를 대량 생산하였다.

MANNERS & IMAGE MAKING

CHAPTER_ 7

음성 및 대화 이미지

01

음성 이미지 이해

사람은 저마다 음성이 다르고 목소리만으로도 사람을 알아볼 정도로 목소리 이미지도 다르다. 고객을 응대하거나 방송을 해야 하는 항공 객실 승무원은 정확한 의사를 분명히 전달하고 부드러운 인상을 주기 위해 음색이나 발음 등에 특별한 주의를 기울일 필요가 있다.

1장의 '04. 표정 이미지'에서 언급한 머레이비언 법칙에 의하면, 대화에서 상대에게 받는 첫인상을 형성하는 데 시각이 55%, 청각이 38%, 언어가 7%의 영향을 미친다. 여기서 시각 이미지는 앞서 배운 표정과 용모 · 복장, 제스처 따위의 외적으로 보이는 부분이고, 청각 이미지는 목소리의 톤이나 음색 같은 언어의 품질이며, 언어는 말의 내용이다.

이 이론에 의하면, 상대가 하는 말의 내용은 단 7%의 영향을 미치지만, 비언어 영역인 시각 이미지와 청각 이미지는 93%의 영향을 미쳐 상대에 대한 이미지와 호감도를 좌우한다. 이 이론은 항공 객실 승무원과 같이 짧은 시간에 고객에게 좋은 이미지를 주어야 하는 직무 교육에 적극 활용되고 있다.

1. 음성 이미지의 구성 요소

음색(Tone)

목소리에서 느껴지는 분위기나 어조, 목소리의 밝고 어두움을 가리킨다. 일반적인 서비스 제공 시에는 밝고 경쾌한 톤을 유지하는 것이 효과적이다. 고객 불만 사항을 경청하고 해결해야 할 때는 신뢰감을 주는 중저음의 톤으로 사과의 마음을 정중하게 전달한다.

음조(Pitch)

목소리의 높고 낮음으로 음악의 멜로디와 같은 것이다.

속도(Speed, Tempo)

말의 빠르기를 의미한다. 적정한 말의 빠르기는 음성 이미지의 호감도를 높이는 요소가 된다.

크기(Volume)

음성에 있어 크기는 단순히 크고 작음의 구분 외에 때때로 목소리에 힘이 있는 상태인지 힘이 없는 약한 목소리인지 등으로도 구분된다. 상황과 장소에 맞는 목소리 크기는 대화에서 중요한 요소이다.

발음(Pronunciation)

억양과 강세, 리듬 등을 활용하여 언어의 자음과 모음을 소리 내는 방식으로 언어마다 발음 체계가 다르다. 아무리 목소리가 좋아도 발음이 부정확하면, 좋은 이미지를 연출하기 어려울 뿐 아니라 의사소통에서 정확한 정보를 전달하지 못한다.

억양(Intonation)

말의 높낮이이다. 억양에 따라 의문문과 평서문 등이 구분되며 전달하고자 하는 의미가 달라진다.

휴지(Pause)

말하기 중 잠시 쉬어 가는 것이다.

2. 음성 이미지의 기능

지금 이순간 목소리가 좋은 사람을 한번 떠올려 보자. 목소리가 맑은 지인이나 연예인 등이 떠올랐을 것이다. 이렇듯 목소리는 한 사람에 대한 이미지를 결정하는 데 큰 영향을 미침을 알 수 있다.

또 음성 이미지는 생각과 의사를 효과적으로 전달하는 중요한 창구이기 때문에 대화의 몰입도나 전달력을 높이는 수단으로 활용되며, 결과적으로 사회적 신뢰도를 높이는 이미지메이킹의 요소로서도 중요성을 지닌다. 목소리는 쉽게 바뀌지 않지만 개인의 노력과 전문적인 훈련으로 충분히 변화시킬 수 있다.

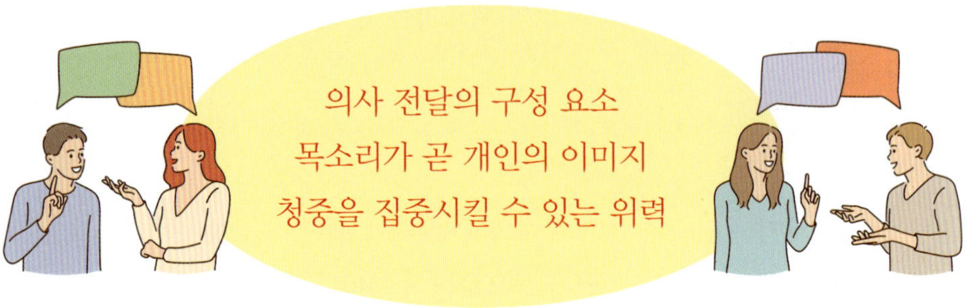

음성 이미지(목소리)의 기능

청각적 첫인상을 부정적으로 만드는 요인

사람들은 대화할 때 쇳소리가 심하거나 자신감이 없이 기어들어가는 목소리로 말하는 사람은 호감도가 낮아진다고 말한다. 또 발음이 부정확하고 문장을 끝까지 정확하게 전달하지 못하는 사람은 신뢰감을 떨어뜨려 비즈니스 관계에서도 좋은 첫인상을 주기 어렵다. 이렇게 음성 이미지는 전체 이미지를 훼손하는 부정적 요인으로 작용할 수 있다. 자신의 음성 이미지를 정확하게 진단한 후 아래와 같은 부정적 요소를 고치기 위해 노력해 보자.

부정적으로 느껴지는 음성 이미지

귀에 거슬리는 (지나친 고음, 저음, 앙칼진) 목소리
너무 빠르거나 느리거나 뜸을 들이는 말투
자신감이 없이 기어들어가는 말투
힘없이 뒷말을 흐리는 말투
빈정대는 듯한 말투
억양이 없는 딱딱한 말투

청각적 첫인상의 긍정적 개선 방법

좋은 목소리는 호흡, 발성, 발음 이 세 가지가 조화를 이룰 때 맑고 힘이 있으며, 전달력이 높아진다. 상대가 풍부한 호흡으로 소리의 울림을 크게 하고 분명하게 발음할 때 우리는 '목소리가 좋다'고 이야기한다.

좋은 목소리

자연스럽고 성량이 풍성함
음색이 맑고 뚜렷함
공명이 잘되고 듣기 좋음
발성과 발음이 정확함

02

음성 이미지메이킹

1. 호흡

복식 호흡이란 공기를 복부로 보내 깊이 쉬는 심호흡이다. 공기를 들이마시면서 복부가 불룩해지고 공기를 내쉬면서 복부가 홀쭉해진다.

복식 호흡의 효과

- 긴장 완화, 집중력 발휘
- 성대 보호, 음성 안정, 건강에 유익
- 한 번의 호흡으로 길고 안정감 있는 발화 및 대화가 가능

2. 발성

발성은 소리의 울림이자 크기와도 같다. 좋은 발성이란 공명(共鳴)이 되어 함께 울리는 것이다. 발성을 풍부하게 하려면 입안의 아치를 넓혀야 하는데, 아치는 입을 크게 벌렸을 때 만들어지는 목구멍과 목젖의 둥근 형태이다. 목젖을 올려 아치가 커져야 좋은 소리가 나온다. 또 또렷하고 중심이 잡힌 목소리를 내려면 입 근육과 복부 근육이 이완되어 있어야 하고 복식 호흡을 해야 한다.

자신에게 맞는 목소리 톤 찾기

- '음 ~~~'을 3초간 실시한다.
- 목이 아주 편안한 상태에서 자연스럽게 나오는 편안한 목소리를 찾는다. 이 목

소리가 자신의 목소리이다.

- 아래 단어를 천천히 발음하는데, 이때 입 안에 있던 공기가 앞니 뒤쪽을 치고 입 밖으로 나가도록 한다.

1단계		2단계
음 ~~~ 하나~~~		나 ~니~노~
음 ~~~ 두울~~~		마 ~미~모~
음 ~~~ 세엣~~~		매 ~미~
음 ~~~ 네엣~~~		나 ~무~
음 ~~~ 다섯~~~	➡	나 ~니~노~
음 ~~~ 여섯~~~		아 ~침~마~당~
음 ~~~ 일곱~~~		땅 ~콩~강~정~
음 ~~~ 여덟~~~		퐁 ~당~퐁~당~
음 ~~~ 아홉~~~		
음 ~~~ 열~~~		

3. 발음 연습

우리나라 말은 쓰기와 소리 내는 것이 달라 그 원리를 이해하지 못하면 발음하기가 어렵다. 가장 기본적인 단모음부터 차근차근 체계적으로 발음 연습을 시작해 보자. 특히 항공 객실 승무원은 기내 방송과 대화에서 정확한 정보 전달로 승객에게 도움을 주어야 하므로 확실한 발음 연습과 교정이 필수이다. 그럼 입 근육을 충분히 풀 수 있도록 스트레칭한 후에 제시된 모음이나 자음, 장음을 천천히 정확히 발음해 보도록 한다. 이때 평소와 같이 습관적으로 편하고 쉽게 대강대강 발음하지 않도록 유의한다.

실습

내 발음 진단

밑줄 그은 단어에 주의하여 아래 문장을 천천히 읽어 보고 자신의 발음을 정답과 비교해 본다. 특히 안 되는 발음을 아래 빈칸에 따로 적고 꾸준히 연습하세요.

① 하늘이 맑고 호수도 맑습니다.
② 주변을 훑다 보니 저녁이 되었습니다.
③ 훼손된 골동품은 값어치가 떨어진다.
④ 적군이 무릎을 꿇자 모두 총부리를 거두었다.
⑤ 막내는 겨우 열 살이다.
⑥ 부모님이 밭에서 구슬땀을 흘리신다.
⑦ 장마에 큰비로 물난리가 났다.
⑧ 실이 팽팽해져 끊겼다.
⑨ 집이 정말 넓다는 생각이 들었다.
⑩ 남의 발을 밟는 무례를 범치 마시오.

정답

① [말꼬] [막씀니다] ② [훌따] ③ [가버치가] ④ [무르플 꿀차] ⑤ [망내] ⑥ [바테서] ⑦ [물랄리] ⑧ [끈켣다] ⑨ [널따는] ⑩ [밤는]

1) 단모음 연습

단모음은 10개이며 발음하는 동안 입 모양이 변하지 않고 그대로 유지된다. 입이 벌어지는 정도는 이 → 에 → 아 → 오 → 우, 으 → 애 → 어 → 외 → 위 순으로 갈수록 크다. ☞ 외와 위 발음 시에는 입을 크게 벌리지 않는다.

- (예문) 외국, 외상, 외출, 위로, 위상, 위기

ㅏ ㅐ ㅓ ㅔ ㅗ ㅚ ㅜ ㅟ ㅡ ㅣ

2) 이중 모음 연습

이중 모음은 11개이며 발음하는 동안 입 모양이 바뀐다.

ㅑ ㅒ ㅕ ㅖ ㅘ ㅙ ㅛ ㅝ ㅞ ㅠ ㅢ

'ㅢ'의 세 가지 발음

① 단어의 첫음절에서 [ㅢ]로 발음한다. 예) 의사, 의미, 의복

② 첫음절 이외에서 [ㅣ]로 발음한다. 예) 주의, 강의, 신의

③ 조사일 때 [ㅔ]로 발음한다. 예) 나의 조국

- (예문) 의회 민주주의의 의의 ➡ [의회 민주주이에 의이]

'ㅘ/ㅝ'와 'ㅙ/ㅞ' 발음

이중 모음을 단모음으로 소리 내지 않도록 주의한다.

- (예문) 관광[간강] (X), 권투[건투] (X),
  왜곡[ㅗ-ㅏ-ㅣ] (O), 웬일[ㅜ-ㅓ-ㅣ] (O)

3) 긴소리 모음 연습

모음의 장단을 구별하여 단어의 첫음절에서만 긴소리가 나는 것이 원칙이다.

눈:보라/첫눈, 밤:나무/군밤,
말:씨/참말, 많:다/수많다,
감:다/휘감다

또 음의 길이에 따라 단어의 뜻이 달라지기도 하므로 유의한다.

굴(먹는 굴)/굴:(땅굴), 눈(신체)/눈:(내리는 눈)
담(벽)/담:(질병), 돈(돼지)/돈:(화폐)
돌(생일)/돌:(광물), 밤(낮밤)/밤:(먹는 밤)
배(과일, 교통)/배:(곱), 말(동물)/말:(말소리)
평(넓이 단위)/평:(평가), 해(연도, 태양)/해:(바다)

예문

- 많은 별이 하늘에 총총 떠 있다. ➡ 많:은 별:이 하늘에 총총 떠 있다.
- 발 없는 말이 천 리 간다. ➡ 발 없는 말:이 천:리 간다.

4) 긴소리 숫자 연습

숫자를 칭하는 말은 한글과 한자어가 있다. 숫자의 장음은 수치를 정확하게 전달해야 한다는 점에서 더욱 주의해야 한다. 숫자 중 긴소리를 내는 것은 2, 4, 5, 10이며, 이 숫자의 한자어와 한글(수사와 관형사)도 길게 발음한다.

이(二)/둘/두, 삼(三)/셋/세/석,
사(四)/넷/네/넉, 열, 쉰, 만

예문

- 사람이 겨우 셋뿐이다. ➡ 사람이 겨우 셋:뿐이다. (한글 수사)
- 만으로 열 살이다. ➡ 만:으로 열:살이다. (한글 관형사)

• 목표는 시장 점유율 43% 달성이다. ➡ 목표는 시:장 점유율 사:십삼프로 달성이다. (한자)

5) 자음 연습

자음은 19개이다. 자음 소리를 바르게 내려면 조음 기관과 혀의 위치를 알아야 한다.

구분	입술소리	혀끝소리	경구개음	연구개음	목청소리
예사소리	ㅂ	ㄷ, ㅅ	ㅈ	ㄱ	ㅎ
거센소리(격음)	ㅍ	ㅌ	ㅊ	ㅋ	
된소리(경음)	ㅃ	ㄸ, ㅆ	ㅉ	ㄲ	
비음	ㅁ	ㄴ		ㅇ	
유음		ㄹ			

☞ 연구개는 입천장 뒤쪽의 연한 부분이고 경구개는 입천장 앞쪽의 단단한 부분이다.

6) 받침소리 연습

자음으로 만드는 받침은 홑받침(ㄱ, ㄴ, ㅎ 등)과 겹받침(ㄲ, ㄳ, ㄺ 등)을 포함하여 총 27개이다. 두 개의 자음이 합쳐진 겹받침에서 첫소리에 오는 자음은 대개 제소리(음가)를 내지만 끝소리에 오는 것은 제소리를 내지 않고 대표음 소리를 낸다. 27개 자음 중 소리를 내는 자음은 ㄱ, ㄴ, ㄷ, ㄹ, ㅁ, ㅂ, ㅇ 7개이다.

받침	음가	발음 예시
ㄱ, ㄲ, ㅋ(ㄳ, ㄺ)	ㄱ	닦다[닥따], 부엌[부억], 넋[넉], 흙[흑]
ㄴ(ㄵ, ㄶ)	ㄴ	혼[혼], 앉다[안따], 않아서[안아서]
ㄷ, ㅅ, ㅆ, ㅈ, ㅊ, ㅋ, ㅌ, ㅎ	ㄷ	곶[곧], 놓는[논는]
ㄹ(ㄼ, ㄽ, ㄾ, ㅀ)	ㄹ	여덟[여덜], 외곬[외골], 핥는[할른], 옳아[올아]
ㅁ(ㄻ)	ㅁ	삼(삼) 삶[삼], 앎[암]
ㅂ, ㅍ(ㅄ, ㄿ)	ㅂ	입[입], 늪[늡], 앞[압], 없다[업따], 읊다[읍따]
ㅇ	ㅇ	공[공]

☞ 위 표의 예시처럼, 겹받침 ㄻ, ㄼ은 첫소리가 아니라 끝소리에 오는 음이 제소리를 낸다.

실습

단모음 발음 실습

나머지 빈칸을 채우면서 단모음을 발음해 보세요.

	ㅏ	ㅑ	ㅓ	ㅕ	ㅗ	ㅛ	ㅜ	ㅠ	ㅡ	ㅣ
ㄱ	가	갸	거	겨	고	교	구	규	그	기
ㄴ	나									
ㄷ	다									
ㄹ										
ㅁ										
ㅂ										
ㅅ										
ㅇ										
ㅈ										
ㅊ										
ㅋ										
ㅈ										
ㅌ										
ㅍ										
ㅎ										

이중 모음 발음 실습

나머지 빈칸을 채우면서 이중 모음을 발음해 보세요.

	ㅑ	ㅚ	ㅕ	ㅟ	ㅛ	ㅞ	ㅠ	ㅖ	ㅘ	ㅙ	ㅝ	ㅒ
ㄱ	갸	괴	겨	귀	교	궤	규	계	과	괘	궈	걔
ㄴ	냐											
ㄷ	댜											
ㄹ	랴											
ㅁ												
ㅂ												
ㅅ												
ㅇ												
ㅈ												
ㅊ												
ㅋ												
ㅈ												
ㅌ												
ㅍ												
ㅎ												

받침소리 발음 실습

받침소리를 내는 원리대로 예문의 단어를 발음해 보고, 발음이 안 되는 단어는 아래 빈칸에 적어 따로 연습하세요.

1. 받침소리는 ㄱ, ㄴ, ㄷ, ㄹ, ㅁ, ㅂ, ㅇ 7개 자음만 발음한다.
2. 받침 ㄲ, ㅋ, ㅅ, ㅆ, ㅈ, ㅊ, ㅌ, ㅍ은 어말 또는 자음 앞에서 각각 [ㄱ, ㄷ, ㅂ]으로 발음한다.

   닦다[닥따], 키읔[키윽], 덮다[덥따]

3. 겹받침 ㄳ, ㄵ, ㄼ, ㄽ, ㄾ, ㅄ은 어말 또는 자음 앞에서 각각 [ㄱ, ㄴ, ㄹ, ㅂ]으로 발음한다.

   몫[목], 앉다[안따], 얇다[얄:따], 외곬[외골], 핥다[할따], 없다[업:따]

4. 겹받침 ㄺ, ㄻ, ㄿ은 어말 또는 자음 앞에서 각각 [ㄱ, ㄴ, ㅁ, ㅂ]으로 발음한다.

   칡[칙], 늙지[늑찌], 맑고[막꼬], 흙과[흑꽈], 닮다[담:따], 앎[암:], 읊지[읍찌]

5. 받침 ㅎ(ㄶ, ㅀ)이 다음과 결합하는 경우 발음은 다음과 같다.
   - ㄱ, ㄷ, ㅈ와 만나면 [ㅋ, ㅌ, ㅊ]으로 발음한다.

     놓고[노코], 좋던[조:턴], 쌓지[싸치], 많고[만:코], 않던[안턴], 닳지[달치]

   - ㅅ과 만나면 [ㅆ]으로 발음한다.

     닿소[다쏘], 많소[만:쏘], 싫소[실쏘]

   - 모음으로 시작된 어미나 접미사와 만나면 'ㅎ'을 발음하지 않는다.

     낳은[나은], 쌓이다[싸이다], 많아[마:나], 닳아[다라], 싫어도[시러도]

   - ㅎ이 ㄴ과 만나면 [ㄴ]으로 발음한다.

     놓는[논는], 쌓네[싼네], 않는[안는]

6. 홑받침이나 쌍받침이 모음으로 시작된 조사나 어미, 접미사와 결합하면 제 음가대로 뒤 음절 첫소리로 옮겨 발음한다.

   깎아[까까], 있어[이써], 낮이[나지], 쫓아[쪼차], 앞으로[아프로]

7. 겹받침이 모음으로 시작된 조사나 어미, 접미사와 결합하면 뒤의 것만을 뒤 음절 첫소리로 옮겨 발음한다. ☞ 이때 'ㅅ'은 된소리로 발음한다.

넋이[넉씨], 앉아[안자], 닭이[달기], 읽어[일거], 삶에[살:메], 옮은[올믄],
여덟을[여덜블], 밟을[발블], 핥아[할타], 값을[갑쓸]

8. 받침 뒤에 모음 'ㅏ, ㅓ, ㅗ, ㅜ, ㅟ'로 시작되는 실질형태소가 오면 대표음으로 바꾸어 뒤 음절 첫소리로 옮겨 발음한다.

늪 앞[느밥], 맛없다[마덥다], 겉옷[거돋], 헛웃음[허두슴], 꽃 위[꼬뒤]

☞ 실질형태소는 구체적인 대상이나 동작, 상태를 표시하는 형태소이다. '철수가 책을 읽었다'에서 '철수', '책', '읽' 등이다.

기타 주의할 발음

꽃을[꼬슬] (×) → [꼬츨] (○)
빛이[비시] (×) → [비지] (○)
숲이[수비] (×) → [수피] (○)
한강[항강] (×) → [한강] (○)
깃발[깁빨] (×) → [긷빨] (○)
부엌에[부어게] (×) → [부어케] (○)
원룸[월룸] (×) → [원눔] (○)
꽃잎[꽁닙] (×) → [꼰닙] (○)
밭을[바츨] (×) → [바틀] (○)
숲길[숙낄](×) → [숩낄](○)
전무[점무] (×) → [전무] (○)
문닫고[문닥꼬] (×) → [문닫꼬] (○)
밭 아래[바타래] (×) → [바다래] (○)
온라인[올라인] (×) → [온나인] (○)

☞ 맛있다[마딛따/마싣따]와 멋있다[머딛따/머싣따]는 둘 다 맞는 발음이다.

[출처 : 1988년 표준어 규정의 제2부 표준 발음법 제4장 '받침의 발음' 제8~15항을 바탕으로 재구성함]

장단이 다른 동음이의어

일상에서 자주 사용하는 동음이의어이다. 소리의 길고 짧음에 따라 단어의 뜻이 달라지므로 유의하여 익혀 두세요.

단음	장음	단음	장음
가정(家庭)	가정(假定)	의사(醫師)	의사(義士)
거리(길)	거리(距離)	이사(移徙)	이사(理事)
동화(同化)	동화(童話)	자기(自己)	자기(磁氣)
모자(帽子)	모자(母子)	자주(빈번하게)	자주(紫朱)
무력(無力)	무력(武力)	장사(물건 팔기)	장사(壯士)
부상(浮上)	부상(負傷)	전기(前期, 傳記)	전기(電氣, 轉機)
부자(父子)	부자(富者)	정상(頂上)	정상(正常)
부하(部下)	부하(負荷)	정원(庭園)	정원(定員)
사고(思考)	사고(事故)	제비(추첨)	제비(새)
사과(沙果)	사과(辭過)	조기(생선)	조기(早期)
사장(社長)	사장(死藏)	종(鐘)	종(노비)
사전(辭典)	사전(事前)	주사(酒邪)	주사(注射)
선물(先物)	선물(膳物)	처형(妻兄)	처형(處刑)
성인(成人)	성인(聖人)	통장(通帳)	통장(統長)
수치(羞恥)	수치(數値)	한식(寒食)	한식(韓食)
시인(詩人)	시인(是認)	화장(化粧)	화장(火葬)
시장(배고픔)	시장(市長, 市場)	회의(懷疑)	회의(會議)

☞ 이외에 장음으로는 사람, 하지(夏至), 하산(下山), 한국(韓國), 살다, 알다, 감다, 신다, 밟다, 삶다, 적다(글로 쓰다) 등이 있다.

4. 항공 객실 승무원의 음성 이미지 트레이닝

실제로 아나운서는 억양과 발음 등이 정확해야 하므로 면접 등을 앞두고 뉴스 보도 등으로 음성을 훈련하는 경우가 많다. 그러나 일반 뉴스는 정보 전달을 목적으로 하므로 톤이 다소 무겁고 내용에 따라 말끝을 내리는 억양이 많을 수 있어 서비스인의 상냥한 음성 이미지 트레이닝과는 다소 차이가 있다. 이와 같은 이유로 항공 객실 승무원은 일반 뉴스 보도보다 더 밝은 분위기를 연출하되 발음하기 어려운 단어가 포함된 대화로 음성 이미지를 트레이닝하는 사례가 늘고 있다.

항공 객실 승무원에게 승객 탑승 시 환영 방송은 승객을 대면하는 첫인사이다. 정성을 다해 모시겠다는 마음을 전달하는 밝은 톤으로 인사하되 비행 정보를 정확히 전달하기 위해 발음을 또렷하게 구사하려는 많은 연습과 노력이 필요하다. 아래의 환영 인사(Welcome) 방송을 실습하도록 한다.

환영 인사(Welcome)

손님 여러분, 안녕하십니까?
저희 인하항공은 여러분의 탑승을 진심으로 환영합니다.
여러분께서 편안하게 여행하실 수 있도록 정성을 다하겠습니다.
여러분이 탑승하신 이 비행기는 기내 네트워크에 접속하여 영화, 단편물, 음악 등 다양한 기내 무선 엔터테인먼트를 무료로 이용하실 수 있습니다.
보다 자세한 사항은 기내지 인하랑을 참고하여 주시기 바랍니다.
휴대전화 등 전자기기는 비행기 모드로 변경하여 사용하실 수 있습니다.
기내 안전 요원인 승무원의 지시에 협조해 주시고, 승무원의 업무를
방해하는 행위는 항공보안법에 따라 금지돼 있음을 알려드립니다.

실습

내 음성 이미지 진단

자신의 음성 이미지가 서비스인에게 적합한 음성인지 알 수 있도록 항공 객실 승무원의 좋은 목소리와 비교하여 진단해 보세요.

음성 요소	항공 객실 승무원의 음성 이미지	내 음성 이미지
톤	• 계이름 '솔' 정도의 경쾌하고 밝은 톤 • 불만 승객 응대 시나 비상 상황 대처 시에는 한 톤이 낮은 중저음의 신뢰감 있는 목소리 톤	
억양	• 자연스러운 표준어 억양으로 문장 끝을 어색하게 높이지 않는다. • 끝 억양을 지나치게 짧게 처리하거나 낮게 하여 무뚝뚝한 인상을 주지 않는다.	
발음	• 정보 전달을 정확하게 하여 고객에게 혼선을 주지 않도록 힘을 주어 또박또박 끝까지 다 발음한다.	
크기와 속도	• 항공기 엔진 소리를 고려하여 일반 대화 시보다 크게 말하고 고객의 원활한 이해를 돕기 위해 천천히 대화를 이어간다. ☞ 승객 휴게시간에는 취침 승객을 고려하여 목소리 크기를 조절한다.	
전체적인 느낌	• 편안하고 안정감이 느껴진다. • 상냥하고 친절한 느낌이 든다.	

03

대화 이미지 이해

대화는 사람이 상호 간에 마주 대하여 이야기를 주고받는 행위나 그 이야기 자체를 일컫는다. 대화는 자신이 표현하고자 하는 생각과 의도를 전달하는 가장 효과적인 방법이다. 또 상대의 생각을 알 수 있고 그 생각에 공감을 표현할 수 있는 수단이기 때문에 그 중요성이 더욱 크다고 할 수 있다.

대화는 대화를 나누는 상대(Who), 대화가 이루어지는 장소(Where), 주제(What)와 목적(Why)에 따라 적당한 대화법을 다양하게 구사해야 하는 어려움이 있다. 그러나 기본적인 대화를 구성하는 기본 요소와 기법을 익히고 꾸준히 연습하면 4W(Who, Where, What, Why)에 맞는 대화를 순발력 있게 이어 나갈 수 있을 것이다.

특히 항공 객실 승무원은 시공간이 제약된 환경에서 여러 고객과 동료들 간의 대화를 통해 업무를 수행한다는 점에서 원활한 소통 창구로서 대화 능력을 반드시 겸비해야 한다. 객실 승무원은 승객을 존중하고 배려하는 서비스 마인드를 대화로 표현해야 하므로 정중하고 바른 서비스 대화를 구사할 수 있도록 꾸준히 노력해야 한다. 최근 이 점을 인식한 항공사가 채용 면접에서 대화를 통해 고객 만족을 이끌어 내는 인재를 등용하고자 커뮤니케이션 비중을 늘리고 있다는 점을 유념하자.

대화의 정의

대화란 상대와 서로 마주하며 주고받는 말이다. 예(禮)가 상대를 존중하고 배려하는 마음에서 우러나듯 대화도 이와 같아야 한다. 눈이 마음의 창이라면 대화는 인격의 창이라는 말이 있을 정도로 대화를 통해 우리는 많은 내적 이미지를 전달한다. 서비스인으로서 항공 객실 승무원이 고객과 나누는 대화의 수준은 항공사 전반의 서비스 품질을 결정한다고 해도 지나치지 않을 만큼 중요하다.

또 대화 상대 상호 간에 매너를 지키는 바람직한 의사소통은 상호 관계를 원활하게 연결시켜 주며, 상호 유대감과 관계 발전에도 도움을 준다.

다음 그림에서 대화의 순환 과정을 살펴보면 메시지를 전달하는 송신자의 언어 표현에 따라 메시지를 받는 수신자의 이해도가 달라진다. 말하는 이의 언어 수준과 개인적 특성, 성격, 발음의 정확성 등이 대화의 품질을 좌우한다.

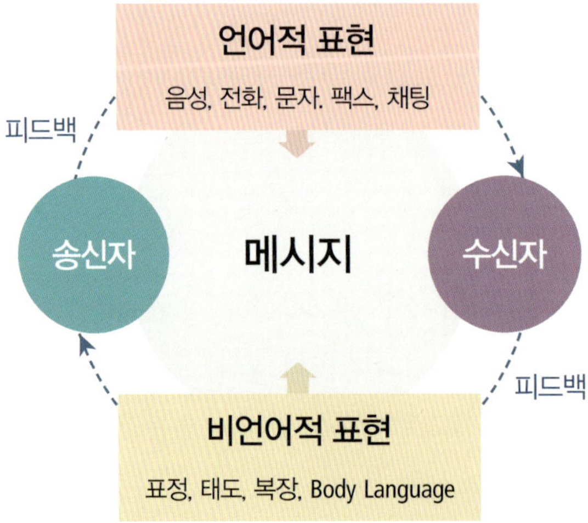

대화의 구성 요소

대화는 말하는 주체인 화자, 듣는 주체인 청자, 그 둘 사이에 주고받는 대화 내용이라는 3요소로 이루어진다. 항공 객실 승무원은 유니폼을 입고 승객과 대면할 때 대화에 더욱 신중을 기해야 한다. 회사를 대표하는 존재로 서비스 품질을 결정하기 때문이다.

04

대화의 기본

첫째, 대화를 함께 나누는 상대에게 예의를 지켜야 한다. 둘째, 대화가 이루어지고 있는 공간에 맞는 예법을 따라야 한다. 셋째, 적합한 화제를 선택해야 한다. 마지막으로 대화의 목적을 단순히 정보 전달에 두지 않고 상대에게 인간적인 진정한 관심과 예의를 표하면 호감도 높은 원만한 대화를 이어갈 수 있다.

- 표정 : 무표정은 말하는 상대를 무시하는 것과 다름없다. 미소와 웃음, 말의 내용에 따라 공감하는 다양한 표정으로 상대에게 존중을 표한다.
- 눈빛 : 상대의 눈을 피하지 않고 마주 본다. 눈빛에도 표정이 있다. 입은 웃고 있으나 눈빛에 무심하거나 지루하거나 경멸하는 느낌이 담긴다면 눈빛으로 상대를 비난하는 것과 같다.
- 손짓 : 한 손가락으로 까닥까닥 가리키거나 손장난, 부산하게 손을 움직이는 행위는 이야기하고 있는 상대를 모욕하는 것이나 진배없다.

  ☞ 방향을 가리킬 때는 손 전체를 사용한다.
- 추임새 : 상대의 말에 반응을 보인다. 맞장구치는 말로 분위기를 돋우고 공감을 표한다.
- 동작 : 고개를 끄덕이거나 상체를 살짝 기울이고 어깨를 으쓱하는 정도로 가볍게 분위기를 맞춘다.

1. 화자와 청자의 기본 자세

말할 때(화자)	들을 때(청자)
• 눈을 맞추고 미소 띠기(Eye Contact & Smile) • 또박또박 분명하게 말의 속도, 음의 높이, 음량과 음성을 적절히 조절하기 • 상대의 관심 분야에 초점 맞추기 • 알아듣기 쉬운 단어로 말하기 • 적절한 칭찬, 공감과 관심 등 감정 표하기 • 대화 내용에 주의 기울이기 • 적정한 대화 거리 유지하기	• 눈을 맞추고 미소 띠기 • 상대에게 집중하면서 표정, 눈빛, 동작으로 호응하며 이따금 추임새 넣기 • 귀 기울여 듣는 경청하기 – 공감하기 – 맞장구치기 – 질문하기 – 메모하기(필요 시) • 말을 끝까지 듣기
• 일방적으로 이야기를 전달하지 않기 • 상대가 모르는 전문용어나 외래어를 남용하지 않기 • 소문이나 험담 피하기 • 과장된 동작은 오히려 대화의 집중을 방해하므로 삼가기	• 말허리를 자르거나 끼어들지 않기 • 건성으로 대답하지 않기 • 손장난을 하거나 시계를 보거나 두리번거리는 등 딴청 부리지 않기 • 상대의 말에 무반응하지 않기 • 혼잣말로 궁시렁거리지 않기

2. 바른 호칭

사회에서 대화 시 상대를 가리킬 때는 원칙적으로 상대의 이름이 아니라 적합한 호칭어로 불러야 한다. 따라서 동료의 이름은 되도록 빨리 외우도록 한다. 항공 객실 승무원은 특히 기내의 담당 구역에서 특별한 도움이 필요한 고객의 경우 고객 정보(SHR)를 미리 확인하여 적합한 호칭으로 고객과 대화해야 한다. 사전에 정보가 없거나 직위에 대한 기록이 없어 호칭을 파악하지 못한 경우에는 서비스 중에 직위나 직업을 알아내서 알맞은 호칭으로 부르는 것도 한 방법이다.

일반적으로 기내에서는 '손님', '고객님'이라는 호칭을 폭넓게 사용하고, 직함을 알고 있는 상용 고객에게는 직함을 호칭으로 사용하여 환영 인사를 할 수 있다. 또 직장 내 상급자에게는 '부사무장님', '팀장님' 등으로 직급이나 직책에 맞게 호칭한다. 후배 승무원이나 동급자라면 대고객 서비스가 이루어지는 공항, 기내, 회사에서는 반말 등의 편한 말 대신 '은영씨', '은영님' 등으로 호칭하도록 한다.

존칭은 사물에 사용하지 않도록 해야 하며 항상 듣는 이의 입장에서 바르게 써야 한다. 기내에서 승객과 대화 시에는 상급자인 팀장이나 기장을 승객보다 더 높여 잘못 호칭하지 않도록 유의한다. 이를 압존법이라고 하는데, 높임법을 사용할 때 듣는 이의 입장에서 제3자의 높임 여부가 결정된다는 것이다. 마지막으로 문서를 작성할 때는 상사의 존칭을 생략할 수도 있다.

바른 호칭	틀리기 쉬운 호칭
• '손님' 또는 '고객님'으로 부른다. • 상급자에게는 직위/직함+님으로 호칭한다. 예) 부사무장님, 팀장님 • 하급자나 동급자이지만 초면이나 선임자인 경우 성과 함께 '님'을 사용한다. 예) 은영님 ➡ 김은영님	• 상사의 존칭은 호칭에만 사용한다. 예) 사장님실 ➡ 사장실 • 고객에게 상급자를 호칭할 때 압존법을 따른다. 예) 손님, 기장님이 비행시간을 방송하실 겁니다. ➡ 손님, 기장이 비행시간을 방송할 겁니다.

3. 예법에 맞는 경어

내면의 생각이 행동이나 말을 통해 밖으로 표현되므로, 부지불식간에 익숙한 평소 말투 또는 인터넷과 SNS에서 사용하는 비속어와 은어가 불쑥 튀어나올 수 있다. 그러므로 특히 서비스인은 평상시 바른 언어 습관을 생활화하는 것이 매우 중요하다. 예쁜 유니폼을 입고 기내 서비스에 대한 지식이 해박해도 말투가 바르지 못하고 격이 떨어진다면 승무원으로서의 이미지메이킹은 실패한 것이라고 할 수 있다. 예법에 맞는 경어의 사용으로 서비스 품격을 높여 보자.

상대를 높여 이르는 말로는 경어, 존댓말, 존대어, 높임말 등이 있다. 이 단어들은 모두 사람이나 사물을 높이는 말이며 그 반대말은 낮춤말이다. 겸양어는 자기를 낮춰 상대를 높이는 말이다. 한편 '셔요', '하십시오' 등은 말하는 이가 자신과 이야기하고 있는 상대에게 적당한 종결어미를 선택하여 상대를 높이거나 낮추는 방법으로 이를 상대 높임법, 상대 존대법, 존비법이라 한다.

상대 높임법 예시

구분	종결어미	예시
격식체 아주 높임	하십시오체 / 합쇼체	갑니다, 갑니까, 갔습니다, 가십시다, 가십시오, 간답니다, 가랍니다, 가랍니까?, 가렵니다
격식체 보통 높임	하오체	가오, 간다오, 가구려, 갑시다, 갑디까?, 행복이오, 행복하다오, 행복이라오
격식체 보통 낮춤	하게체	가게, 가네, 간다네, 가라네, 가세, 가는가?, 갑디까?, 간답니까?, 행복하다네, 행복한가?
격식체 아주 낮춤	해라체	가라, 가(거)라, 가마, 가리라, 간다더라, 가자, 간다, 간다니까, 가냐?, 가느냐?, 가니?
비격식체 높임	해요체	가요, 갔어요, 갔대요, 간대요, 가래요, 가세요, 가셔요, 가시어요, 가세요? ☞ 하십시오체와 하오체를 쓸 자리에 두루 쓴다.
비격식체 낮춤	해체	가, 갔어, 가거든, 가지, 가게?, 가고?, 간다고?, 간다면서?, 간다지? ☞ 종결어미 '–아/어'나 '–지'를 붙여 사용한다.

☞ 이외에 인터넷 사이트에서 네티즌들이 재미 삼아 쓰면서 유행어가 된 말로, 말끝에 '삼'자를 붙여 상대를 보통으로 높이는 표현도 있다. 예) 하삼, 먹으삼

예사말과 존댓말 예시

예사말	존댓말	예사말	존댓말
딸/딸내미	따님	아들/아들내미	아드님
아버지	아버님	어머니	어머님
늙은이/노인	어른/어르신	이 사람	이분
너	당신/귀하	너네/너희	여러분
나이	연세	식사	진지
생일	생신	이름	성함/존함
말	말씀	병	병환
성질	성품	집	댁
아프다	편찮으시다	먹다	잡수시다
말하다	말씀드리다/아뢰다	골내다	화내다/성내다
묻다	여쭙다	보다	뵙다
데려 가다	모셔 가다/모시다	있다	계시다
식사한다	진지를 드신다	죽다	돌아가시다
잠을 잔다	잠을 주무신다	주다	드리다

☞ '당신'은 예사말, 낮춤말, 높임말에 두루 통용되므로 주의하여 사용한다.

존댓말 예시

잘못되거나 부적절한 표현	바른 표현
누구 없어요?	아무도 안 계세요?
저기요.	실례합니다.
빨리요.	빨리 부탁합니다.
지금 자리에 없습니다.	지금 자리를 비웠습니다.
네? 뭐라고요?	한 번 더 말씀해 주시겠습니까?
전화 주세요.	전화 부탁드립니다.
아버지 나예요.	아버지 저예요.
아버지한테 야단맞았습니다.	아버지께 꾸중을 들었습니다.

잘못되거나 부적절한 표현	바른 표현
할아버지가 식사하시네요.	할아버지께서 진지 드시고 계십니다.
선생님이 나에게 주셨습니다.	선생님께서 제게 주셨습니다.
팀장님, 오늘 셔츠가 멋지십니다.	팀장님, 오늘 셔츠가 멋집니다.
사장님, 과장님께서 오십니다.	사장님, 과장님이 옵니다.
부장님 있습니까?	부장님 계십니까?
사장님은 제가 아시는 분이세요.	사장님은 제가 아는 분이세요.
교수님, 할 말 있습니다.	교수님, 드릴 말씀이 있습니다.
손 씻고 이쪽으로 오실게요.	손 씻고 이곳으로 와 주세요.
커피는 리필되십니다.	커피는 리필됩니다.
성희 엄마가 병이 나셨대요.	성희 어머니께서 병환이 나셨대요.
이렇게 오셔서 감사해요.	이렇게 와 주셔서 감사합니다.
아버지 이름이 뭐니?	아버지 존함이 어떻게 되시니?
할머니는 먹고 싶은 것을 자기가 직접 만들어요.	할머니는 잡수시고 싶은 것을 당신께서 손수 만드십니다.
할아버지가 할머니 데리고 여행 갔습니다.	할아버지께서 할머니 모시고 여행 가셨습니다.

4. 객실 승무원의 어법에 맞는 표현

어법에 맞는 정중한 서비스 대화 시 유의점

- 줄임말, 은어 등을 사용하지 않는다.
- '~ 요'체나 반토막 말, 단어만 나열하는 말 등을 사용하지 않는다.
- 사물로 된 주어를 높이지 않는다.
- '너무' '절대로' '결코' 같은 단어는 부정적인 말과 호응하므로 긍정형 표현에 쓰지 않도록 한다.
- 경어와 압존법을 바르게 사용한다.
- 이중 높임은 어법에 맞지 않는다.

어법에 맞는 정중한 표현

잘못되거나 부적절한 표현	바른 표현
사무장님 말씀이 있으시겠습니다.	사무장님 말씀이 있겠습니다.
사무장님 데리고 왔습니다.	사무장님 불러왔습니다.
손님, 사무장님께서 오십니다.	손님, 사무장님 왔습니다.
오늘 화나셨어요?	오늘 기분 언짢으신 일이 있었습니까?
어디 아프세요?	어디 편찮으십니까?
잠깐만요.	손님, 잠시만 기다려 주시겠습니까?
이쪽이요.	손님, 이쪽으로 안내해 드리겠습니다.
얘기할 게 있습니다.	드릴 말씀이 있습니다.
입구는 이쪽이십니다.	입구는 이쪽입니다.
손님, 음료수 마시겠습니까?	손님, 음료수 드시겠습니까?
손님, 아내 선물 뭐 사셨습니까?	손님, 부인 선물은 구입하셨습니까?
이렇게 타 주셔서 감사해요.	손님, 이렇게 저희 ○○항공사를 이용해 주셔서 감사합니다.
LA에 친척 있으세요?	로스앤젤레스에 친지분이 계십니까?
손님 이름이 뭡니까?	손님, 존함이 어떻게 되십니까?
좀 기다리세요.	잠시 기다려 주십시오.

05

대화 이미지메이킹

그동안 학습한 대화의 기본 자세를 바탕으로 최종 목표인 호감을 주는 대화 기법까지 익히도록 한다. 아래의 네 가지 기법, 즉 스몰 토크, 쿠션 용어, 의뢰형/청유형, 긍정형을 적절하게 사용하면 호감도 높은 대화를 이끌 뿐만 아니라 서비스 전반에 대한 고객 만족을 크게 높일 수 있을 것이다.

1. 스몰 토크(Small Talk)

스몰 토크

일상에서 가볍게 나누는 인사나 소소한 내용의 짧은 대화

대화의 본론으로 들어가기 전에 나누는 담소이다.

단둘의 대화가 불편할 때 긴장을 해소한다.

누군가와 얘기할 때 대화가 끊기고, 단둘이 대화할 때 어색한 분위기가 흐르거나 초면인 경우 적당한 화제를 찾지 못해 곤란했던 경험이 있을 것이다. 이런 경우 요긴하게 활용할 수 있는 기법이 바로 스몰 토크이다. 스몰 토크는 협의의 의미에서 한담과 잡담, 수다에 가깝지만 광의의 의미에서는 스치듯 지나가며 짧게 나누는 인사나 일상에서 편안하고 가볍게 나누는 소소한 대화를 통틀어 일컫는다. 특히 매일의 비행에서 낯선 수백 명의 승객을 만나고, 매번 다른 승무원들과 새롭게 팀을 이루어 비행하는 항공 객실 승무원에게는 매우 유용한 대화법이라 할 수 있다. 가벼운 날씨 이야기는 승객과의 대화의 문을 열어 주는 좋은 스몰 토크 주제이다.

"오늘 많이 더우셨죠?" "날씨가 참 좋습니다."
"길은 쉽게 찾으셨어요?" "지난 휴일은 잘 보내셨어요?"

2. 쿠션 용어

쿠션 용어

쿠션처럼 충격을 흡수하여 대화를 좀 더 부드럽게 해 주는 말

서두에 꺼내 미리 양해를 구하는 말이다.
쿠션의 완충 작용처럼 상대의 심적 부담을 덜어 준다.

쿠션 용어란 쿠션이 충격을 흡수하여 신체가 받는 자극을 완화하듯이, 무언가를 요구하거나 부탁하는 말을 할 때 서두에 먼저 꺼내어 상대의 입장에서 양해를 구하고 상대를 안심시키는 말이다. 자신을 낮추어 공손하게 말하는 일종의 겸양어로 다음의 쿠션 용어를 사용하면 상대는 경계나 긴장을 풀고 심적 부담을 덜게 된다.

실례합니다만, 죄송합니다만, 미안하지만,
괜찮으시다면, 결례가 되지 않는다면, 바쁘시겠지만,
번거로우시겠지만, 양해해 주신다면, 가능하시다면,

3. 의뢰형/청유형

의뢰형/청유형

상대방의 의지를 존중하며 부탁하는 말

상대의 의지에 맡기되 정중하게 부탁한다.
결정권이 상대에게 있음을 분명히 밝힌다.

사람은 누구나 자신의 의지에 따라 행동하고 싶어하므로 타인에게서 지시나 명령을 받으면 저항감이나 반항심 등의 부정적인 느낌이 들기 쉽다. 따라서 기내에서 승객과 대화할 때는 의뢰형 문장을 구사함으로써 원하는 바를 승객의 의지에 맡겨 부탁하는 식으로 표현하는 것이 훨씬 효과적이다. 이 경우 결정권이 승객에게 있으므로 승객은 강압의 느낌을 덜 받게 된다.

"벨트 매세요." ➡ "벨트를 매 주시겠습니까?"
"자리로 돌아가세요!" ➡ "자리로 돌아가 주시겠습니까?"
"일어나면 안 돼요." ➡ "일어나지 마시고 착석해 주시겠습니까?"

일반적인 서비스 시점에는 부드러운 표현으로 대화를 이어가다가 안전에 관한 업무를 수행하는 시점에서는 승객에게 강압적으로 느껴질 만한 표현이나 명령조로 들릴 수 있는 말을 함으로써 고객 불만을 야기하는 경우가 있다. 물론 생명과 관련된 긴박한 위급 상황에서는 명령어를 사용할 수 있으나, 그렇지 않은 경우라면 안전 업무 수행 시에도 서비스 전문인답게 부드러운 의뢰형이나 청유형 말로 의사를 전달하도록 한다.

부탁드립니다　~해 주시면 감사하겠습니다
~해 주시겠습니까?　~해 주시기 바랍니다

4. 긍정형

긍정형

YES 화법을 사용하여 상대의 기대에 부응할 수 있도록 한다.

'No'가 아닌 'Yes'로 상대의 요청에 적극적으로 응한다.
기대를 충족시키지 못해도 고객 만족을 이끌 수 있다.

서비스인이라면 고객과의 대화에서 가급적 부정형을 사용하지 않아야 한다. 수락과 가능성을 의미하는 '예'로 대답하겠다는 마음가짐이 고객과 대화의 첫걸음이라고 할 수 있다. '없습니다' '안 됩니다' '그렇게 해 드리기는 어렵습니다' 대신에 쿠션 용어를 곁들여 부정형을 긍정형으로 바꾸어 표현해야 한다.

예를 들어 기내에서 담요를 더 달라고 요구하는 승객을 응대하는 경우, 이미 잔여 담요가 없다는 사실을 알고 있더라도 긍정적인 대답을 함으로써 승객의 요구를 들어주기 위해 적극적으로 노력하고 있다는 모습을 보여 주어야 한다.

"고객님! 괜찮으시다면 잠시만 기다려 주시겠습니까?
담요가 모두 소진된 것으로 알고 있으나 한 번 더 찾아보겠습니다."
"지금은 없습니다만, 창고에 재고가 있는지 알아보고 오겠습니다."
"죄송합니다만, 급한 일을 처리하고
20분 후에 해 드려도 괜찮으시겠습니까?"

5. 그 밖의 대화 기법

1분 동안 말하고

2분 동안 상대의 말을 듣고

3번 맞장구쳐 준다. (1, 2, 3 기법)

공감을 형성하는 말이나 행동

- 대화 중 딴 곳을 바라보거나 시계를 보는 등 딴전을 부리지 않는다.
- 시선을 고정하거나 상체를 기울이는 식으로 주의 깊게 듣고 있음을 표현한다.
- 상대가 이야기하는 도중 자기 나름의 의견을 말하지 않는다.
- 자신에게 관심 있는 부분만 듣고 나머지는 흘려듣는 행동을 하지 않는다.
- 반박할 기회를 기다리며 상대의 말이 끝나기만을 고대하는 행동을 삼간다.

  ☞ 이 경우 자기 위주로 판단하면서 상대의 말을 듣게 된다.
- 상대의 말을 바로 받아치지 않고 잠시 생각한 후에 대답한다.
- 상대와 생각이나 의견이 달라도 즉시 '제 생각은'으로 대꾸하지 않는다.
- 상대의 말에 먼저 동감을 표하고 차이점보다 일치점을 강조하여 말한다.
- 상대의 말을 부정하는 '그게 아니라' 말머리로 대꾸하지 않는다.

대화 시 삼갈 말

- 빗대어 에둘러 하는 말. 자신의 생각을 마치 남의 이야기를 전하듯 돌려 하는 말
- 자기를 방어하는 말. 듣기 거북하다고 해서 바로 맞대응해 변명하거나 가로막는 말
- 감정에 앞서 치우친 말. 고의적으로 큰소리를 내며 격하게 화를 내며 하는 말
- 말을 가로채거나 갑자기 딴소리를 하여 일방적으로 화제를 돌리는 말
- 상대의 사적인 비밀에 대한 질문이나 상대가 싫어하는 화제나 질문
- 횡설수설하며 늘어놓는 무관한 말, 이중적인 의미를 지닌 말
- 무절제한 외국어 남발
- 독점하는 말, 단정적인 말, 남의 허물에 대한 비평이나 뒷담화
- 침묵. 침묵은 간접적으로 의심, 혼동, 추측, 경멸, 무관심, 냉정함을 전한다.

동작으로 알아보는 심리

동작	심리적 의미
다리 꼬고 앉아 있기	불안하며 어색한 느낌, 방어하려는 태도
다리 꼬고 서 있기	긴장하거나 상대를 신뢰하지 못할 때
발목 꼬기	방어적 태도
어깨 으쓱하기	상대 말을 이해하지 못하거나 모름을 표현
대화 중 눈을 마주치기	상대에게 흥미나 매력을 느낀 경우
곁눈질하기	관심이나 적대감을 전달
눈 감기	싫증이 났거나 관심이 없을 때
팔짱 끼기	지루함의 표현
다리 떨기	'도망가고 싶은 심리' 반영, 일종의 불안한 심리를 분출하는 행동
대화 중 발의 방향	상대에 대한 마음의 방향을 가리킴

대화 거리에 따른 관계

영역	대화 거리	관계
근접 영역	15cm 이내	배우자, 애인, 특수한 상황(씨름, 레슬링 등)
친교 영역 (친밀한 거리)	15~45cm	부모, 자녀, 애완 동물 등 감정적으로 친밀한 관계
개인 영역 (사적인 거리)	46~1.2m	칵테일 파티, 회사 행사, 사교 모임, 친구들과의 만남 등에서 타인과 두는 거리
사회적 영역 (사회적 거리)	1.2~3.6m	낯선 사람, 배관공, 목수, 집배원, 상점 주인, 학생과 교사, 사장과 비서의 관계
공공의 영역 (공적인 거리)	3.6m 이상	연설, 프레젠테이션을 할 때 청중과의 거리

06

항공 객실 승무원의 서비스 마인드

서비스 마인드란 영어 단어의 Service와 Mind가 결합되어 남을 위하여 돕거나 봉사하고자 하는 심적인 의욕이나 경향을 가리킨다. 단순히 서비스를 제공하는 행위를 넘어, 서비스하려는 진정한 동기가 부여되어 상대방을 배려하고 도울 준비가 되어 있는 마음 자세라고 쉽게 설명할 수 있겠다.

기계가 많은 직업을 대체하고 있는 4차 산업 혁명 시대에도 고급 레스토랑이나 호텔, 항공기 기내 등 격조 높은 서비스가 제공되는 공간에서 기계가 사람을 대신하여 서비스하는 모습은 상상하기 힘들다. 왜냐하면 기계는 프로그래밍된 정보와 지식에 따라 단순한 행위를 되풀이할 뿐 독자적인 서비스 철학을 갖고 그에 따라 진심을 담아 서비스하기가 불가능하기 때문이다. 이렇듯 서비스 마인드는 반복되는 형식적인 행동으로 대체할 수 없는 전문적이고 인간미 넘치는 고차원적 서비스를 가능케 한다.

서비스 마인드는 언어적 행위와 비언어적 행위에 의해 상대에게 전달되는 경우가 많다. 따라서 서비스 마인드에 대한 평가는 주체자가 스스로 할 수 없고 서비스를 받는 대상자가 할 수 있다는 특징이 있다. 이에 각 기업에서는 고객의 소리(Voice Of Customer, VOC) 제도를 마련하여 직원과 기업의 서비스 마인드에 대해 고객 피드백을 받고 있다. 또 고객의 칭송과 불만 중 칭송은 격려하고 노하우를 동료들에게 전수하도록 하는 반면에 불만은 재발하지 않도록 특별 교육 등을 시행하여 서비스 만족도를 높이고 있다.

서비스 마인드는 일정한 형식으로 규정되지 않으며 개인의 가치관과 사회 통념, 사명 의식 등이 복합적으로 발휘되는 것이다. 다음의 구체적인 고객 불만 사례를 통해 자신은 서비스 마인드가 바르게 정립되었는지 확인해 보자.

실습

서비스 마인드와 고객 피드백

다음 사례를 읽고 고객 불만이 발생한 원인과 재발 방지 방안을 서비스 마인드 차원에서 생각해 보세요.

> 저는 로스앤젤레스에서 유학 중인 대학생입니다. 방학 때마다 늘 ○○항공을 이용하고 있으며, 늘 기대했던 것보다 더 좋은 기내 서비스를 받고 기분 좋게 한국을 방문할 수 있었습니다.
>
> 그런데 이번에는 달랐습니다. 제 좌석 쪽을 담당한 승무원분은 지속적으로 차가운 태도(무표정과 단답형 대답)로 저를 대했으며, 제가 위의 선반을 닫아 달라고 하자 대답 없이 선반을 '쾅' 닫고 지나가기도 했습니다.
>
> 가장 화가 났던 것은 식사 서비스 시간에 메뉴를 주문받는 태도였습니다. 요즘에는 이코노미 클래스에서도 식사에 함께 제공되는 소스나 밥 혹은 면(Starch) 등을 함께 설명해 줍니다. 그런데 이 승무원은 비빔밥과 닭고기 요리, 소고기 요리가 있다고 말한 후 바쁘다는 식으로 빨리 선택하라고 강요하는 듯 저를 쳐다보았습니다.
>
> 만석에 승객의 주문 사항이 많아서 그렇겠지 하며 이해하고 넘어가려고 했는데, 옆에 앉은 아주머니께서 와인에 대해 질문을 했습니다. 그러자 귀찮은 듯이 "캘리포니아 레드 와인을 보통 많이들 드십니다."라고 말한 후 곧이어 "캘리포니아 레드 와인으로 드릴까요?"라고 강요하듯 말하는 태도에 쌓여 있던 불만이 폭발했습니다.
>
> 일반 레스토랑에서도 와인의 품종과 생산지 등은 자세하게 설명해 주며 고객이 선택하기 어려워하면 주문한 음식과 가장 잘 어울리는 와인으로 친절하게 권해 주기도 합니다. 우리나라 최고 항공사라는 ○○항공사의 비즈니스 클래스에서 동네 레스토랑보다도 못한 서비스 마인드를 보여 준 점이 안타까워 글을 남겨 봅니다.

앞의 사례를 읽고 문제점과 재발 방지 방안을 서비스 마인드와 연결하여 아래 빈칸에 작성해 보세요.

■ 문제점 또는 발생 원인

■ 재발 방지 방안

자신이 생각하는 서비스에 대한 철학을 정리해 보세요.

■ 내가 생각하는 서비스 마인드란?

07

상황별 서비스 대화 연습

이 장에서 배운 음성 이미지와 대화 이미지의 내용을 종합적으로 활용하여 비행 절차에 맞는 서비스 대화문을 연습해 보고자 한다. 우선 아래에 나와 있는 비행 절차를 살펴보며 시점별로 어떠한 대화문이 이루어져야 하는지 생각해 본다.

비행 절차는 크게 비행 전, 비행 중, 비행 후로 나눌 수 있다. 이 절차에는 항공기 탑승 전에 지정된 장소에서 비행을 준비하는 브리핑 업무로 시작하여 항공기 탑승 후에 이루어지는 비행 중 업무, 그리고 비행을 마치고 난 후 공항 이동까지 모두 포함될 수 있다.

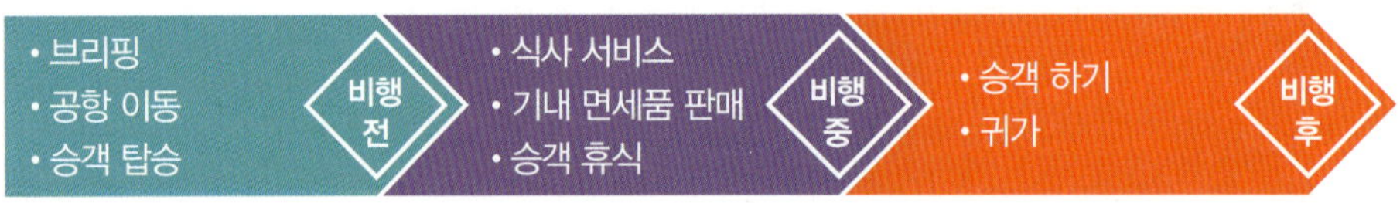

1. 비행 전

1) 브리핑 시점

항공기 탑승 전 지정된 장소에 모여 해당 편 비행에 대한 정보 공유, 공지 사항 등 비행 준비를 확인, 점검하는 것을 객실 브리핑이라고 한다. 브리핑 시에는 함께 근무하게 되는 객실 승무원들과 첫인사를 나누며 바른 호칭을 사용하는 것이 중요하다. 또 비행 정보를 공지할 때는 정확한 발음으로 천천히 내용을 전달하여 이해력을 높이도록 한다. 브리핑 시점부터 근무를 마치는 시간까지 바른 호칭을 유지하도록 한다.

"언니", "오빠" ➡ "사무장님", "선배님"

"지영아", "저기" ➡ "지영씨", "지영님"

2) 공항 이동 시점

공항 이동 중에도 유니폼을 착용한 채 공항을 이용하는 다수의 고객을 만나게 된다. 이때 항공기에 탑승하기 전의 분주한 마음으로, 질문에 대충 답하거나 빨리 자리를 뜨게 되면 고객 불만이 발생할 수 있다. 이때에도 마음의 여유를 갖고 정중한 대화를 나눌 수 있도록 유의한다. 항공기 탑승 전은 마음이 바쁜 시점인데다 이동 중에 무작위로 받는 질문이 비행 중 기내에서 받는 질문보다 응대하기가 더 어려워 당황스러울 수 있다. 따라서 평소에 하지 않던 사물을 존대하여 일컫거나 잘못된 단어를 사용하게 될 수 있으니 더욱 주의하도록 한다.

"○○항공 발권 카운터는 몇 번이죠?"

"네, D 구역이십니다." ➡ "네, D 구역입니다."

3) 승객 탑승 시점

승객 탑승 시는 승객과 만나는 중요한 첫 시점이기 때문에 더욱 밝고 정중한 태도로 임해야 한다. 특별히 여행을 기대하며 설레는 마음으로 항공기에 탑승한 승객의 마음을 공감하며, 밝은 미소와 그에 어울리는 경쾌한 톤의 목소리를 연출하여 진심이 담긴 탑승 인사를 하도록 한다.

이때는 탑승 인사와 함께 좌석 안내 업무도 수행해야 한다. 특히 이 시점에는 좁은 통로에 많은 승객이 몰리게 되므로 적절한 좌석 안내와 짐 보관 등을 도우며 안전하게 탑승이 이루어지도록 해야 한다. 앞서 공항 이동 중에서처럼 좌석 안내 및 기내 시설 안내 시에도 사물에 존칭어를 사용하는 일이 빈번하게 일어날 수 있으니 유의해야 한다.

"손님 좌석은 이쪽이십니다." ➡ "손님 좌석은 이쪽입니다."

"전 좌석이 만석이십니다." ➡ "전 좌석이 만석입니다."

"이곳은 비상구 좌석이십니다." ➡ "이곳은 비상구 좌석입니다."

승객 탑승 시 대화 연습

- 안녕하십니까? 어서 오십시오. 보안을 위해 탑승권을 보여 주시겠습니까? 날짜, 편명 확인하겠습니다. 손님 좌석은 18B로 이층에 있습니다. 계단을 이용하여 이층으로 가시기 바랍니다.
- 짐은 앞 좌석 아래나 선반 속에 보관해 주시기 바랍니다.
- 헤드폰 제공해 드리겠습니다. 영화 시청하실 때 이용하시기 바랍니다.
- 편의용품 드리겠습니다. 칫솔과 슬리퍼가 들어 있으니 비행 중 이용하시기 바랍니다.
- 말씀하신 ○○ 신문 준비해 드리겠습니다.
- 좌석벨트를 매 주시고 등받이를 세워 주시기 바랍니다.
- 지상 이동 중에는 화장실 사용이 금지되어 있습니다.
- 비상구 좌석 안내해 드리겠습니다.
- 이곳은 비상구 좌석으로 비상시 다른 승객의 탈출을 도와주셔야 합니다.
- 자세한 비상구 작동법은 안내 카드를 확인해 주시기 바랍니다.

4) 이륙 전

이륙 전과 착륙 전에는 안전 업무와 관련한 기내 대화를 많이 한다. 이때 승객이 강압적이고 명령조의 대화로 느끼지 않도록 더욱 주의하여 앞서 배운 의뢰형과 청유형, 쿠션 용어 등을 활용하여 정중하게 이야기하는 것이 중요하다. 진지하지 않은 가벼운 태도나 말을 얼버무리는 등의 태도는 신뢰감을 떨어뜨리므로 주의한다.

"손님 벨트 매세요!" ➡ "손님, 좌석벨트 매 주시겠습니까?"

"창문 덮개 여세요!" ➡ "창문 덮개 열어 주시겠습니까?"

"휴대폰 끄세요!" ➡ "휴대폰은 비행기 모드로 변경해 주시겠습니까?"

이륙 전 대화 연습

- 항공기 곧 이륙하겠습니다.
- 등받이, 테이블, 모니터를 제자리로 해 주시기 바랍니다.
- 창문 덮개를 열어 두시기 바랍니다.
- 좌석벨트를 매셨는지 다시 한번 확인해 주시기 바랍니다.
- 휴대폰은 비행 모드로 변경해 주십시오.
- 노트북 등의 전자기기는 사용이 금지되어 있습니다.

2. 비행 중

비행 중에는 각 서비스 절차에 맞는 기내 대화를 자연스럽게 구사할 수 있도록 연습해야 한다. 상황에 따라 식사 메뉴 소개 등 서비스 내용을 설명하거나 난기류 발생과 관련하여 안전 업무에 대한 협조를 요청하게 되는 경우도 있다. 또 승객과의 대화뿐 아니라 함께 근무하는 객실 승무원과도 여러 정보를 공유하거나 상관에게 보고하는 등의 업무에서 정중하고 바른 어법을 사용하도록 노력해야 한다. 특히 승객 앞에서 동료 승무원이나 기장을 높여 말하는 등 압존법 오류를 범하지 않도록 유의한다.

"손님, 담당 승무원께서 곧 점심 준비해 드리겠습니다."

➡ "손님, 담당 승무원이 곧 점심 준비해 드리겠습니다."

비행 중 특히 승객 휴식 시점에는 승객의 다양한 요청이 있을 수 있다. 시점에 알맞은 자연스러운 대화를 구사하여 상황별로 적절히 응대할 수 있어야 한다. 이에 식사 서비스, 입국 서류 배포, 면세품 판매, 승객 휴식 및 영화 시청, 착륙 준비 시점별로 제시된 대화 예문을 따라 연습해 본다.

식사 서비스 시 대화 연습 1

- 점심(아침, 저녁) 드리기 전에 손 닦으실 수 있도록 물수건 드리겠습니다.
- 점심 드리겠습니다. 오늘 점심으로는 부르고뉴 소스로 조리된 쇠고기와 볶음밥이 곁들여진 닭고기가 있습니다.
- 어떤 것으로 드시겠습니까?
- 말씀하신 닭고기 드리겠습니다. 맛있게 드십시오.
- 고추장 드시겠습니까?
- 저녁과 함께 드실 수 있도록 와인 준비해 드리겠습니다.
- 프랑스산 레드 와인과 화이트 와인이 있습니다.
- 어떤 와인으로 드시겠습니까?

식사 서비스 시 대화 연습 2

- 그 외 오렌지, 토마토, 파인애플, 구아바 주스가 있습니다. 탄산 음료로는 콜라, 스프라이트가 있습니다.
- 콜라에 얼음이 필요하십니까?
- 디저트로 아이스크림이 준비되어 있습니다. 녹차 맛 아이스크림입니다.
- 커피와 차가 준비되어 있습니다. 말씀하신 커피, 여기 있습니다.
- 설탕, 크림이 필요하십니까? 뜨겁습니다. 조심하십시오.
- 맛있게 드셨습니까? 치워 드리겠습니다.

입국 서류 배포 시 대화 연습

- 지금부터 입국 서류 서비스하겠습니다.
- 입국 서류는 모두 작성해 주셔야 합니다.
- 세관신고서는 가족당 한 부를 작성하시면 됩니다.
- 음식물 반입은 절대 금지이므로 반드시 세관신고서에 신고해 주시기 바랍니다.
- 애완 동물은 검역신고를 반드시 하셔야 합니다.
- 해외 구입 물품이 면세 허용량을 초과할 경우 반드시 세관신고서에 신고하시기 바랍니다.

면세품 판매 시 대화 연습

- 지금부터 면세품 판매하겠습니다. 필요하신 물건 있으시면 말씀해 주시기 바랍니다.
- 말씀하신 '발렌타인 17년' 여기 있습니다. 총 78,000원입니다.
- 쇼핑백 필요하십니까?
- 결제해 드리겠습니다. 현금과 신용 카드 결제 가능합니다.

- 어떤 결제 수단으로 결제해 드릴까요?
- 말씀하신 신용 카드로 결제해 드리겠습니다.
- 카드 결제 시 원화, 달러로 인출 가능합니다.
- 어떤 것으로 선택하시겠습니까? 네, 카드 원화로 결제해 드리겠습니다.
- 영수증 드리겠습니다. 서명해 주시기 바랍니다.
- 최종 목적지가 어디이십니까? 환승하시는 경우 STEB에 담아 드리겠습니다.
- 보안을 위해 환승하여 다음 항공기로 탑승하시기 전까지는 STEB BAG을 뜯으시면 안 됩니다.
- 다른 필요하신 물건 있으시면 비행 중 언제든지 저희 승무원에게 말씀해 주시기 바랍니다.
- 귀국 선물용으로 '○○향수'를 추천해 드립니다.

승객 휴식 및 영화 시청 시 대화 연습

- 스낵 준비해 드리겠습니다. 삼각김밥, 바나나가 있습니다. 어떤 것으로 드시겠습니까?
- 화장실은 항공기 뒤쪽에 있습니다.
- 안대와 귀마개(Ear Plug) 드리겠습니다.
- 영화에 대한 자세한 내용은 앞 좌석 주머니에 있는 잡지를 참고해 주시기 바랍니다.

착륙 준비 시 대화 연습

- 우리 항공기가 곧 착륙하겠습니다. 등받이와 테이블, 팔걸이를 제자리로 해 주십시오.
- 좌석벨트를 매 주시기 바랍니다.
- 창문 덮개를 열어 두시기 바랍니다.
- 전자기기 사용은 금지되어 있습니다.
- 휴대폰은 비행기 모드로 변경해 주시기 바랍니다.

3. 비행 후

비행 후 기내 대화에는 승객 하기 시점에 이루어지는 Farewell 인사부터 공항 이동 시 승객 응대까지 모두 포함된다. 앞서 승객 탑승 시 Welcome 인사와 마찬가지로 긴 비행 후 여행 목적지에 도착한 승객에게 밝고 정중한 인사를 하여 마지막까지 좋은 인상을 남길 수 있도록 노력한다. 비행을 마치고 항공기에서 하기한 후에도 유니폼을 착용하고 있다면, 공항이나 리무진, 버스 안 등에서 고객의 질문에 정중하게 응대해야 한다.

승객 하기 시 대화 연습

- 즐거운 여행 되셨습니까?
- 탑승 시 맡기신 짐 여기 있습니다.
- 잊으신 물건이 없는지 확인해 주시기 바랍니다.
- 내리실 문은 앞쪽 첫 번째입니다.
- 계단을 이용하실 때는 미끄러지지 않도록 손잡이를 잡고 천천히 내리시기 바랍니다.
- 휠체어가 준비되는 대로 모시겠습니다.
- 잠시만 자리에 앉아 기다려 주시기 바랍니다.
- 감사합니다. 안녕히 가십시오. 다음에 또 뵙겠습니다.
- 즐거운 출장 되시기 바랍니다.
- 즐거운 여행하시기 바랍니다.

MANNERS & IMAGE MAKING

CHAPTER_ 8

항공 객실 승무원의 업무 매너 및 글로벌 매너

01

항공 객실 승무원의 인성

항공사 고객 불만을 분석해 보면 물리적 결함이나 물적 서비스 부족에 관한 내용을 제외하고 가장 큰 비중을 차지하는 것이 객실 승무원의 태도이다. 불가피한 상황에서도 객실 승무원의 태도는 고객 불만과 고객 칭송을 가르는 기준점이 된다.

고객은 객실 승무원에게 바른 마음가짐과 기본 매너, 에티켓을 두루 갖춘 품격 있고 세련되면서도 신뢰와 호감을 주는 이미지를 기대한다. 이는 항공사에 대한 전체적 기대로서 기업의 평가를 좌우할 정도로 중요하다. 이와 같은 중차대한 업무가 객실 승무원 한 사람의 인격에 위임되었다고 볼 수 있는바, 항공사는 객실 승무원에게 이 내용을 지속적으로 주지시켜 객실 승무원 스스로가 자기 관리에 힘쓰도록 하고 있다.

항공 객실 승무원은 회사를 상징하는 유니폼을 착용하고 공항이나 호텔 등 근무지를 단체로 이동하는 경우가 많다. 따라서 항공기 내뿐만 아니라 유니폼을 착용하고 있는 곳 어디에서든 매너를 갖추어야 한다. 그리고 다양한 국적의 승객에게 서비스를 제공하고 각국의 공항과 호텔 등 해외에서 체류하는 시간도 많으므로 글로벌 매너와 에티켓도 잘 숙지하여 실천하도록 한다.

Keena ithar / Shutterstock.com

1. 매너와 에티켓의 기본이 되는 인성

항공사들의 객실 승무원 채용 기준의 으뜸이자 객실 승무원이 갖추어야 할 첫째 덕목은 '인성'이다. 인성은 스스로 자신의 내면을 바르고 건전하게 가꾸고 타인과 공동체 및 자연과 더불어 살아가는 데 필요한 인간다운 성품과 역량(인성교육진흥법 2015년 제정)을 의미한다.

항공 객실 승무원은 업무 특성상 최상의 서비스 마인드로 고객을 응대해야 하고 장시간 또는 장기간 동료들과 공동체 생활을 해야 한다. 인간관계가 원활해야 비행 업무도 즐겁게 할 수 있다. 이를 위해서는 자신부터 제대로 된 인성, 즉 도덕성과 사회적 규범을 준수하는 윤리성이 투철해야 한다. 내면의 바른 인성에서 외적인 매너와 에티켓이 표출되기 때문이다.

매너와 에티켓의 구분

구분	매너(Manner)	에티켓(Etiquette)
어원	라틴어 'Manus(손)'와 'Arius(방법, 방식)'의 합성어인 'Manuarius'에서 유래한 말로 사람의 행동 양식을 의미한다.	어원인 프랑스어 'Estiquer(붙이다)'는 궁정 예식에서 각국 대사에게 왕을 알현할 순서가 적힌 티켓을 나눠 주었는데, 순서를 지키면 '에티켓을 지켰다'고 칭한 데서 유래하였다.
우리말	개인의 주관적인 태도(How)에 대한 것으로 우리말로는 예절(禮節)에 가깝다.	사회에서 남들과 잘 지내기 위한 것으로, 우리말로는 예의(禮儀)에 가깝다.
평가	• 개인이 지닌 습관이나 몸가짐에 의한 것으로 강제성이 없으므로 유무로 따지지 못하고 정도나 수준 등의 질적 판단이 가능하다. • 좋다/나쁘다/별로다	• 법규화되지 않았으나, 사회에서 암묵적으로 준수를 요구하는 약간의 강제성이 있으므로 유무로 판단할 수 있다. • 지킨다/안 지킨다
예시	• 애사에는 부의를 표한다. • 사람을 존중한다. • 노약자, 임산부를 보호한다. • 흡연자이지만 비흡연자를 위해 금연한다. • 공연장에서는 정숙한다. • 입실하기 전에 노크를 한다.	• 장례 시 검정 계열의 복장을 한다. • 웃어른을 소개받을 때 먼저 인사한다. • 노약자, 임산부석에 앉지 않는다. • 금연실에서 담배를 피우지 않는다. • 공연장에서 휴대전화를 끈다. • 입실 전 노크는 상대에게 들릴 정도로 살짝 한다.

☞ 매너와 에티켓을 합친 말로 예의범절(禮儀凡節)이 있다.

인성과 마음가짐, 태도

바른 인성은 다음과 같은 마음가짐과 태도를 함양한다.

- 자아 존중감 : 서비스인으로서 객실 승무원은 과다한 정서 노동을 하다 보면 우울감과 자신감 결여 상태에 빠질 수 있으나 자아 존중감이 뚜렷하다면 금세 벗어날 수 있다.
- 타인 존중과 배려 : 인종, 계층, 성별, 장애 여부 등에 관한 편향이나 차별이 없음을 인식하고 다양한 승객을 편견 없이 공정하게 대할 수 있다.
- 자율성과 책임감 : 고객 및 동료의 사생활을 존중하고 비밀을 유지한다. 여기에는 인간관계, 나이, 결혼 여부 등 승객의 개인 정보에 대한 투철한 보안 의식이 포함된다.
- 공동체 의식 : 직장 및 조직 문화를 이해하며, 팀워크 중심의 기내 업무에 적응할 수 있다.

엘리자베스 2세 여왕의 일화

영국을 방문한 중국의 외교사절단이 후식을 먹은 후, 손을 씻는 '핑거볼(Finger Bowl)'에 담긴 물을 마셔 버린 일이 있었다. 양식 정찬에 익숙하지 않아 실수를 한 것이다. 그러자 옆에 있던 엘리자베스 2세 여왕이 아무렇지도 않게 핑거볼에 담긴 물을 함께 마시는 재치를 발휘했다고 한다.

이 사례에서 에티켓과 매너를 설명하면, 에티켓이란 어떤 조건이나 상황에서 당연히 해야 하는 규약으로 '핑거볼에 담긴 물은 손을 닦는 용도로 사용한다'는 것이다. 매너는 이렇게 저렇게 해야 한다는 규정이라기보다 분위기나 상황에 맞게 상대를 배려하는 방식으로, 사절단이 창피하지 않도록 핑거볼을 같이 마신 여왕의 '행동 양식'을 의미한다.

Featureflash Photo Agency / Shutterstock.com

2. 객실 승무원의 인성 교육

시대 변화에 따라 근무 환경이 대부분 인공 지능으로 대체된다 해도, 특히 주된 업무를 대면 서비스로 수행하는 항공 객실 승무원의 인간에 의한 휴먼 서비스는 여전히 유효할 것으로 보인다. 인성교육이 중시되는 이유는 다음과 같이 정리할 수 있다.

- 사회의 변화와 요구 : 4차 산업 혁명 시대에 고객 필요를 채우는 단순한 서비스는 인공 지능도 할 수 있게 되었다. 그러나 진정성이 결여된 형식적이고 기계적인 서비스 마인드에서 탈피하여 인간적이고 세심한 마음이 담긴 서비스는 더욱 긴요해지고 있다.
- 직무 인식의 변화 : 항공기 내라는 특수한 공간에서 생명과 안전을 담당하는 객실 승무원의 직무 특성으로 신뢰성이 요구되고 있다. 단순한 서비스에서 고차원적인 안전과 보안 업무에 관한 내적 이미지(신뢰성 등)가 더욱 부각되고 있다.
- 서비스 산업의 변화 : 국내 서비스 산업의 급성장으로 기내 서비스에 대한 고객의 기대감이 커지고 있다. 기존의 단순 직무 위주의 교육과 외적 이미지메이킹 교육의 한계가 있어 다각도로 변화하는 고객의 기대에 부응하는 인성 교육이 절실히 필요하다.

객실 승무원에게 요구되는 마음가짐

- 기본적으로 인성이 뒷받침된 바른 마음가짐을 지녀야 한다.
- 고객이 필요로 하는 단순한 물적 서비스 제공에 그치지 않고 고객이 기대하는 진정성 있는 인적 서비스를 제공해야 한다.
- 고객의 기대 심리에 상응하는 외 · 내적 이미지메이킹을 하여 고품격 서비스를 제공해야 한다.
- 다각도로 변화하는 고객의 기대를 충족하는 차별화된 전문 서비스인의 이미지메이킹이 필요하다.
- 다양한 국적의 승객과 동료에게 항공사와 국가를 대표하는 상징적 이미지에 걸맞은 글로벌 매너와 에티켓으로 응대하여 격조 높은 서비스를 실현해야 한다.

02

항공 객실 승무원의 업무 특성 이해

1. 서비스의 특성

항공 객실 승무원에게 요구되는 매너를 더 근본적으로 이해하기 위해 서비스와 객실 환경의 특성을 알아보고자 한다. 항공 객실 서비스는 다음의 네 가지 특성을 기반으로 한다.

- 서비스의 무형성 : 서비스는 눈으로 직접 확인할 수 있는 형태가 없기 때문에 서비스를 제공하는 대상의 추상적인 이미지가 신뢰와 호감도를 포함하여 서비스의 품질을 판단하는 기준이 된다.
- 서비스의 이질성 : 같은 서비스라 해도 서비스를 수행하는 주체의 특성에 따라 다른 서비스가 제공될 수 있다. 이에 서비스 표준화가 문제 될 수 있으므로 이질성을 낮추기 위한 서비스인의 인적 서비스 강화가 요구된다.
- 서비스의 비분리성 : 서비스는 생산과 소비가 동시에 이루어진다. 이 둘을 분리할 수 없으므로 고객 불만이 이루어지는 시점이 모호하고 불만을 예방하기 어려울 수 있어 서비스인에 대한 철저한 교육과 관리가 필요하다.
- 서비스의 소멸성 : 서비스는 재고가 존재할 수 없는 소멸성을 지니므로 항공사에서는 초과 예약을 받고, 당일 공항 발권 승객에게도 좌석을 판매하는 등 수요와 공급의 조화를 위한 전략을 세우고 있다.

무형성(Intangibility)

- 서비스의 형태가 없음
- 서비스에 대한 신뢰와 호감 주는 이미지를 강화해야 함

비분리성(Inseparability)

- 서비스의 생산과 소비가 동시에 일어남
- 서비스인에 대한 철저한 교육과 관리가 필요함

이질성(Heterogeneity)

- 서비스 주체에 따라 서비스가 달라짐
- 서비스의 표준화가 문제임
- 서비스인의 인적 서비스를 강화해야 함

소멸성(Perishability)

- 재고가 존재할 수 없음
- 수요와 공급의 조화를 위한 전략이 필요함

2. 기내 환경의 특성

- 고공(장거리 기준 1만 미터 이상 상공)과 여압의 기내 환경
- 비상사태 시 급강하, 비상탈출/착수, 기류 변화(Turbulence) 예상
- 한정된 서비스(물품)
- 시간적, 공간적 제약(승객)

특수한 서비스 환경에서 승객의 안전과 보안을 지키고 쾌적한 기내 환경을 조성하는 임무를 잘 수행할 수 있도록 이에 필요한 전문지식을 습득하는 것 또한 객실 승무원이 갖추어야 하는 기본 매너와 자질임이 분명하다.

서비스 포인트	↔	항공 객실 서비스
Smile		고객의 필요와 원하는 바 파악하기
Speed		적시에 적합한 것 제공하기
Sincerity		진심과 성실성으로 응대하기
Safety		안전사고 예방하기
Security		편리(Convenient)와 안전성 유지하기

서비스 포인트와 항공 객실 서비스

03

항공 객실 승무원의 업무 소통 매너

객실 승무원은 단순히 기내에서 함께 근무하는 동료 승무원만이 아니라 유관 부서 직원과도 효과적인 소통을 하며 협업해야 한다. 담당하는 구역의 승객뿐 아니라 공항이나 기타 근무지 등에서 만나는 불특정 다수의 공항 이용객이 하는 질문과 요청하는 도움에도 적절하게 대처할 수 있어야 한다.

이번에는 7장에서 학습한 대화 기법을 객실 승무원의 비행 근무 매너에 접목하여 업무 소통 시 매너와 에티켓을 알아보고자 한다. 최근 안전과 보안 임무가 부각함에 따라 업무 소통은 더 정확하고 신속하게 이루어져야 함이 강조되고 있다.

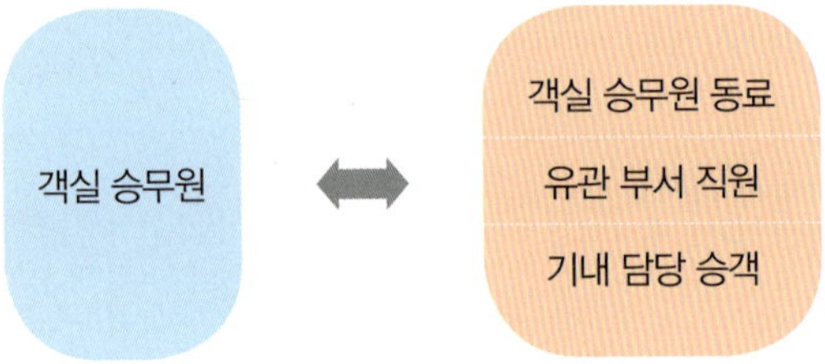

객실 승무원의 업무 소통 대상

1. 대화 및 구두 보고 매너

업무와 관련한 지시를 받을 때

- 상대방에게 호감을 주는 경쾌한 목소리로 대답하고 메모할 준비를 한다.
- 상사 및 고객의 이야기를 직접 상대방 앞에서 복창하여 잘못 이해하는 일이 없도록 한다.

- 지시받은 내용에 의문 사항이 있으면, 상사나 고객의 말이 끝난 후 공손하게 질문하여 확인한다.
- 지시받은 일은 자신이 먼저 해결하고자 하는 자세를 지닌다.

보고할 때

- 육하원칙에 의거하여 사건이 발생한 시점, 위치, 누가, 무엇을, 어떻게 했는지를 상세하게 보고한다.
- 상대의 입장에서 이해하기 쉽게 설명하여 불필요한 오해나 혼선을 피한다.

브리핑할 때

- 브리핑 시작 전에 다시 한번 자신의 용모 · 복장이 비행에 적합한지 마무리 점검을 한다.
- 상황에 맞는 적절한 인사말을 준비해 간다.
- 비행에 필요한 정보나 출입국에 필요한 서류 등을 지참한다.
- 브리핑 시 자신의 임무에 따라 정해진 자리에 착석한다.
- 브리핑 시에는 브리핑 내용에 집중하고 필요시 메모한다.
- 발언 시에는 간단명료하게 하고 경어와 알기 쉬운 단어를 사용한다.
- 발표 시 목소리 크기를 조절하고, 발음을 명확히 한다.
- 메모를 한 경우 재확인한다.

2. 이메일과 문서 작성 매너

이메일(E-mail) 작성 요령

- 메일 주소를 정확하게 확인한다.
- 제목은 반드시 핵심만 적되, 메일의 내용을 알리는 구체적인 것으로 만든다(필요시 'Urgent' 사용). ☞ 예) (Urgent) 기도 폐쇄 환자 발생, 병원 이송 건
- 내용은 짧게 적되, 길어질 경우 중요한 내용을 앞에 작성하도록 한다.
- 날짜를 잊지 않고 기입한다. ☞ 예) 20○○년 ○월 ○일
- 비행 편수와 비행 구간을 기입한다. ☞ 예) KE 901편 ICN/CDG 구간

- 승객 인적 사항을 정확하게 일행 여부와 함께 기입한다. ☞ 예) 37C, 50대, 여성, 이름 OOO (일행 없음)
- 상황은 간단명료하게 기술하되, 육하원칙에 의거하여 시간순으로 작성한다.
- 실명을 사용한다.
- 상대가 읽기 쉽게 단락별로 한 줄씩 띄운다.
- 밑줄, 글자 크기, 색깔 등으로 시각적 효과를 주어 중요한 부분이 눈에 띄게 한다.
- 용량은 최소화하여 간결하게 용건만 전달한다.
- 철자에 유의하여 오타를 확인하고, 예의와 어법에 맞게 바르게 표현한다.
- 메일을 받았으면 반드시 회신 메일을 보내서 예를 표한다.
- 즉시 회신 메일을 보낼 수 없을 때는 요구 사항 해결이 가능한 일자를 알려 주는 것도 방법이다.
- 상대가 보낸 메일로 회신하기보다 새로 편지를 작성하는 것이 더 정중한 방법이다.

이메일 작성

앞서 배운 내용을 활용하여 다음 내용을 회사에 보고하는 이메일을 직접 작성해 보세요.

KE 901편(ICN/CDG) 구간에서 비빔밥 나물 60개가 변질된 상태로 탑재되어 지상에서 확인 후 다른 메뉴(닭고기 요리)로 변경하여 재탑재되었음. 메뉴 변경에 따른 승객의 문의 사항이 있었으나 관련 내용 안내 후 큰 불만이 접수되지 않은 결과를 해당 편 객실 사무장이 메일로 회사에 보고해야 하는 상황

3. 전화 및 휴대전화 매너

전화나 휴대전화로 하는 통화는 무형성, 동시성, 일방성이라는 세 가지 특성이 있다. 이 특성을 고려하여 통화 시에는 수신자/발신자, 통화 날짜와 시간, 용건을 반드시 메모하여 기록을 남기고 잊지 않고 용건을 처리 및 해결하도록 한다.

정보 차이와 오전달을 줄이는 통화 4단계

1단계 : 확인 의지를 나타내는 말을 언급한다.
"제가 확인해 보겠습니다."

2단계 : 주요 내용을 요약한다.
"네, ~라는 말씀이시죠?"

3단계 : 맞게 이해했는지를 상대에게 확인한다.
"제가 드린 말씀이 맞습니까?"

4단계 : 잘못 이해한 점을 수정한다.
"네, 앞서 ~한 것을 ~으로 정정하겠습니다."

발신자의 통화 매너

1. 통화 내용 준비하기 : 육하원칙에 의거
2. 전화 걸기 : 상대의 시간, 장소, 상황 고려
3. 인사, 소속, 이름 밝히기 : 밝게 인사, 통화 가능 여부 확인
4. 용건 말하기 : 상대에게 맞게 간결, 명확하게
5. 끝인사하기 : 감사나 당부의 인사
6. 전화 끊기 : 천천히 살짝 내려놓기

수신자의 통화 매너

1. 첫인사, 소속, 이름 밝히기 : “안녕하십니까? ㅇㅇ의 ㅇㅇㅇ입니다.”
2. 상대방 확인하고 인사하기 : 밝고 반갑게 인사
3. 용건 확인하고 처리하기 : 간결, 명확하게 상대방의 용건을 요약해 복창하고 확인하기
4. 끝인사하기 : 성실하게 하기
5. 전화 끊기 : 연장자나 상급자가 먼저 끊는 것을 확인한 후 수화기를 내려놓기

기내 인터폰 사용 매너

1. 딩동(Chime) ♬
2. 수신자가 위치와 이름 밝히기 : "L1 사무장입니다."
3. 발신자가 위치와 이름 밝히기, 간략히 보고하기 : "R5 ○○○입니다. 58H 50대쯤 되신 여자 승객분이 답답함을 호소하고 있습니다. 이쪽으로 와 주시겠습니까?"
4. 수신자가 간략히 응답하기 : "알겠습니다. 바로 가겠습니다."

04

항공 객실 승무원의 근무 절차별 매너

항공 객실 승무원은 회사에 출근하여 브리핑 시간을 갖고 해당 항공편의 여러 정보를 공유한 후 공항으로 이동하여 CIQ를 통과하는 출국 절차까지 담당하게 된다. 마찬가지로 비행 업무가 끝난 후에도 항공기의 보안 상태를 점검하고 해당 비행편의 특이 사항을 공유하는 디브리핑과 CIQ 통과 입국 절차까지 수행해야 그날의 비행 근무를 마칠 수 있다. 따라서 객실 승무원의 근무 절차별 매너는 항공기 탑승 전 출근 시점부터 퇴근하는 시점까지로 나누어 생각해 볼 수 있다.

1. 비행 출퇴근 기본 매너

시간을 반드시 엄수한다.

항공 객실 승무원에게 엄격한 시간 준수는 필수이다. 단 1분 1초의 연기(Delay)는 연쇄 반응을 일으켜 여러 가지 문제를 야기한다. 비행 전 브리핑 및 용모 · 복장 점검 시간을 감안하여 넉넉히 여유 있게 출근한 후 비행을 준비한다.

출퇴근 용모 · 복장에 유념한다.

비행 외 교육이나 훈련을 받을 경우 직장인에게 적당한 용모와 옷차림을 한다. 비행 시 유니폼을 착용하고 출퇴근 시 일반인에게 노출되는 점을 감안하여 용모와 옷매무새에 더욱 신경을 쓴다. ☞ 출근 시 돌발 상황이 발생한 경우, 즉각적으로 관련 부서 및 팀장, 팀원에게 연락을 한다. 해외 체재는 근무의 연장선이므로 다음 사항에 모두 유의한다.

근무 내내 긍정적 마음가짐을 가진다.

밝은 마음과 표정을 갖도록 한다.

업무 보고 후 퇴근한다.

업무 보고로 마무리 역시 정확하게 한다.

비행 전후 출퇴근 시 공공질서를 준수한다.

- 타인을 의식하여 준공인으로서의 자세와 태도를 갖춘다.
- 대중 교통수단 이용 시 특히 언행에 유의한다.
- 잡담, 휴대전화 사용, 헤드폰 착용 시 볼륨 조절, 졸음 등에 유의한다.

2. 비행 업무 중 기본 매너

내부 직원에게도 매너를 잃지 않는다.

지상 업무 수행 시 유관 부서 직원(운송 직원, 케이터링 직원 등) 등과 긴밀하게 협력할 수 있도록 예의를 갖추어 대한다.

함께 사용하는 갤리 내의 소모품과 기물은 항상 원위치에 보관한다.

바쁘더라도 함께 사용하는 물품은 제자리에 놓아 다른 동료들이 불편함을 겪지 않도록 한다.

항상 여유를 갖고 동료에게 양보하는 모습을 보인다.

동시에 필요한 물품이 있는 경우 동료가 먼저 사용할 수 있도록 배려한다.

비행 중에는 동료 간에도 적절한 호칭을 사용한다.

친분이 있는 사이에서도 이름을 부르거나 사적인 호칭을 사용하지 않으며, '○○씨', '사무장님' 등 직함에 맞게 호칭한다.

승객 가시권에서는 사적 대화를 삼가고, 승객 개인 정보 등을 말하지 않는다.

업무에 필요한 승객 정보라고 하더라도 승객 가시권 안에서는 구두로 주고받는 것을 삼가고, 승객 개인 정보가 기재된 문서는 유출되지 않도록 주의하여 보관한다.

작업 공간(갤리) 내에서도 불필요한 소음이 생기지 않고 비행 업무와 관련한 대화만 나누도록 한다.

승객 휴게 시간에도 승객 가시권 안에서 대기하여 승객의 필요를 살피고, 작업 공간에서 작업할 때도 승객 휴식을 방해하지 않도록 유의한다.

승객 응대 시에는 단정한 용모 · 복장과 정중한 태도를 유지한다.

바쁜 업무 중에도 승객을 응대할 때는 항상 밝은 표정과 정중한 태도를 잃지 않도록 노력하고, 특히 승무원 휴게 공간(Crew Rest Area)을 이용한 후에는 용모 · 복장이 단정한지 다시 점검한 후 서비스 업무에 임하도록 한다.

승객 응대 기본 매너

- 시선이 불안정하면 고객에게 좋은 인상을 주지 못한다.
- 뚫어질 듯 똑바로 응시하는 시선은 상대에게 위압감을 주어 상대가 말을 제대로 꺼내지 못할 수도 있다.
- 따뜻하고 부드러운 시선으로 고객을 바라보며 진정성과 신뢰감을 주도록 한다.
- 어색하게 과장된 미소를 짓지 않고, 상대가 편안하게 느낄 정도의 온화하고 친근한 표정을 짓는다.
- 대화 시 상대의 말을 경청하면서 내용에 따라 자연스럽게 표정을 바꾸는 것이 바람직하다.
- 반듯한 자세를 유지한다. 팔짱을 끼거나 짝다리를 하거나 다리를 꼬지 않고 바로 선다.
- 승객 응대 시 자세는 인사 자세와 거의 같다. ☞ 승객 호출 시에는 15도 목례, 기내 입구에서 환영 인사는 30도 인사로 한다.
- 승객 쪽으로 상반신을 조금 기울여 관심을 표한다.
- 승객이 불편해하지 않도록 일정 거리를 두고 응대한다. 가능하면 승객의 눈높이에 맞춘다.
- 늘 메모 패드를 지참하는 것이 바람직하다.
- 항상 승객을 우선시한다.

3. 비행 업무별 매너

탑승권 확인 시

- 밝은 표정으로 승객에게 인사한다.
- 정중한 자세로 승객에게 탑승권 확인 협조를 요청한다.
- 승객과의 첫 대면 순간(Moment of Truth, 결정적 순간)임을 생각하여 긍정적인 접객 태도를 유지해야 한다.

좌석 안내 시

- 방향 안내 시 손가락을 모아 붙여 손 전체를 사용한다.
- 노약자, 유 · 소아 동반 승객의 경우 짐을 선반에 올리는 일 등을 돕는다.
- 영어를 모르는 승객을 위해 창측 좌석, 중앙 좌석, 통로 좌석 등 승객의 좌석을 한글로 안내한다.

이착륙, Turbulence 발생 시

- 객실 승무원 점프 시트(Jump Seat)에 바른 자세로 착석한다.
- 승객에게 객실 승무원의 착석 상태를 보임으로써 승객도 안전 규정을 지키도록 안내한다.
- 좌석에서 일어나는 승객 발견 시 단호하지만 정중하게 좌석에 착석할 것을 요청한다.

식음료 서비스 시

- 승객을 마주 대할 수 있는 자세로 서서 Eye Contact를 한다.
- 제공할 식음료의 종류를 자세히 설명하고 주문을 받는다.

  예) "점심 식사로 부르고뉴 소스로 조리된 쇠고기와 볶음밥이 곁들여진 닭고기가 있습니다. 어떤 것으로 드시겠습니까?"
- 고객의 요청 사항을 복창한다.

  예) "네, 쇠고기 말씀하셨습니까? 쇠고기 드리겠습니다."
- 일사일언(一事一言), 즉 한 번에 한 가지 일만 언급하고 처리한다.

  예) "말씀하신 쇠고기 여기 있습니다. 맛있게 드십시오."

- 서비스 시 트레이를 사용하고 냅킨을 제공한다.
- 회수 시 만족도 여부를 여쭌 후 회수 절차를 실시한다.
  예) "맛있게 드셨습니까? 치워 드리겠습니다."
- 뜨거운 식음료 서비스 시 주의를 안내하는 말을 덧붙인다.
  예) "뜨거우니 조심하십시오."

면세품 판매 시

- 승객 주문 물품이 잘못 전달되지 않도록 한다.
- 계산을 정확하게 한다.
  예) "손님, 총금액은 53,000원입니다. 60,000원 받았습니다. 거스름돈 7,000원 드리겠습니다. 확인 부탁드립니다.
- 주문한 내용을 빠뜨리지 않도록 메모한다.

출입국 카드 제공 시

- 목적지와 환승 여부를 정확하게 확인한다.
  예) "손님, 최종 목적지가 ○○○ 맞으십니까?"
- 출입국과 도착지 정보 등을 정확하게 안내한다. ☞ 승객에게 잘못된 정보 제공 시 C.I.Q에 불이익이 발생할 수 있음을 유의한다.

승객 휴식 중

- 서비스 준비로 Galley에서 소음이 발생하지 않도록 주의한다.
- 승객에게 Galley 안쪽 빛이 새어 나가지 않도록 조심스럽게 커튼을 여닫는다.
- 통로에서는 천천히 조용히 이동하고, 승객을 발이나 카트로 치지 않도록 조심한다.
- Galley에서 승무원 간에 잡담하지 않는다.

승무원 휴게 공간(Crew Rest Area, CRA) 사용 시

- 시작 시점과 종료 시점에 맞춰 입장과 퇴장을 한다.
- CRA 사용 시 안전벨트를 상시 착용한다.
- 벨트 사용 시 버클이 부딪히는 소리가 나지 않도록 유의한다.

- 입장과 퇴장 시 정숙을 유지한다.
- 자신이 사용한 담요, 베개를 정리한다.
- 출입구가 어둡고 계단이 가파르므로 출입 시 주의한다.

하기 인사 시

- 서비스 만족도를 확인한다.
  예) "편안한 여행 되셨습니까?"
- 상황에 맞는 인사말을 건넨다.
  예) "즐거운 여행하시기 바랍니다." "출장 잘 다녀오십시오."
- 서비스 시작 시점과 같이 단정한 용모 · 복장을 유지한다.

4. 불만 승객 응대 매너(Recovery 서비스)

미국 조사기관이 실시한 조사에 의하면, 무례하거나 불친절함을 경험한 고객의 96%가 해당 회사와의 거래를 중단하고, 불만족한 고객은 적어도 9명의 주변 사람에게 그 경험을 이야기하며 그중 13%가 20명 이상의 사람에게 그 사실을 전파한다고 한다. 이처럼 고객 불만은 회사의 존속을 위해서도 반드시 해결하고 거래를 회복해야 한다. 특히 항공 객실 승무원으로서 탑승한 승객의 불만을 해소하기 위해 그 원인을 파악하고 응대하는 매너를 알아본다.

불만 승객 응대 시 기본 매너

"일행과 자리가 떨어져 불편하네요. 자리를 바꿔 주세요!"

1단계 : 경청과 공감

고객의 불만이 무엇인지 고객의 말을 집중하여 듣는다.

"네, 많이 불편하시겠습니다."

2단계 : 사과

고객의 불만 사항에 진정으로 공감하고 불만 내용에 따라 사과를 한다.

"죄송합니다."

3단계 : 문제 해결 및 대안 제시

고객의 불만 해결 방안을 모색하고, 대안을 제시한다.

"항공기 뒤쪽에 여유 좌석이 있어 이동이 가능합니다.
그 좌석으로 옮기시겠습니까?"

서비스 품목 소진, 서비스 구간이 아닌 경우의 응대 매너

"배고픈데, 간단하게 먹을 수 있게 라면 주세요!"

1단계 : 공감하며 양해 부탁

해당 품목이 소진되었거나 해당 품목의
서비스 구간이 아님을 알리고 양해를 구한다.

"네, 많이 시장하시죠."

2단계 : 상황 설명

해당 품목이 소진되었거나 해당 품목의
서비스 구간이 아닌 경우 그 상황을 설명한다.

"그런데 안타깝게도 이 노선에서는 라면이 제공되지 않습니다."

3단계 : 대안 제시

고객이 원하는 품목과 유사한 것이 있는지 확인한 후 대안을 제시한다.

"대신 삼각김밥과 바나나가 있는데 드셔 보시겠습니까?"

05

국적별 승객의 동작 이해

다양한 국적의 승객을 서비스할 때는 현지 문화를 반영하는 다양한 행동과 동작을 이해하고 그에 맞게 응대해야 한다.

손으로 입을 가리는 행동이 서양에서는 '나는 지금 거짓말을 하고 있습니다'를 의미하기도 함.

머리

일반적으로 고개를 위아래로 끄덕이면 'Yes', 좌우로 흔들면 'No'를 의미한다. 그러나 그리스, 터키, 이란, 인도 일부 지방에서는 의미가 반대이다. 검지 손가락으로 머리를 두드리는 행위는 북아메리카에서는 '매우 현명하다', 페루나 아르헨티나에서는 '생각 중'이란 뜻이다.

눈꺼풀 당기기

이탈리아와 몇몇 라틴아메리카에서는 '조심해'의 의미이고, 영국과 프랑스에서는 '날 속일 생각하지 마'라는 의미이다.

귀 잡기

인도에서는 후회하거나 사과한다는 의미이다. 이탈리아에서 자신의 귀를 만지는 것은 상대방을 모욕하는 행위이다.

코

코 두드리기가 영국에서는 비밀이나 은밀함을 나타내고, 이탈리아에서는 다정한 충고를 의미한다. 한편 엄지로 코를 미는 행위는 유럽에서 가장 많이 알려진 조롱이다.

검지 손가락으로 볼 두드리기

그리스, 이탈리아, 스페인에서는 '매력적이다', 유고슬라비아에서는 '성공', 미국에서는 '고민 중'을 의미한다.

왼손과 오른손의 차이

오른손은 법정 선언, 악수, 선물을 줄 때처럼 진실함을 상징한다. 그리고 왼손은 중동을 포함한 이슬람 국가에서 불결함을 나타내기도 한다.

엄지와 검지 손가락으로 작은 원 만들기

한국, 일본에서는 '돈', 미국에서는 '좋다', 터키에서는 '동성연애', 프랑스 남부 지방에서는 'O(zero), 없다', 브라질에서는 외설을 의미한다.

엄지 손가락을 위로 치켜들기

일반적으로 'OK', '좋다', '최고'라는 의미로 사용한다. 그러나 호주, 파키스탄의 일부 지방에서는 외설적인 의미이고 독일에서는 '최고', '제일의'를 뜻한다.

검지와 중지 손가락 교차하기

서구 국가에서는 상대에게 행운을 빌어 주는 행위이지만 그리스에서는 외설적인 의미이다.

검지와 중지 손가락으로 'V'자 만들기

손바닥을 바깥으로 한 V는 일반적으로 승리를 의미하지만 그리스에서는 외설적인 의미이다. 영국에서 손바닥을 안쪽으로 한 V는 외설적인 의미이다.

두 팔 들기

승리 또는 항복을 의미한다.

방향 지시

한국과 일본 등에서는 팔 전체를 사용하여 방향을 표시한다. 손가락이나 손만이 아니라 팔 전체를 사용하는 것이 더 공손한 행동으로 간주된다. 그러나 미국이나 서구에서는 손가락으로 방향을 지시하는 것이 일반적이며, 미국 원주민은 입술로 방향을 나타내기도 한다.

세계의 에티켓과 매너 역사

프랑스

프랑스어 에티켓의 유래에는 두 가지가 있다. 하나는 고대 프랑스 궁정에서 각국 대사에게 나눠 주었던 티켓에 기원하여 17세기 루이 14세가 건립한 베르사유(Versailles) 궁전의 출입용 티켓(Ticket), 즉 일종의 '귀족 신분'을 나타낸 꼬리표에서 유래했다는 설이다.

다른 하나는 베르사유 궁전의 정원사가 붙인 푯말에서 유래했다는 설이다. 당시 궁전에 화장실이 없었기 때문에 일부 귀족과 방문객은 정원에서 볼일을 보았다. 이에 정원사가 정원을 보호하기 위해 용변을 볼 곳으로 안내하는 푯말을 나무말뚝에 붙였는데 루이 14세가 이 명령을 따르도록 하여 훗날 이를 지키는 것이 '에티켓을 지키는' 것이 되었다고 한다.

영국

새롭게 형성된 상류층이 세련된 몸가짐과 품격을 보임으로써 많은 사람들의 존경을 받기 위해 에티켓을 만들어 일반인들이 따르도록 하였다. 이로써 상류층은 도덕적, 교양적 수준을 중시하여 일반인들과 차별화하려고 하였다.

동양

우리나라와 중국, 일본 등도 고유한 문화에 맞는 예절이 있다. 중국에서는 공자의 '인(仁)'(남을 사랑하는 것)을 바탕으로 예가 형성되었다. 공자는 "예(禮)가 없으면 개인이나 가정은 물론 국가도 바로 설 수 없다"고 하며 이를 실천하는 것을 경(敬), 이를 지키는 사람을 군자(君子)라 칭하였다.

우리나라는 고대부터 도덕성과 윤리성의 예의정신(禮儀精神)을 근간으로 생활 규범을 실천하고 있다. 김장생은 1599년 『가례집람(家禮輯覽)』이라는 우리나라 최초의 민간 예절서를 집필하였다. 일본에서는 토속 신앙인 신도(神道) 문화 위에 중국과 한국의 문화가 유입되고 다시 불교 문화와 서구 문화가 융화되어 섬나라만의 고유한 생활 규범을 형성하게 되었다.

우리나라는 특히 조선 시대에 유교 사상에 입각한 삼강오륜(三綱五倫)이 사회 윤리와 인간관계의 기본 윤리로 널리 존중되었다. 현대에 적용하기에는 무리가 있으나 그 의미는 아직도 우리나라 예절의 근간으로 자리매김하고 있다.

삼강오륜이란 유교 도덕 사상의 근간이 되는 세 가지 강령과 다섯 가지 인륜을 의미한다. 삼강은 임금과 신하(君爲臣綱), 어비이와 자식(父爲子綱), 남편과 아내(夫爲婦綱)가 마땅히 지켜야 할 도리를 말한다. 오륜은 부모는 자녀에게 인자하고 자녀는 부모에게 존경과 섬김을 다하며(父子有親), 임금과 신하의 도리는 의리에 있고(君臣有義), 남편과 아내는 분별 있게 각기 본분을 다하고(夫婦有別), 어른과 어린이 사이에는 차례와 질서가 있어야 하며(長幼有序), 친구 사이에는 신의를 지켜야 한다(朋友有信)는 내용이다.

06

탑승 승객의 매너와 에티켓

항공 여행객 수가 기하급수적으로 늘어나고 인천국제공항이 세계적인 허브 공항으로 발돋움하고 있는 요즈음, 승무원만이 아니라 승객도 우리나라의 위상에 맞게 항공 여행과 관련한 매너와 에티켓을 잘 숙지해야 한다.

항공기 내에서 에티켓을 지켜야 할 사항

- 기내 안전 · 보안 규정 준수
- 안전벨트 착용 표시등 준수
- 항공 객실 승무원의 비상 탈출/착수 안내 고지 숙지
- 창가 측에 착석한 경우, 이 · 착륙 시 창문 덮개 열어 두기, 좌석 등받이 세우기
- 테이블 원위치로 돌려놓기, 팔걸이 내리기, 짐 원위치시키기
- 항공 객실 승무원의 지시 따르기

항공기 내에서 매너를 발휘해야 할 시점

- 화장실 이용 시, 좌석 착석 시, 짐 보관 시
- 좌석 이용 시 팔걸이, 등받이
- 식음료, 기내 면세품 판매 서비스 시
- 특히 유아 동반 시 소음 유의
- 입국 서류 작성 시
- 승무원 호출 시

항공기 내에서 피해야 하는 행위

다른 승객의 쾌적한 항공 여행을 위해 다음 행동은 삼간다.

- 좌석을 발로 차는 행위
- 좌석에 발을 올려놓는 행위
- 팔걸이 등을 올려 옆좌석 승객의 개인적인 공간을 침범하는 행위
- 핸드셋으로 조작이 가능함에도 무리하게 모니터의 터치스크린을 반복적으로 힘 주어 누르는 행위
- 헤드폰을 착용한 채 큰 소리로 말하는 행위

1. 화장실 매너

- 기내 화장실 사용 시에는 한 줄 서기로 순서를 지킨다.
- 기내 객실 내의 Indicator나 화장실 문을 미는 부분에 있는 Indicator의 'Vacant'(녹색으로 비었음을 표시)나 'Occupied'(빨간색으로 사용 중임을 표시)로 화장실 사용 여부를 확인한다. 따라서 노크(Knock)를 하지 않는 것이 매너이다.
- 화장실에 들어가면 반드시 문을 잠근다.
- 화장실 내 비치품은 가져가지 않는다.
- 변기 커버를 사용하고 화장실 이용 후 반드시 물이 내려갔는지(Flushing) 확인한다.
- 손을 씻은 후 종이 수건(Hand Paper Towel)으로 손의 물기를 제거한 후 세면대 안이나 바깥도 가볍게 닦아 준다.
- 화장실에서 화장이나 독서 등을 하며 오래 있지 않는다.

2. 좌석 등받침 매너

항공기의 좌석은 다른 일반 좌석과 달리 특수한 형태로 제작되었다. 뒷좌석 승객의 모니터와 테이블이 앞좌석 승객의 등받이와 붙어 있는 등 앞좌석과 뒷좌석 공간이 긴밀하게 연결되어 있다. 따라서 항공기 승객의 좌석 에티켓을 지키지 않으면 의도치 않게 앞쪽과 뒤쪽의 승객에게 상당한 불편을 끼칠 수 있다. 항공기에서 승객 간 다툼은 이 같은 좌석 불편에서 시작되는 경우가 많다.

2013년 스카이스캐너에서 실행한 설문조사에 따르면 항공기를 이용하는 승객의 91%가 단거리 노선에서는 좌석을 뒤로 젖히는 행위를 금지하거나 시간 제한을 두어야 한다고 말했다. 그만큼 좌석의 젖힘 여부가 기내 여행이 쾌적했는지 아닌지를 가르는 중요한 문제인 것이다.

좌석을 뒤로 젖히는 것에 대해 꼭 기억해야 할 두 가지가 있다. 우선, 좌석을 바로 세워야 하는 시간은 비행기 이착륙 시와 식사 시간으로 분명 정해져 있으므로 그 시간을 준수해야 한다. 이착륙 시에는 비상상황을 대비한 안전상의 문제로, 또 식사 시간에는 뒷자리 승객의 식사 편의를 위한 배려로 꼭 필요하다. 나머지 주의해야 할 한 가지는 좌석을 젖히거나 세울 때는 뒷자리 승객이 식사 중일 수도 있고, 테이블 위에 음료를 올려놓았을 수도 있기 때문에 갑작스럽게 움직이기보다는 가능한 한 천천히 움직이는 것이 좋다는 것이다.

좌석 등받침 매너

다른 승객의 편의와 안전을 위해 다음 시점에는 좌석 등받침을 바로 세운다.

- 식사 시간
- 항공기 이착륙 시점
- 다른 승객이 좌석에서 다른 곳으로 이동하는 경우

3. 좌석 팔걸이 및 개인 리모컨 사용 매너

양쪽의 팔걸이 중 어느 쪽을 사용해야 하는지 명확하게 정해져 있지는 않다. 그러나 보통 통로 좌석과 창가 좌석의 경우 양 끝으로 혼자 사용할 수 있는 팔걸이가 있으므로 가운데 팔걸이는 중앙 좌석 승객이 사용할 수 있도록 배려하는 것이 매너라고 할 수 있다. 양 창가 쪽에 앉은 승객이 양쪽 팔걸이를 모두 독차지하면 가뜩이나 가운데에 앉아서 힘든 승객은 비행 내내 불편할 수 있다. 이는 해외의 한 설문조사에서도 가장 꼴불견인 승객 리스트 순위에 오른 바 있다.

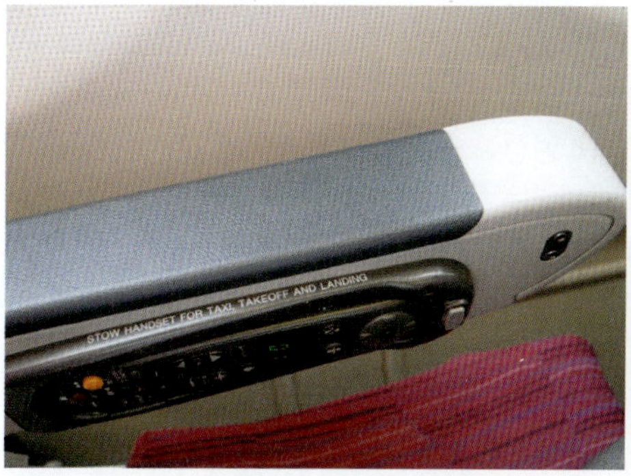

4. 기내 정숙과 쾌적한 환경 조성 매너

기내라는 공간은 한 명의 승객이 개별 좌석을 점유하긴 하지만 항공기 전체로 볼 때 많은 인원이 함께 공동으로 사용하는 공공 장소라 할 수 있다. 따라서 정숙하고 쾌적한 환경을 조성하기 위해 다음과 같이 서로 배려하고 노력하는 자세가 필요하며 이를 수준 높은 항공 여행 매너로 볼 수 있다.

- 아이를 동반한 경우 아이가 보호자 없이 기내를 돌아다니거나 위험한 행동을 하지 않도록 주의를 기울인다.
- 과도한 음주 및 고성방가 등으로 주변 승객에게 피해를 주지 않는다.
- 무리를 지어서 한 곳을 점유하거나 큰 소리로 대화하지 않는다.
- 헤드폰 볼륨을 크게 하여 음악 소리나 영화 소리 등이 주변에 들리게 하지 않는다.

기내 음주 매너

고도에서 비행하는 기내에서는 기압이 낮기 때문에 음주할 경우 평소보다 세 배나 더 빨리 취기가 오른다. 만약 즐거운 마음으로 탑승한 비행기 안에서 누군가 지나친 음주로 흐트러진 모습을 보이거나 거친 행동으로 소란까지 피운다면 어떨까?

실제로 최근에 모 항공사 국제선 비행에서 30대 남성이 음주 후 2시간가량 기내 난동을 부린 사건이 있었다. 잊을 만하면 심심치 않게 발생하는 음주 기내 난동. 자신의 즐거운 여행은 물론 다른 승객들에게 피해가 가지 않도록 기내 음주는 최소한으로 하자.

5. 입국 서류 작성 매너

- 승무원의 입국 서류 배포 시 주의할 사항을 잘 숙지하여 미리 준비한다.
- 작성 요령을 모를 경우 승무원에게 정중히 부탁해도 무방하나, 대부분의 경우 좌석 앞 주머니에 작성 방법을 안내하는 책자가 비치되어 있다.
- 여행 준비물의 하나인 볼펜을 상시 준비하고 기내 볼펜을 사용한 경우 다른 승객의 사용을 위해 돌려준다.

6. 이착륙 준비 매너

- 이륙과 착륙 업무 준비 시에는 승무원의 지시에 따라 안전 업무를 수행한다.
- 좌석벨트 사인이 켜지면 좌석에 착석하고 좌석벨트를 착용한다.
- 테이블과 좌석 등받침을 제자리로 원위치시킨다.
- 짐은 좌석 앞쪽이나 위쪽 선반 위에 놓는다. ☞ 선반을 열 때는 안에 있는 물건이 떨어지지 않도록 유의한다.
- 창문 덮개는 열어 둔다.
- 도착 후 항공기가 멈춘 후 좌석벨트 사인이 꺼지기 전까지 자리에서 일어나지 않는다.

07

항공 객실 승무원의 해외 체재 매너

해외 체재 시 항공 객실 승무원이 따라야 할 매너를 통해 객실 승무원의 신분으로 호텔을 이용하거나 레스토랑에서 식사할 때 매너, 공연장이나 파티를 즐기기 위해 지켜야 할 매너와 에티켓을 학습할 수 있다. 해외에서 항공 객실 승무원이 방문할 수 있는 장소는 출입국, 호텔, 레스토랑, 연회장(파티), 공연장이며 각 내용을 살펴보면 아래와 같다.

1. 출입국 매너

공항 출입국자는 잠정적으로 고객으로 인식한다.

- C.I.Q. 통과 시 필요 서류를 준비한다. ☞ ID 패용, 여권, 비자, 출입국 카드, 검역 서류 등
- 항공 객실 승무원 세관 규정을 준수한다. ☞ 150달러 이하
- C.I.Q. 관계자 및 공항 이용자에게 예의를 지킨다. ☞ 인사, 이동 시 주변 승객에게 "Excuse me"라고 말하기

JUNG YEON-JE / AFP / Getty Images

2. 호텔 이용 매너

- 정해진 In-Bound Pick-up 시간을 확인한다(시차로 인한 날짜 확인).
- 호텔 체류 중 여행, 친지 방문 등의 경우 팀장에게 보고한 후 허락을 받는다.
  ☞ 이동 시 행선지, 비상 연락처, 귀가 시간을 보고한다.
- 숙박은 배정받은 객실에서 한다(가족, 지인 등의 숙박 금지).
- 행정 구역상 체류지를 이탈해서는 안 된다(당일 호텔 귀가 원칙).
- Room List 보안을 철저히 한다.
- 도박, 카지노 이용을 금지한다.

호텔 사용 시 유용한 체크인/아웃 시간

체크인 시간은 오후 2시경에 시작된다. 비행 시간이나 다른 스케줄로 체크인 시간이 늦어지는 경우 미리 호텔에 연락하는 것이 좋다. 또 체크아웃 시간은 오전 11~12시이다. 만약 사정이 생겨 체크아웃 시간을 연장해야 할 경우에도 사전에 알려야 한다.

객실 이용 매너

- 로비에서 큰 소리로 떠들지 않는다.
- 복도, 로비에서 슬리퍼를 신고 다니지 않는다.
- 여러 명이 한 객실에 모여 술을 마시며 소란을 피우지 않는다.
- 객실에서는 흡연하지 않는다.
- 객실에서 취사하거나 라면을 끓여 먹거나 김치, 고추장 등을 먹어 냄새를 풍기지 않는다.

- 호텔 비품을 반출하지 않고, 파손할 경우 보상한다.
- 방문을 나설 때는 간단한 침대 정리와 객실 정리를 한다.
- 객실을 난잡하게 사용하지 않는다.

룸 메이드의 청소를 원하지 않는 경우에는 'Please Do Not Disturb' 태그를 방문에 꽂아 둔다. 반대로 청소를 원하는 경우, 태그를 뒤집어 객실 청소를 의미하는 말이 앞쪽으로 오도록 하여 걸어 두면 된다.

샤워실 이용 매너

해외 호텔에는 샤워실에 배수구가 없는 곳이 많으므로 욕조를 사용할 때는 커튼 끝을 욕조 안으로 집어 넣어 물이 밖으로 튀지 않게 한다. 욕실에는 종류별로 크기가 다른 타월을 볼 수 있는데, 가장 작은 것(Washcloth)을 이용하여 비누칠을 하고 중간 타월로 몸을 닦으며 가장 큰 것은 목욕 후 몸을 감쌀 때 사용한다. 고무 매트는 욕조 안에 깔아 미끄러짐을 방지하고 Bath Mat는 욕조 바로 옆 바닥에 놓아 바닥이 물에 젖는 것을 방지한다. 욕실 타월이나 기타 호텔 비품은 반출하지 않는다.

호텔 로비 매너

호텔 로비는 체크인과 체크아웃만 이루어지는 곳이 아니라 여러 나라의 많은 사람들이 모여 사교가 이루어지는 공공 장소이므로 말과 행동에 주의해야 한다. 리조트 또는 온천 호텔처럼 가운 차림으로 수영장이나 온천 욕장으로 이동하는 것이 허가된 곳을 제외하고 대부분의 비즈니스 호텔에서는 최소한 캐주얼한 옷차림 이상의 복장이 필요하며, 잠옷이나 반바지, 슬리퍼 차림의 이동은 삼가야 한다.

기타 호텔 시설 이용 매너

'Please Do Not Disturb' 태그를 걸어 놓으면 객실 청소 등 호텔 직원 등과 마주치지 않고 자유롭게 객실을 사용할 수 있다. 또 팁 문화가 있는 나라에서는 적정 금액을 객실에 두고 나온다.

호텔 뷔페 이용 매너

- 웨이터가 안내할 때까지 기다린다.
- 너무 오랜 시간 식사를 하여 다른 이용자에게 불편을 주지 않는다.

- 여러 사람이 모여 소란스럽게 하지 않는다.
- 한꺼번에 많은 음식을 담아 와서 남기는 일이 없도록 한다.
- 준정장 옷차림을 하여 격식에 맞는 식사 예절을 지킨다.
- 젖은 머리 상태, 화장기 없는 상태로 식사하지 않는다.
- 식사 후 테이블에 팁을 놓고 나온다.

팁(Tip) 문화는 언제부터 시작되었을까요?

호텔 직원(포터)이 짐을 들어 주는 경우, 팁을 주어야 하는 건 알겠는데 얼마가 적당한지 몰라 당황하는 경우가 있다. 이러한 팁 문화는 과연 언제부터 시작되었을까? 18세기 영국의 어느 술집 벽에는 '신속하고 훌륭한 서비스를 위해 지불은 충분하게'라는 문구가 붙어 있었다고 한다. 이 문구가 나중에 'To Insure Promptness'로 바뀌고 약어로 T.I.P가 된 것이다. 즉, 팁은 신속한 서비스에 대한 사례의 의미로 사용되기 시작하였다.

3. 레스토랑 이용 매너

예약 및 자리 배치

- 이름, 연락처, 일시, 인원수를 알려 주고, 특별한 경우에는 메뉴와 와인도 미리 주문을 예약한다.
- 보통 2주 전에 예약하고, 전날 예약을 재확인한다.
- 모임이 취소된 경우 레스토랑 예약도 바로 취소한다.
- 웨이터가 자리를 안내해 줄 때까지 기다린다.
- 비즈니스 모임의 경우 업무상 직위가 높은 사람이 상석에 앉는다.

주문 및 계산

- 1인 1식 주문을 기본으로 한다.
- 'Pay the Cashier'라고 쓰여 있지 않은 한, 커피나 식후주를 마신 후 적당한 때에 앉은 자리에서 계산한다.
- 팁은 계산을 끝낸 후, 계산서를 다시 줄 때 자연스럽게 준다.
- 신용 카드로 팁을 줄 때는 계산서의 팁난에 금액을 적고, 식비와 함께 계산한 후 서명한다.

웨이터/웨이트리스를 대하는 매너

- 웨이터를 부를 때 큰 소리를 내거나 손짓을 하지 않는다.
- 대화 도중 웨이터의 서빙을 받을 때는 대화를 일단 중지한다.
- 웨이터가 옆에서 서빙할 경우, 몸을 왼쪽이나 오른쪽으로 비스듬히 비켜 주는 것이 좋다.
- 음식을 가져오거나 접시를 치울 때 인사말과 함께 가벼운 목례로 감사를 표한다.

4. 파티 매너

우리나라에서는 서양의 정식 파티가 흔하지 않으므로 다음 내용을 상식으로 숙지하여 자신이 초대받거나 초대할 경우 활용해 보도록 한다.

초대장

파티에 참석해 달라는 초대장을 받은 경우 먼저 초대장에 있는 회신의 의미를 알아야 회신 여부가 가능할 것이다. RSVP는 프랑스어 Repondez S'il Vous Plait의 약자로 회답을 바란다는 의미이므로 반드시 회신한다. 'Regret Only'는 불참할 경우에만 회신하면 된다. 초대장에 드레스 코드(Dress Code)가 명기되어 있는 경우가 있으므로 주의한다.

파티 드레스 코드의 의미

드레스 코드	복장
Black Tie	턱시도 차림
Dark Suit	짙은 정장
White Tie	연미복 차림
Evening Dress	소매 없는 긴 드레스
Traditional Costume	전통 복장

파티 대화 매너

- 안면이 없는 사람에게도 자기 소개를 하면서 되도록 많은 사람들과 사귀고 어울려야 한다.
- 대화 시 화제는 일반적인 여행이나 스포츠 등 취미와 관련된 것이 좋다.
- 상대가 지루하다고 느낀다면 화제를 바꾼다.
- 자신을 알리는 것도 좋지만 상대를 위해 경청할 줄 아는 것도 매너이다.

5. 공연장 관람 매너

일반적인 전시장, 공연장 관람 매너

대부분의 국내외 공연장에는 아래와 같은 주의 사항이 안내된다. 특히 언어 소통이 자유롭지 않고 문화가 생소한 해외에서는 공연장의 공공 규칙을 준수하지 않아 법적 제재 등을 받는 경우가 빈번하게 발생할 수 있으므로 더욱 주의한다. 또 나라마다 통용되는 공연장의 관람 매너가 다를 수 있으므로 각각의 유의 사항을 꼼꼼하게 살펴보고 준수하도록 한다.

뉴욕 카네기홀 공연장을 비롯한 세계 유명한 공연장이나 전시장은 홈페이지에 공연 관련 에티켓이 나와 있으므로 방문하기 전에 살펴보도록 한다. 또 전시장이나 공연장에 브로셔가 비치된 경우 다음 내용을 확인한다.

- 실내에서의 흡연은 금지이다.
- 실내 음식물 반입은 당연히 삼간다.
- 실내에서 휴대전화는 전원을 끄거나 무음 상태로 한다.
- 사진 촬영 금지 표시가 있는 곳은 반드시 규정을 지킨다.
- 전시실에서는 잡담이나 작품 설명을 하지 않는다.
- 작품에는 절대 손을 대지 않는다.

연극, 뮤지컬, 오페라, 음악회 관람 매너

- 보통 6세 미만의 어린이는 공연장에 동반하지 않는 것이 에티켓이다.
- 옆 사람과 몇 마디 정도의 이야기를 하는 것은 괜찮으나 계속 잡담하는 것은 삼간다.
- 휴대전화를 무음으로 하고, 전화를 받는 것은 삼간다.
- 공연 중간에 드나드는 것은 주위 사람에게 방해가 되므로 화장실을 다녀온 후 공연장에 입실한다. 좌석에 앉은 후에는 되도록 이석하지 않는 것이 좋다.
- 습관적으로 앞좌석을 발로 차지 않도록 주의한다.
- 옆 사람을 생각해서 진한 향수를 뿌리고 가는 것은 피한다.
- 오페라의 경우 미리 작품의 줄거리를 알고 가면 내용을 이해하는 데 큰 도움이 되어 더 즐겁게 감상할 수 있다.

- 음악회의 경우 늦게 도착하면 곡이 끝날 때까지 기다렸다가 들어간다. 연주 중간에는 들어가지 않는 것이 매너임을 숙지하자.
- 남녀가 2쌍 일행으로 같이 온 경우 남성이 양쪽 바깥에 앉는다. 통로 쪽 역시 남성이 앉고 안쪽에 여성이 앉도록 배려한다.
- 공연이 끝난 후에는 바로 일어나지 말고 공연 참가자들에게 박수로 격려한다.

6. 기타 매너

휴대전화 사용 매너

- 공공 장소에서 장시간 큰 목소리로 휴대전화 통화 시 주변 사람들에게 피해를 줄 수 있다.
- 문자를 주고받으며 걷는 경우 시야가 확보되지 않아 다른 사람들과 부딪힐 수도 있다.
- 유니폼 착용 시 휴대전화로는 용건만 간단히 전달하도록 한다.

신체 접촉 매너

- 미국, 영국, 프랑스 등 서구인은 몸에서 약 50cm 둘레 안쪽을 개인 공간으로 여긴다.
- 친하지 않은 사람과 대화할 때는 그 이상의 거리를 두는 것이 좋다.
- 말소리가 잘 안 들린다고 얼굴을 가까이 대거나 웃으면서 어깨나 무릎을 치면 상대가 당황할 수 있다.
- 남을 앞지르거나 실수로 부딪혔을 때는 즉시 사과한다.

참_고_문_헌

- 가브리엘라 허낸데즈(2017). 뷰티 & 화장문화사. 예림
- 김경미 · 조용규(2004). 색채 연구(디자인 4). MJ미디어
- 김득중(2015). 인성실천생활예절. 중화서원
- 김민경(2010). 김민경의 실용색채활용. 예림
- 김민준 · 이햇님(2021). 향료와 향수 마스터. 북앤미디어 디엔터
- 김선정 · 임은정 · 안인숙(2023). Step by Step 이미지메이킹. 센게이지러닝코리아
- 김세웅 · 강명옥(2007). 글로벌 시대의 이해와 국제매너. 피스북
- 김영훈 · 나현숙(2010). 고객만족경영을 위한 서비스 네비게이션. 아카데미아
- 김홍석(2010). 국어 생활백서. 역락
- 노버트 엘리아스(2005). 매너의 역사. 신서원
- 대한항공 객실서비스 매뉴얼(Cabin Service Manual)
- 문소윤(2015). 서비스 파워. 백산
- 민승기(2016). 인성이 경쟁력이다. 나비의 활주로
- 변영희(2016). 퍼스널이미지메이킹. 청람
- 색채정보연구소(2008). 컬러 이미지 사전. 국제
- 생활문화연구회(2017). 새로 쓰는 매너와 이미지메이킹. 신정
- 서윤희(2022). 아로마전문가. 국제자격검정원
- 성균예절차문화연구소(2017). 공감 생활예절. 시간여행
- 성현선 · 정지선(2012). 국제비즈니스 매너. 새로미
- 송인갑(2004). 향수(The Story of Perfume). 한길사
- 시미즈 히토시(2005). 서비스 산업을 위한 호스피탈리티 코칭(Hospitality Coaching for

Service Industry). 프로젝트 더 호스피탈리티 매니지멘트 연구소
- 심택월(2018). 우리말을 알다. 지식공감
- 아리 투루넨 & 마르쿠스 마프타넨 (2019). 매너의 문화사. 지식너머
- 아소 켄타로(2009). 공감 대화법. 비전코리아
- 안미헌(2005). 고품격 대화법 55. 다산북스
- 안상순(2021). 우리말 어감사전. 유유
- 앨런 피즈 · 바바라 피즈(2005). 보디 랭귀지. 북스캔
- 오선숙 · 홍성순 · 김지양 · 강정민(2015). 고객응대 서비스매니지먼트실무. 새로미
- 오세희(2009). 오세희의 스타일 메이크업. 성안당
- 오정주 · 권인아(2017). 비즈니스매너와 글로벌에티켓. 한올
- 오정주 · 권인아(2017). 새로 쓰는 매너와 이미지메이킹. 한올
- 오홍근(2001). 아로마테라피. 삼호미디어
- 우지은(2009). 목소리 누구나 바꿀 수 있다. 위즈덤하우스
- 우지은(2011). 30일 완성 목소리 트레이닝. 위즈덤하우스
- 유종현(2010). 세계화와 글로벌 에티켓. 한울아카데미
- 이병열 · 천덕희 · 윤세환 · 이은민(2016). 세계관광과 문화. 한올
- 이영희 · 황혜진(2013). 이미지창조경영. 연경
- 이인경 · 신정화(2010). 서비스 이미지 메이킹. 백산
- 이인성 · 이언영(2007). 컬러 디자인 이미지. 교문사
- 이케다 다이사쿠(2017). 인간과 문화의 무지개 다리. 연합뉴스동북아센터
- 전홍진 외 4인(2012). 글로벌 매너와 비즈니스. 이프레스
- 정미영 · 김상희 · 하성이 · 임은진(2006). 이미지메이킹과 서비스 매너. 청람
- 정성은 · 이종숙(2009). 이미지메이킹을 위한 토탈 패션 · 뷰티 코디네이션. 경춘사
- 정효진(2017). 아나운서처럼 말하라. 지서연
- 조기여 외 5인(2003). Color(색 배색). 성화
- 조선일보(2002). 우리말의 예절(상). 조선일보

- 종이책 편집부(2011). 친절한 맞춤법. 종이책
- 주영애 · 김선주 · 박상욱(2012). 매너와 이미지메이킹 플러스. 신정
- 최영민 · 허지현 · 최현식(2008). 관광과 세계문화. 백산
- 하루요시 나구모(2000). 칼라이미지차트. 조형사
- 하루요시 나구모(2002). 배색이미지차트. 조형사
- 한명숙 · 하희정(2005). 자기 이미지 커뮤니케이션. 교문사
- 홍지유(2021). 올 댓 아로마테라피. 대경북스
- 황정선(2015). 옷을 벗고 색을 입자. 황금부엉이
- KBS아나운서실 한국어연구회 편(2003). KBS아나운서 바른말 고운말. 대교출판
- Miae Lee(2017). 메이크업 스타일링 북(Makeup Styling Book). 성안당

- https://phmkorea.com/24961
- http://terms.naver.com/entry.nhn?docId=2446628&cid=51638&categoryId=51638